정부는 왜
기업이
싸우길 바랄까

정부는 왜
기업이
싸우길 바랄까

: 한 권으로 이해하는
경쟁법

유선일
지음

COMPETITION LAW

핵심 사건으로 살펴본
공정거래법의 의미, 그리고 역사

공정거래법 탄생과 개정, 유형별 위반 행위, 공정위의 역할과 나아갈 길

서문

경쟁법(competition law)은 명칭만으로는 성격이 잘 이해되지 않는 법률이다. '경쟁을 촉진하기 위한 법률'이란 설명은 조금 낫긴 하지만 바로 와닿지 않기는 마찬가지다. 경쟁법의 또 다른 말이 공정거래법(한국), 반독점법(anti-trust law, 미국)이라는 말을 들으면 더욱 혼란스러워진다.

이렇게 명칭부터 난해한 경쟁법을 소위 선진국이라고 불리는 대부분의 국가가 운용하고 있다. 다소 과장해서 말하면 경쟁법을 도입하지 않은 나라는 선진국으로 분류하기 어려울 정도다. 그만큼 한 국가의 경제 운용에 있어 경쟁법의 역할은 중요하다.

한국에 경쟁법이 도입된 것은 40여 년 전이다. 1981년 공정거래법(독점규제 및 공정거래에 관한 법률)이 처음 시행되면서 우리나라에서도 경쟁법의 역사가 시작됐다. 공정거래법을 운용하는 정부 부처인 공정거래위원회가 설립된 것도 같은 해다. 흔히 '공정위'라고 부르는 조직이다.

공정위는 경쟁법만큼이나 일반인에게는 익숙하지 않은 기관이다. 그러나 우리나라 주요 기업, 특히 대기업에는 '멀리하고 싶어도 그럴 수 없는' 존재다. 어느 나라든 마찬가지이지만 한국의 경제를 이끄는 주체가 기업이란 점에서 공정위는 국민 생활과도 밀접할 수밖에 없다. 게다가 소비자정책의 주무 부처라는 점에서도 공정위는 다른 어떤 부처보다 국민과 '밀접해야만 하는' 조직이다 (모든 국민은 소비자이기 때문이다).

그러나 현실은 그렇지 않다. 경쟁법이 무엇인지, 공정위가 어떤 일을 하는지 제대로 이해하는 사람은 드물다. 심지어는 (공정위와 가까울 수밖에 없는) 대기업 소속 직원조차도 관련 업무를 맡고 있지 않는 이상 경쟁법과 공정위를 잘 모르는 경우가 많다. 누구보다 경제 흐름과 정부·기업 동향에 밝아야 하는 기자인 저자 역시 과거엔 마찬가지였다.

저자는 2014년 취재기자로 처음 공정위를 출입하기 시작했다. 처음엔 언론에 배포하는 공정위 보도자료가 주로 '정책'보단 '사건' 관련 내용이라는 사실에 놀랐다. 공정거래법 위반 기업에 부과하는 제재(과징금·고발 등) 수준이 상당히 높다는 점도 눈길을 끌었다. 이후 10년 가까이 공정위를 비롯한 경제 부처를 출입했다. 2~3년마다 출입처를 옮기는 통상적인 취재기자 경력과는 다소 달랐다. 언젠가부터 '일반 독자도 쉽게 이해할 수 있는 경쟁법 관련 책을 한번 써보겠다'고 생각했다. 경쟁법이 우리 생활과 경제에 미치는 영향이 상당히 큰데, 이를 아는 사람은 너무 적다는 생각이 들어서다.

2021년부터 KDI(한국개발연구원) 국제정책대학원에서 국가정책학 석사 과정(MPPM)을 시작하면서 졸업 과제 삼아 책을 출간하겠다는 계획을 세웠다. 운 좋게도 2023년 관훈클럽정신영기금의 지원을 받게 됐고, 본격적으로 집필을 시작한 지 1년 반 만에 이 책을 출간하게 됐다.

이 책의 초반부는 경쟁법의 정의와 의의, 공정위의 주요 역할, 우리나라 공정거래법의 역사를 다룬다. 중반부에서는 공정위가 처리한 사건을 기반으로 공정거래법상 주요 위법 행위 유형을 살펴본다. 후반부에서는 공정거래법이 아닌 공정위의 주요 운용 법률을 소개하고 끝으로 공정위의 미래 과제를 제시한다. 이 책은 경쟁법에 익숙하지 않은 일반 독자를 대상으로 썼다. 따라서 경쟁법 전문가가 보기엔 부족한 점이 많을 수 있다. 반대로 일반 독자에게 다소 어렵게 느껴지는 부분도 있을 것이다.

독자에게 한 가지 사전에 반드시 밝혀두고 싶은 점은 이 책에서 언급하고 있는 사건 일부는 '최종 결론'이 나지 않았다는 사실이다. 많은 기업이 공정위 처분에 불복해 행정소송을 제기한다. 본문에서 자세히 다루겠지만 공정위 처분이란 과징금, 검찰 고발 등을 의미한다. 기업이 제기한 행정소송 재판 결과에 따라 해당 기업의 행위는 최종적으로 '잘못이 아닌 것'으로 결론 내려질 수 있다. 또한 일부 사건은 재판 결과 공정위가 발표한 것과 제재 내용·수준이 달라지기도 한다. 그러나 현실적으로 이런 내용을 세세하게 모두 담을 수 없고, 이 책의 목적이 기업의 잘잘못을 가리는 것에 있지 않기 때문에 사건 내용의 대부분은 공정위 공식 발표(보도자료 · 브리핑 등)를 바탕으로 했음을 밝혀둔다. 물론 되도록 최근 내려진 판결 결과까지 담으려 노력했으나 누락되거나 설명이 부족한 부분도 있을 것이다. 일부 오류가 있더라도 너그러운 마음으로 이해해 주길 바란다.

책을 쓴다고 소홀했던 아내와 아이들에게 가장 미안하고 감사하다. 물심양면으로 도와주신 양쪽 부모님께도 고맙다는 말씀을 드린다. 끝으로 꾸준히 격려해 준 회사 식구들, 공정위 전 · 현직 직원분들, KDI 국제정책대학원에서 지도해 주신 박진 교수님께도 지면을 빌려 감사의 인사를 전한다.

목차

3장
공정위는 왜 대기업을 싫어할까

4장
M&A도 정부 승인을 받아야 한다고?

5장

협력이 아니라
담합입니다

6장

'시장지배자'는 어떻게
이윤을 극대화할까

7장

따로 규정된
'불공정거래행위'

8장

대기업의 '지원'은
왜 문제가 됐나

9장

새로운 영역,
온라인 플랫폼

10장

소비자 보호,
전자상거래법과 약관법

11장

한국은 '갑질 공화국'?

12장

강한 처벌이 능사는 아니다

공정위가
나아가야 할 길

참고문헌

1장

왜 한국 기업은 공정거래법과 떼려야 뗄 수 없나

COMPETITION LAW

"배달 앱, 2위 팔고
1위 가져라."

2019년 12월 13일. 배달 애플리케이션(앱) 시장에 깜짝 놀랄 소식이 전해진다. 배달 앱 '요기요'를 운영하는 독일 업체 딜리버리히어로(DH)는 이날 '배달의 민족' 운영사 우아한형제들을 인수한다고 발표했다. 당시 국내 배달 앱 시장에서 배달의 민족과 요기요는 각각 1위, 2위 기업이었다. DH가 3위 '배달통'까지 운영하고 있었기 때문에 이 인수 계획은 1·2·3위 배달 앱 기업이 '한 몸'이 된다는 것을 의미했다. DH는 우아한형제들을 사는 데 무려 40억 달러를 내겠다고 했다. 우리 돈으로 약 4조 7,500억 원이다. 스타트업으로 출발한 우아한형제들은 배달의 민족 출시(2010년) 약 9년 만에 몸값이 5조 원에 가까운 대형 기업으로 성장한 것이다.

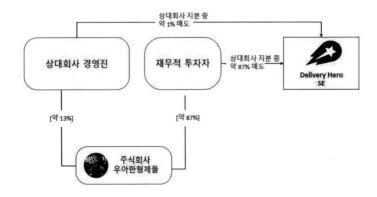

〈딜리버리히어로와 우아한형제들 간 기업결합 개요〉
(자료: 공정거래위원회)

많은 언론이 국내 온라인 기업 역사상 '최고의 빅딜'이라고 치켜
세웠다. 그런데 한쪽에선 DH의 우아한형제들 인수가 어려울 수
있다는 목소리도 조금씩 흘러나왔다. 우리나라 경쟁당국(경쟁 촉진
정책을 담당하는 정부 기관)인 공정거래위원회에서 DH의 우아한형제들
인수를 불허(不許)할 수 있을 것이란 목소리가 나왔다. 이상한 일이
다. DH가 아무리 독일 기업이라도 그렇지. '내 돈으로 내가 사고
싶은 기업을 사겠다'는데 왜 한국 정부가 딴지를 걸 수 있단 것일
까. 거액에 팔리는 우아한형제들의 입장은 생각하지 않는 것인가.
단기간에 기업 가치를 높여 거액으로 파는 것은 수많은 벤처인과
투자자의 목표가 아니던가.

당시 제기된 '불허 가능성'의 요지는 이랬다. DH가 우아한형제

들을 인수하면 국내 배달 앱 시장에 독과점(獨寡占)이 형성되기 때문에 공정거래위원회가 인수를 허락하지 않을 수 있다는 것이다. 기업 결정에 '감 놔라, 배 놔라'하는 공정거래위원회란 조직도 이상하지만 도대체 독과점이 뭐길래 인수를 불허한단 말인가.

아무튼 공정거래위원회는 DH의 우아한형제들 인수 발표 이후 약 1년 동안 꼼꼼한 검토를 거쳐 2020년 12월 "DH의 우아한형제들 인수를 조건부로 수용한다."고 발표했다. 수용이면 수용이지 무슨 조건이 있단 말인가. 그런데 공정거래위원회가 내건 조건이 더욱 황당하다. "우아한형제들을 인수하려면 딜리버리히어로코리아(DHK, DH의 한국 법인)를 매각하라."는 것이었다. 즉 DH가 '배달의 민족'을 갖고 싶으면 '요기요'를 팔란 것이다. 2위 배달 앱을 팔아버려야 1위 배달 앱을 살 수 있도록 해주겠다니 얼마나 황당한 결정인가. 이유는 일각에서 제기된 우려 그대로였다. 공정거래위원회는 이런 결정의 배경을 독과점에 따른 '배달 앱 시장경쟁 제한'이라고 밝혔다. DH가 요기요와 배달통을 보유한 상태에서 그대로 배달의 민족까지 갖게 되면 전국 배달 앱 시장의 99.2%(2019년 거래금액 기준)를 점유하게 돼 문제라는 것이었다. 이런 공정거래위원회의 결정을 두고 일각에서는 '사실상 우아한형제들을 인수하지 말란 얘기'란 분석까지 나왔다.

더 놀라운 것은 DH의 선택이었다. DH는 공정거래위원회의 '조건부 승인' 발표가 나온 후 몇 시간 지나지 않아 이런 조건을 수용하겠다고 공식 발표한다. 당시 니클라스 외스트버그 DH CEO(최고경영자)는 공식 홈페이지에서 "DH와 우아한형제들의 기업결합 승인은 양사와 배달 시장에 기쁜 소식"이라며 "특히 김봉진(우아한형제들 창업자)을 새로운 가족으로 맞는 것이 더 기쁘다."고 밝혔다.

이쯤 되면 공정거래위원회가 무슨 일을 하는 기관인지 살짝 감이 올 것이다(앞으로는 공정거래위원회라는 풀네임이 아닌 '공정위'란 약어를 사용한다).

이해를 돕기 위해 하나의 사례를 더 들어보자. 공정위는 지난 2017년 퀄컴(Qualcomm)이란 미국 기업에 무려 1조 원이 넘는 과징금을 부과했다. 과징금은 행정법상 의무를 위반했을 때 정부가 부과하는 금전적 제재다. 공정위가 과징금 부과를 결정하면 해당 기업은 이 금액을 정부에 송금해야 한다. 이런 돈은 국고(國庫)로 쌓인다. 그런데 퀄컴이란 기업이 뭘 그렇게 잘못했길래 1조 원이란 거액의 과징금을 내야 했을까.

반도체 시장에 별로 관심이 없는 사람이라도 '스냅드래곤'이란 제품은 한 번쯤 들어봤을 것이다. 스냅드래곤은 스마트폰의 두뇌 역할을 하는 AP(애플리케이션프로세서, PC의 CPU 같은 역할을 한다) 제품 중 하나다. 퀄컴은 스냅드래곤 등 통신용 반도체 칩을 만드는 회사다. 조금 더 정확히 말하면 퀄컴은 직접 반도체 칩을 '제조'하는 것은 아니고 '설계'를 해 전문 제조업체에 외주를 맡기는 팹리스(fabless) 업체다.

퀄컴은 이동통신 분야에서 활용되는 '특허 라이선스(돈을 받고 자신의 특허를 사용할 수 있도록 하는 것)', 그리고 '모뎀 칩셋(modem chipset, 휴대폰 등에 쓰이는 부품)' 시장에서 영향력이 상당히 큰 기업이다. 공정위는 퀄컴이 이런 영향력을 이용해 삼성전자·인텔 같은 국내외 유수 기업에 이른바 '갑질'을 했다고 판단했다. 퀄컴이 자신의 경쟁사에는 특허를 이용할 수 없도록 하는 등 자신의 '힘'을 남용했다는 것인데 자세한 사건 내용은 뒤에서 다룰 예정이다.

이처럼 공정위의 어떤 '결정'은 기업에 지대한 영향을 미친다. 공정위는 기업에 막대한 과징금을 물리기도 하고 임원이나 총수를 검찰에 고발하기도 한다. 배달의 민족 사례처럼 M&A 허가에 황당한⑦ 조건을 내걸거나 아예 인수를 막기도 한다. 공정위는 우리나라 정부 부처 중 하나다. 규모로 보면 다른 부처와 비교해 상대적으로 작은, 직원이 약 650명 수준에 불과한 조직이다. 정부가 이런 조직에 기업의 운명을 좌우할 수 있는 강력한 힘을 부여한 이유는 무엇일까.

'경쟁법'은
무엇인가

공정위에 막강한 권한이 부여된 이유를 이해하려면 '경쟁(競爭)' 이라는 알 듯 모를 듯 한 단어에서부터 시작해야 한다. '같은 목적에 대해 이기거나 앞서려고 서로 겨룸'이라는 국립국어원 표준국어대사전의 사전 정의를 굳이 거론하지 않더라도 우리는 경쟁의 의미를 이미 잘 알고 있다. 사람들은 대체로 경쟁을 싫어한다. 경쟁 자체가 스트레스다. 입시와 취업, 승진, 나아가 연애와 결혼 과정에서 끊임없이 타인과 싸워야 하는 우리에게 경쟁은 달가운 존재가 아니다.

그러나 우리는 서로의 발전을 위해 경쟁이 필요하다는 사실도 잘 알고 있다. 개인이 아닌 기업 역시 마찬가지다. 기업 간 경쟁은 상호 발전의 촉매제가 된다. 각국 정부는 경쟁이 기업의 상호 발전에 도움이 된다는 사실과 더불어 소비자의 후생(welfare, 사람들의 생활을 넉넉하고 윤택하게 하는 일을 증진하는 데 도움이 된다는 점에 주목한다. 쉽게 말하면 각국 정부는 기업 간 치열한 경쟁을 통한 자국 산업의 발전, 전체 국민 행복의 크기를 키우는 데 관심이 있다는 의미다.

가상의 사례를 하나 들어보자. 아이스크림을 만들어 파는 기업이 A사 하나뿐인 나라가 있다고 해보자. 아이스크림을 만들려면 고도의 기술이 필요해 다른 기업은 좀처럼 시장 진출을 못 하는 상황이다. 이 나라의 국민은 대부분 아이스크림을 좋아했다. 그러나 아이스크림을 실제로 사 먹을 수 있는 사람은 극소수에 불과했다. A사는 불과 5분이면 먹어 치울 수 있는 손바닥만 한 아이스크림 1개의 가격을 100달러로 매겼기 때문이다. 그래도 소수의 부자들이 중심이 돼 100달러짜리 아이스크림을 마음껏 사 먹었기 때문에 A사 매출도 나날이 늘었다.

그러던 어느 날 B사가 경쟁사로 등장한다. 어디서 배웠는지 아이스크림 제조 기술을 익힌 B사 사장이 여러 투자자의 도움을 받아 시장에 뛰어들었다. A사와 B사의 아이스크림은 맛이나 품질에서 큰 차이가 없었다. B사는 아이스크림을 A사보다 10달러 낮은 90달러에 팔기 시작했다. 그러자 B사로 손님이 몰리기 시작했다. 심지어 부자들도 "사실 100달러는 너무 비싸긴 했어."라며 B사 아이스크림을 구매하기 시작했다. 다급해진 A사는 아이스크림 가격을 80달러로 낮췄다. 그러자 이번에는 B사가 다시 70달러로 가격을 낮추며 A사에 맞섰다. A사와 B사가 아이스크림을 하나라도 더 팔기 위해 가격 인하 경쟁을 시작한 것이다. 이른바 '출혈 경쟁'에 아이스크림 가격은 1개에 50달러까지 떨어졌다. A사는 "이대로 가다간 정말 망하겠다."며 B사에 아이스크림 가격을 40달러 아래로는 떨어트리지 말 것을 제안했다. 제조 원가와 유통·마케팅 비용 등을 고려하면 40달러는 받아야 어느 정도 수익이 날 것이란 판단이었다. B사 역시 가격 인하 경쟁에 지쳐가던 터라 이런 제안에 동의했다.

그러나 세상에 비밀이란 없는 법. 몇 년 후 아이스크림 제조 기술이 널리 공개되면서 아이스크림 회사가 우후죽순으로 생기기 시작했다. 불과 3년 만에 이 나라에 수십 개의 아이스크림 회사가 생겼다. 아이스크림 가격을 40달러 아래로는 팔지 말자는 A사와 B사 간 약속은 이미 의미가 없어졌다. 아이스크림 가격은 1달러까지 떨어졌다. 이젠 이 나라 국민 누구나 아이스크림을 사 먹을 수 있었다. 경쟁이 치열해지다 보니 각 회사는 맛과 건강, 디자인에서 차별화하기 위해 의욕적으로 연구개발(R&D)에 나섰다. 이제 이 나라 국민 전체의 '행복 크기'는 훨씬 커졌다. 보다 많은 사람들이 과거보다 훨씬 품질이 좋은 아이스크림을 낮은 가격으로 먹을 수 있게 됐기 때문이다.

이 사례에 경쟁의 원리가 숨어 있다. 경제학에선 아이스크림 가격이 1달러로 낮아진 이 사례처럼 시장에 참여하는 공급자와 수요자가 많아서 개별 참여자가 시장 가격에 미치는 영향이 아주 작은 시장을 경쟁시장(competitive market)이라고 부른다. 경쟁시장이 형성되기 전 A사 혼자서 아이스크림을 1개에 100달러씩 팔던 때의 시장은 독점시장(monopoly market)이라고 부른다.

조금 어려운 단어지만 일반적으로 경제학에선 이런 독점시장에서 사중손실(死重損失, deadweight loss)이 발생해 완전경쟁시장(perfect competitive market)보다 사회적 후생이 작은 것으로 본다. 쉽게 말하면 A사 혼자 있을 때보다 수십 개의 아이스크림 회사가 생겼을 때 국민 전체 행복의 크기가 커진다는 의미다.

경제학 관점에서 볼 때 완전경쟁시장은 경쟁시장에 몇 가지 조건이 추가(△같은 상품은 품질이 같아야 하고 △시장 진·출입이 자유롭고 △거래자가 상품에 대해 완전한 정보를 갖고 있고)된 개념이다. 사실상 현실에는 존재하기 어려운 개념의 시장이다. 아무튼 이 책이 경제학을 공부하기 위한 목적이 있는 것은 아니니 '독점시장보다 경쟁시장이 형성됐을 때가 사회 전체적인 행복이 커진다'는 정도만 이해하고 넘어가도 문제없다.

만약 당신이 A사 사장이라면 독점시장을 최대한 오래 유지하고 싶을 것이다. 그러나 당신이 이 나라의 훌륭한 대통령, 혹은 경제부총리라면 A사의 독점 구조를 깨고 경쟁시장을 형성하고 싶을 것이다. 그래야 국민 전체의 행복이 커지기 때문이다.

여기에서 등장하는 것이 경쟁법(competition law)이다. '자유로운 경쟁 촉진'이 경쟁법의 존재 이유다. 그런데 국가 입장에서 봤을 때 단순히 경쟁 관계의 회사를 많이 만드는 것만으로는 경쟁을 촉진하기에 부족하다. 다시 아이스크림 사례로 돌아가 보자. 아이스크림 제조 기술이 세상에 공개되기 전 1년 동안 A사와 B사는 아이스크림 가격을 '40달러 이상'으로 팔기로 약속했다. 이후 아이스크림 제조 기술이 공개되지 않았다면 이 가격이 그대로 유지됐을 것이다. 혹은 얼마간 시간이 지난 후 A사와 B사가 다시 "똑같이 50달러로 높여 팔자."고 약속했을 수도 있다. 이처럼 A사와 B사가 출혈 경쟁을 막으려 아이스크림 가격을 일정 수준 이상으로 결정

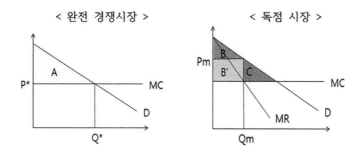

〈완전경쟁시장과 독점시장의 비교〉

(자료: 공정거래위원회 《기업결합신고 가이드북 2022》)

< 완전 경쟁시장 >   < 독점 시장 >

▶ A 면적을 완전경쟁시장에서의 사회적 후생의 크기라고 할 때 독점시장에선 C 면적만큼 사중손실이 발생해 전체 사회적 후생의 크기가 작아진다.

하는 것을 담합(談合, Cartel)이라고 한다. 경쟁법은 담합과 같은 불공정행위를 막는 역할을 한다. 그리고 세상에는 담합 말고도 다양한 유형의 불공정행위가 존재한다. 이런 불공정행위를 규율하는 법률이 경쟁법이다.

경쟁법의 명칭은 나라마다 제각각 다르다. 한국의 경쟁법은 '독점규제 및 공정거래에 관한 법률'이다. 흔히 공정거래법으로 부르다. 미국의 경쟁법은 총 3개다. 셔먼법, 클레이튼법, 연방거래위원회(FTC)법 등 총 3개의 법률인데 이들 법률을 묶어서 보통 반독점법(antitrust law)이라고 부른다. 사실상 경쟁법과 반독점법은 같은 의미로 쓰이는 경우가 많다. EU(유럽연합)에선 TFEU(유럽연합조약)에 규정된 카르텔, 독과점 남용, 국가보조금, 기업결합 등 4개 분야 관련 규정을 통칭해 경쟁법이라고 부른다.

한국의 경쟁법, 즉 공정거래법의 1조(목적)를 살펴보면 우리나라의 공정거래법이 지향하는 바를 대강 이해할 수 있다. 공정거래법의 목적을 비교적 쉽게 이해할 수 있도록 1조 조문의 문장을 나눠서 설명하면 공정거래법의 역할은 '사업자의 시장지배적 지위의 남용과 과도한 경제력의 집중을 방지하고 부당한 공동행위 및 불공정거래행위를 규제'하는 것이다. 목적은 '공정하고 자유로운 경쟁을 촉진함으로써 창의적인 기업 활동을 조성하고 소비자를 보호함과 아울러 국민경제의 균형 있는 발전을 도모'하는 것이다. 다소 길고 어려운 문장이지만 이 책에서 세부 내용을 계속 다루게 되니 짧게 읽고 넘어가기만 하면 된다. 공정거래법에 규정된 총 130개의 조항은 결국 이런 수단과 목적을 세부적으로 규정한 것으로 볼 수 있다. 공정거래법을 운용하는 주체는 앞서 수차례 언급한 우리나라의 경쟁당국 공정위다.

공정위는 공정거래법 등 총 13개 법률을 운용하는 국무총리 소속 중앙행정기관이자 합의제 준사법기관이다. 뒤에서 세부 내용을 다루겠지만, 공정위가 '행정기관'일 뿐 아니라 '준사법기관'이라는 성격을 갖고 있기 때문에 강한 힘이 부여됐다고 볼 수 있다. 공정위는 홈페이지에서 스스로를 "경쟁정책 및 소비자정책을 수립 운영하며 관련 사건을 심결 처리하는 역할을 담당한다."고 소개한다. 여기에서 '경쟁정책 및 소비자정책을 수립 운영'하는 것이 행정기관, '관련 사건을 심결 처리'하는 것이 준사법기관으로서의 역할이다.

공정거래법은 한국 기업에 어떤 존재인가

공정위는 보통 기업들에 '부담스러운 존재'로 인식된다. 대체로 맞는 얘기지만 완전히 정확하진 않다. 공정위를 부담스럽게 여기는 기업은 '어느 정도 규모가 되는' 경우에만 해당한다. 특히 우리가 흔히 '그룹'이라고 부르는, 여러 계열사를 거느린 대기업집단(대기업집단의 정확한 의미가 무엇인지는 뒤에서 자세히 다루게 된다. 현재로선 여러 계열사를 지닌, 우리가 흔히 알고 있는 대기업을 의미한다고 이해해도 무리는 없다)에 한정된 경우가 많다. 이유가 있다. 어느 정도 규모가 있는 기업이 아니고서는 시장에서 자유롭고 공정한 경쟁을 저해할 만한 '힘' 자체를 갖고 있지 않기 때문이다. 공정위 역시 그 정도의 힘이 없는 기업에는 큰 관심을 두지 않는다.

물론 아주 작은 시장에도 엄연히 '갑'은 존재한다. 이들이 '을'을 괴롭히는 경우도 적지 않다. 엄연히 이들도 공정거래법 적용을 받는 사업자[01]다. 원칙적으로는 공정위가 모든 사업자의 갑질을 규제하는 것이 맞다. 그러나 너무 작은 시장까지 정부가 개입하는 것은 현실적으로 불가능하다. 행정 효율도 떨어진다. 공무원 개인 입장에서도 작은 사건을 여러 개 처리하기보단 세상이 주목하는 큰 사건에 공을 들이고 싶은 게 인지상정이다. 굵직한 정책·사건 처리가 공무원 개인의 승진에 도움이 되기 때문이다.

이런 이유로 공정위의 정책 역량은 대부분 대기업집단, 그리고 소수 중견기업의 불공정행위 감시에 집중된다. 대기업집단·중견기업 입장에선 공정위가 매년 내놓는 정책 방향, 주요 간부의 자리 이동, 공정거래법 및 시행령의 개정 방향 하나하나에 촉각을 곤두세울 수밖에 없다. 당신이 어떤 시장에서 독점적 지위를 갖춘 기업가라고 가정한다면 공정위와 공정거래법은 당신의 '이익 극대화'를 방해하는 아주 귀찮은 존재일 것이다.

기업 입장에서 조금 더 현실적인 이야기를 해보자. 공정위는 공정거래법을 위반한 기업에 시정명령·과징금·고발 등 제재를 한다. 가장 대표적인 것이 과징금이다. 과징금은 국가가 국민을 상대로 부과하는 금전 중 조세(租稅)를 제외한 모든 것을 의미한다. 과징금은 우리가 운전 중 신호·속도 위반을 했을 때 내는 범칙금 등과는 성격이나 규모에 있어 다른 점이 많다. 과징금은 공정거래법 위반을 통해 얻은 경제적 이익(정확히는 '관련 매출액')과 법 위반 기간 등에 비례해 부과하기 때문에 보통 규모가 크다. 언론을 통해 공개되

---

01) 공정거래법상 정의는 '제조업, 서비스업 또는 그 밖의 사업을 하는 자'.

는 주요 사건의 과징금만 보면 최소 수천만 원에서 수억 원에 달한다. 과징금이 수천억 원에 달하는 경우도 종종 있고 앞서 잠시 언급했듯 퀄컴 사건처럼 조 원 단위에 이르기도 한다.

공정위 '사건처리통계'에 따르면 2022년 한해 공정거래법 위반(공정위 소관 다른 12개 법률 위반은 제외)으로 부과한 과징금은 건수가 64건, 금액은 총 7,600억 원이다. 1988년부터 2022년까지 누적 기준 과징금 부과 건수는 2,624건, 금액은 총 10조 300억 원에 달한다.

〈공정거래법 위반 과징금 부과 현황〉

(자료: 공정거래위원회 통계연보)

연도	건수(단위: 개)	금액(단위: 원)
2018년	120	2,908억 1,400만
2019년	69	941억 3,600만
2020년	72	2,887억 9,700만
2021년	85	9,701억 600만
2022년	64	7,618억 900만
1988~2022년(합계)	2,624	10조 3,130억 4,700만

공정위 제재가 과징금만으로 끝나지 않는 경우도 많다. 공정거래법 규제 대상은 기본적으로 사업자이지만 개인이 제재 대상이 되기도 한다. 대표적인 것이 흔히 '대기업 총수'라고 부르는 공정거래법상 '동일인'이다. 뒤에서 자세히 살펴보겠지만, 공정위는 매년 자산총액이 일정 규모 이상인 그룹을 대기업집단으로 지정한다. 이 작업을 위해 공정위는 매년 주요 그룹으로부터 현황 자료(이하 '지정자료')를 제출받는다. 그런데 지정자료에서 거짓·누락이 발견되는 경우 해당 그룹 총수가 직접 제재 대상이 된다. 실제로는 해당 그룹 실무자들이 데이터를 취합해 공정위에 지정자료를 제출하겠지만, 법적인 제출 의무가 그룹 총수에게 부여됐기 때문이다(물론 실무자가 공정위에 자료를 제출할 때 총수의 서명 등은 필요하다). 이 때문에 거짓·누락 자료 제출에 대한 책임도 총수가 직접 진다.

단순 실수에 의한 거짓·누락 제출은 공정위도 '경고' 수준으로 가볍게 넘어간다. 그러나 의도적 거짓·누락 제출은 문제가 심각해진다. 공정위가 총수를 검찰에 고발할 수 있다. 고발로 검찰이 기소할 경우 해당 총수는 2년 이하 징역이나 1억 5,000만 원 이하 벌금형을 받을 수 있다. 벌금도 무겁지만 총수에게 더 무거운 형벌은 징역이다. 그래서 대기업집단은 지정자료 제출에 문제가 발생했을 때 '총수 고발만은' 막기 위해 필사적으로 뛴다.[02]

----

02) 어찌 보면 대규모 과징금보다 '총수 고발'이 더 강력한 제재다. 예컨대 연매출이 조 원 단위인 그룹에 있어 공정위가 부과하는 과징금은 대부분 감내할 수 있는 수준이다. 사실 불공정행위로 벌어들인 부당 이익이 과징금보다 많은 경우도 적지 않다.

대기업은 과징금, 총수 고발이란 제재 수단을 가진 공정위를 부담스러운 존재로 여길 수밖에 없다. 공정위 움직임이 평소보다 활발해지거나 기업 감시를 강화하는 내용의 정책이 발표되는 경우 종종 재계를 대표하는 단체가 '경제 · 경영 위기'를 강조하며 '규제 완화'를 주장하는 모습을 볼 수 있다.

역사적 맥락에서 살펴봐도 공정거래법은 대기업에 부담을 주려고(?) 태어난 법률로 볼 수 있다. 한국 정부는 1960년대부터 본격화한 대기업 중심 산업화 정책의 폐해를 해결하기 위해 공정거래법 도입을 추진했다. 정부가 핵심 업종별로 소수 대기업을 '밀어준' 결과 한국은 다른 어떤 나라보다 빠른 성장을 이뤘다. 그러나 경제력의 과도한 집중 등 파생되는 문제가 만만치 않았다. 자연스럽게 공정거래법은 대기업을 주요 타깃으로 제정 · 운용됐다. 이런 기조는 정권에 따라 정도의 차이는 있지만 현재도 유효하다.

그러면 공정거래법 운용은 결국 누구에게 도움이 되는 것일까. 수혜 대상은 좁게는 어떤 기업의 공정거래법 위반으로 직접 피해를 본 다른 기업일 것이다. 나아가 해당 시장에 직 · 간접적으로 참여하고 있는 또 다른 기업도 수혜 대상으로 볼 수 있다. 그러나 궁극적인 수혜자는 기업이 활동하는 시장에서 창출되는 재화 · 서비스를 누리는 일반 소비자다. 언급했듯 소비자 후생 제고는 경쟁법의 핵심 목적 중 하나다.

경쟁법 TIP
원조는 미국

해외 사례를 살펴봐도 경쟁법은 대기업을 주요 타깃으로 만들어졌다고 볼 수 있다. 1890년 근대 경쟁법을 최초로 도입한 미국이 대표적이다. 미국에서 경쟁법을 도입한 것은 트러스트(trust) 문제를 해결하기 위해서다. 트러스트는 사전적 의미로 신뢰·신탁이라는 의미다. 경쟁법에선 동종 업종 기업들이 독점력 행사를 위해 형성한 하나의 '경제 공동체'로 통용된다.

과거 미국에선 남북전쟁(1861~1865년) 이후 기업들이 주기적으로 반복되는 불황을 극복한다는 명분으로 상호 경쟁을 피하기 위한 여러 가지 수단을 개발했다. 대표적인 것이 트러스트였다. 트러스트는 일반 상업 거래의 일종인 신탁제도를 이용해 참가기업이 수탁자(trustee)에게 주식 증서를 맡겨 수탁자가 이들 기업의 경영권을 행사하는 일종의 기업 결합 방식이다. 대표적인 트러스트가 1879년 형성된 '스탠더드 오일 트러스트'다. 약 40개 석유회사의 의결권 있는 주식이 '석유왕' 록펠러(J. D. Rockefeller)를 비롯한 소수의 수탁자에게 위탁됐다. 록펠러를 비롯한 소수의 수탁자는 많은 석유회사의 임원 선임과 관리 등 경영 권한을 행사하면서 판매가격 통제, 공급량 조절 등 독점적 행위를 했다.[03] 록펠러는 1870년 1월 오하이오스탠다드 석유회사를 세웠고 1879년 6월 석유 트러스트를 통해 재계 제1의 석유그룹을 만들었다. 록펠러가 오하이오 스탠다드 석유회사를 창립한 뒤 미국 시장을 독점하는 석유 트러스트를 형성하기까지는 약 10년밖에 걸리지 않았다. 록펠러는 다른 정유회사들을 합병했고, 이어서 석유를 수송하는 철도회사를 수중에 넣었다. 그리고 산유 지역으로 눈을 돌려 원유를 채굴하는 유전을 합병했다. 정유, 석유 수송, 송유관 시설 등을 수중에 넣은 록펠러는 미국 석유산업 전체를 사실상 독점하는 '석유왕'의 자리에 올랐다. 1890년 당시 미국 석유 시장의 90%가 그의 통제 아래 있었다.[04]

트러스트는 석유 외 다른 업종으로 확대됐다. 대표적인 것이 '철강왕' 앤드류 카네기(Andrew Carnegie), '금융왕' J.P. 모건((John Pierpont Morgan)이다. 록펠러와 카네기, J.P. 모건이 막대한 부를 쌓을 수 있었던 것이 모두 트러스트 때문이라고 볼 수는 없다. 그러나 19세기 이들의 사업 확장에 트러스트가 중요한 역할을 한 것만은 분명하다. 당시 이들이 시장에 미치는 영향력은 현재의 대기업과는 차원이 다른 수준이었다. 앨런 그린스펀 등에 따르면 록펠러는 당시 전 세계 정유 용량의 90%를 통제했다. 카네기는 영국보다 많은 철강을 생산했다. 그러나 이들의 트러스트를 활용한 독과점을 지적하는 이들도 많았다. 미국의 언

---

03) 문재호, 〈경쟁법의 국제규범화를 위한 논의의 역사〉, 한국경쟁법학회, 4p.

04) 지철호, 《독점규제의 역사》, 홀리데이북스, 36p, 책에서 인용한 '대국굴기 강대국의 조건−미국(안그라픽스)' 재인용.

론인 아이다 타벨은 그들을 '강도 귀족'이라 비난했다. 루스벨트는 그들을 '큰 부를 지닌 악당'이라 불렀다. 핸리 애덤스는 제이 굴드(19세기 미국의 철도회사 경영자 겸 금융업자)를 '어두운 구석에 거대한 거미줄을 치는 거미'라고 묘사했다. 브로드웨이의 인기 쇼는 모건을 '금융 부문의 거대한 고르곤(그리스 신화에 등장하는 흉측한 모습의 세 자매. 머리카락은 뱀이고 멧돼지 어금니를 가졌다)으로 불렀다.[05]

미국 정부는 경쟁법을 도입해 트러스트 문제를 해결하려 했다. 미국의 경쟁법을 통칭해 안티-트러스트법(antitrust law, 반독점법)이라고 부르는 이유가 여기에 있다. 당시 미국의 상원의원이었던 셔먼이 주도해 세계 최초의 반독점법을 만들었다. 1890년 만들어진 법률의 이름은 '불법적인 제한과 독점으로부터 거래 및 통상을 보호하기 위한 법'이었다. 이 법률 제정에 기여한 셔먼의 이름을 따 보통 '셔먼법'으로 부른다.

05) 앨런 그린스펀 및 에이드리언 올드리지, 《미국 자본주의의 역사》, 세종서적, 155~156p.

2장

공정거래법의 탄생

COMPETITION LAW

삼분(三粉)
폭리 사건

　우리나라에 공정거래법이 탄생한 배경을 설명하려면 물가(物價) 얘기를 하지 않을 수 없다. 물가 안정은 예나 지금이나 정부의 가장 큰 숙제다. 뛰는 물가를 못 잡는 정권은 민심과 멀어진다. 그런 관점에서 접근하면 '군사 독재 시대'에 공정거래법이 태어날 수 있었던 배경을 비교적 쉽게 이해할 수 있다.

　공정거래법 도입 논의의 첫 계기는 통상적으로 '삼분(三粉) 폭리' 사건으로 본다. 삼분은 국민 생활과 밀접한 설탕·밀가루·시멘트 등 세 가지 종류의 가루(粉)를 의미한다. 1963년은 태풍·폭우로 큰 흉년이 든 해였다. 이런 가운데 국내 최초의 라면인 삼양라면이 시판되는 등 면·빵의 원료인 밀가루의 수요가 늘며 가격이 폭등했다. 각종 식품에 쓰이는 설탕 역시 쓰임이 늘며 가격이 뛰었다. 시멘트는 품귀 현상으로 가격이 올랐다.

그러나 당시 삼분 가격의 폭등 원인을 '수요 증가'만으로 설명할 순 없었다. 정부 묵인하에 이뤄진 독과점 기업의 담합을 통한 가격 조작이 가격을 빠르게 끌어 올렸다. 당시 밀가루 폭리가 가장 심해 외국에서 들여온 원맥(밀가루 원료인 빻지 않은 밀)을 배정받은 10여 개 제분업체가 원맥을 가공해 출고하면서 고시 가격의 3배까지 올려 받아 100억 원 이상의 폭리를 취했다. 독점이 형성됐던 설탕과 시멘트 업계 역시 고시가의 3~4배 가격 조작과 세금 포탈로 막대한 폭리를 누렸다.[06]

삼분 폭리 사건은 언론의 보도를 통해 세상에 알려졌다. 《경향신문》은 1963년 12월 개원한 6대 국회가 밝혀야 할 주요 의제로 삼분 폭리를 꼽고 이에 대한 기획기사를 연재했다. 1964년 1월 28일 사설에서는 "3분 업자들의 국민에 대한 농락 · 수탈로 인해 오늘과 같은 물가고(高)의 한 원인이 되었음에도 정부가 그들을 두둔하는 인상을 언제까지 지속시킬 것인가."라고 박정희 정권을 비판했다. 같은 날 야당 의원들이 제출한 진상규명위원회 구성결의안이 석연찮은 이유로 동참자들이 중도에 빠지면서 국회에서 반려되자 삼분 폭리 사건은 정치문제로 비화했다. 이후 대부분 소문들은 사실로 확인됐다.[07]

1964년 삼분 폭리 사건이 정치적으로 쟁점화되면서 여론이 들끓기 시작했다. 독과점 폭리 문제를 해결해야 한다는 목소리가 높

----

06) 한국민족문화대백과사전, https://encykorea.aks.ac.kr/Article/E0073433
07) 《경향신문》, 〈1964년 '삼분폭리 사건' 정치문제로 비화〉, https://m.khan.co.kr/people/people-general/article/201001271719085#c2b

아졌다. 정부는 1964년 3월 서울대학교 상과대학의 한국경제연구소에 공정거래제도 관련 연구를 맡겼다. 한국경제연구소가 작성한 공정거래법 시안을 토대로 정부는 공정거래법 초안을 발표했다. 그러나 첫 시도는 실패로 끝난다.

공정위는 "당시 우리 사회는 경제 건설에 대한 의욕이 사회 전반에 확산돼 특정 전략산업을 우선적으로 발전시키자는 불균형 성장주의가 우세했고 소비자 후생 증진을 궁극적인 목표로 하는 공정한 경제 질서에 관한 인식이 부족했던 경제 상황"이라며 "업계를 중심으로 한 공정거래제도 반대론이 우세했기 때문에 국무회의에 상정되지도 못하고 무산됐다."고 밝힌다.[08]

....
08) 공정거래위원회, 《공정거래위원회 40년사》, 공정거래위원회, 124p, 수정인용.

공정거래법, 정부는 정말 원했을까

결과부터 말하면 1964년 첫 시도를 포함해 공정거래법 제정은 총 6번의 시도 끝에 제정된다. 공정거래법 제정이 불발된 원인은 시기마다 다르지만 크게는 정부 의지와 국민 인식 부족, 재계 반발을 들 수 있다.

앞서 언급했듯 1960년대에는 고물가가 가장 큰 이슈였다. 이를 통제하기 위한 수단으로서 공정거래법 제정 시도가 계속됐다. 도대체 당시 물가가 얼마나 뛰었길래 이런 논의에 불이 붙었던 것일까. 1960년대의 소비자 물가상승률은 매년 10%를 넘었다(통계청 집계가 시작된 1966년부터의 기준). 1970년대에는 대부분 10~20%를 기록했고 30%에 가깝게 뛴 해도 있었다. 현재와 당시를 직접 비교하기는 어렵지만 현재 한국은행의 물가 안정 목표가 2%라는 점을 고려하면 다시 물가가 '폭등' 수준이었음을 짐작할 수 있다. 최근 수년 사이 물가가 가장 많이 올랐던 시기는 2022년이었는데 이때에도 물가상승률이 두 자릿수는 기록하지 않았다. 2022년 2월 발생한 러시아-우크라이나 전쟁 영향으로 세계 각국은 이례적인 고물가를 경험했고 한국도 마찬가지였다. 2022~2023년 한국의 물가상승률이 가장 높았던 시기는 2022년 7월로 6.3%였다. 이후 물가상승률은 점차 둔화해 2023년 4~5월 3%대로 내려왔고 연말에는 2~3%대로 안정을 찾았다.

1960년대 물가상승은 시기적으로 불가피한 점도 있었다. 한국은 1962년부터 '경제개발 5개년 계획'을 시작했는데 이에 따른 '개발 인플레이션'이 나타난 것이 근본 원인이다. 개발 인플레이션은 보통 개발도상국에서 흔히 나타나는데 이는 투자가 활발해지면서(즉 시중에 돈이 많이 풀리면서) 화폐의 가치가 떨어지는(다시 말해 물가가 올라가는) 현상을 의미한다. 당시 정부는 개발 인플레이션 영향에 더해 독과점·담합을 통한 기업의 가격 인상이 고물가를 부추긴다고 봤다. 이런 행위를 규제하기 위해 정부는 1966년 두 번째 공정거래법 제정을 시도했다. 그러나 이번에도 입법화는 실패한다. 공정위는 실패의 원인을 '업계 반대'라고 설명한다. 공정위는 "업계는 법안이 너무 광범위한 기업 통제를 목적으로 하고 있으며 이로 인해 기업 활동이 저해될 우려가 있다고 해 제정을 강력히 반대했다."[09]고 밝혔다.

두 번째 시도를 포함해 수차례에 걸친 공정거래법 제정 시도의 실패 원인은 보통 '기업의 반대'로 평가된다. 그러나 이를 공정거래법 제정 실패의 유일한 이유라고 말하기는 어렵다. 당시 정부

09) 공정거래위원회, 《공정거래위원회 30년사》, 공정거래위원회, 114p, 수정인용.

가 공정거래법 제정에 정말로 큰 관심이 있었는지 한 번쯤 의문을 가져볼 필요가 있다. 당시는 군사 정권의 독재가 이뤄지던 시기였다. 당시 박정희 대선 후보는 1963년 10월 15일 제5대 대통령에 당선됐다. 약 한 달이 지난 11월 26일 국회의원 선거에서 여당인 민주공화당은 전체의석의 62.8%에 해당하는 110석을 획득한다. 1967년 6월 치러진 국회의원 선거에서는 민주공화당이 3선 개헌에 필요한 3분의 2 이상 의석을 확보한다. 같은 해 7월 6대 대통령 임기를 시작한 박정희 대통령은 3선을 허용하는 내용의 헌법 개정을 추진, 1969년 국회는 개헌을 의결한다. 1971년 박정희 대통령은 7대 대통령이 된다. 이처럼 민주공화당이 국회를 사실상 장악해 헌법 개정까지 가능했던 시기에 겨우(?) 기업의 반대가 있었다는 이유만으로 정부 의지가 꺾였다고 보기는 어려울 것이다.

아무튼, 이후에도 공정거래법 제정 시도는 계속된다. 1968년 또다시 공정거래법 논의에 불을 붙인 것이 '코로나 승용차 폭리' 사건이다. 국가기록원에 따르면 당시 신진자동차가 일본 도요타자동차와 기술 제휴로 생산한 코로나 승용차의 독과점 폭리가 사회 문제로 대두됐다. 신진자동차는 해외에서는 한 대에 800달러(당시 약 22만 원)에 판매하던 것을 국내에서는 87만 원에 판매해 폭리를 취했다. 경쟁 업체 없이 독점적 지위를 누린 기업의 횡포라 할 수 있다.[10] 박정희 대통령은 1968년 10월 이런 문제를 고려해 독과점

· · · · · · · · · · · · · · · · · · · ·

10) 국가기록원, https://www.archives.go.kr/next/search/listSubject Description.do?id=005089&sitePage

규제 법안의 입법화를 지시한다. 이후 정부는 1969년 공정거래법안을 국회에 제출하지만 역시 업계 반대에 가로막힌다.

물가는 1970년대 들어 더욱 가파르게 상승한다. 정부는 또다시 물가 관리의 일환으로 1971년 공정거래법 제정을 추진하지만 역시 국회 문턱을 넘지 못한다.

이후에도 물가는 말 그대로 미친 듯이 오른다. 1973~1974년 발생한 '1차 석유파동' 등 영향으로 우리나라 물가상승률은 1974년 24.3%, 1975년 25.2%를 기록한다. 이에 정부는 '물가 안정'에 보다 초점을 맞춰 입법화를 추진한다. 정부는 당시 이미 시행 중이던 '물가 안정에 관한 법률'과 그동안 논의만 무성했던 공정거래법안을 더해 '물가 안정 및 공정거래에 관한 법률안(물가안정법)'을 마련했고 이 법안은 1975년 12월 국회 본회의를 통과해 이듬해 3월 시행됐다.

그러나 명칭에서 알 수 있듯 이는 '반쪽짜리' 공정거래법이었다. 공정위는 "1975년 제정된 물가안정법은 실제 운영 면에서 공정거래보다는 물가 안정에 역점을 뒀고 독점화 등 독과점의 형성 자체를 막기보다는 독과점의 폐해만 규제하는 입장이었다."고 밝힌다. 또 "사업자의 공동행위는 금지하면서도 규정 미비를 이유로 사업자단체의 공동행위는 제대로 규제하지 못하는 등 문제점이 있었다."며 "이에 따라 정부는 법체계의 명확성과 제도 운용의 실효성을 제고하기 위해 새로이 공정거래법을 제정하고 물가안정법은 공공요금 등의 규제를 목적으로 하는 국민생활안정법으로 전환시키고자 했다."[11]고 밝힌다.

. . . .

11) 공정거래위원회, 《공정거래위원회 40년사》, 공정거래위원회, 130p, 수정인용.

2장 공정거래법의 탄생

국회를 안 거친
공정거래법

공정거래 관련 정책은 1979년 새로운 전기를 맞는다. 당시 고물가의 지속, 정부의 지나친 시장개입에 따른 부작용에 대한 시민의 불만이 상당히 커졌다. 여기에 1979년 12월 12일 군사 반란으로 탄생한 전두환 정부는 국민의 지지를 얻는 것이 시급한 상황이었다. 이런 상황이 복합되면서 결과적으로 공정거래법은 겨우 빛을 볼 수 있게 된다.

전윤철 전 공정위원장은 "온갖 우여곡절 끝에 '독점규제 및 공정거래에 관한 법률(공정거래법)' 시안이 완성된 것이 1980년 7월이었다."며 "시안이나마 공정거래법이 제정될 수 있었던 배경은 새로운 정치 세력의 등장과 함수 관계가 있었다."고 밝혔다. 그는 "1980년 5월 정치의 전면에 등장한 신군부는 국가 위기관리 대책을 강구하는 한편 새 시대 전개에 따른 장기적인 국가 운영 계획을 검토하기 시작했다."며 "이들은 개혁적인 청사진을 제시함으로써 국민적 지지를 얻고자 노력했으며, 이러한 새 통치 세력의 철학은 문제의식을 갖고 있던 우리 경제 관료들에게 묵은 과제의 해결을 위한 동기를 강하게 부여했으며 새로운 환경을 조성했다."[12]고 회고했다.

정부는 1980년 11월 경제장관회의에 공정거래법을 상정·통과시켰고 이후 국무회의에서 의결했다. 이후 공정거래법은 입법화에 성공한다. 그러나 이 과정에서 큰 오점이 남는다. 당시 신군부는 제5공화국 출범을 위해 국회 기능을 마비시킨 후 국회의 권한을 대신하는 국가보위입법회의를 출범시켰는데 공정거래법은 이 회의에서 의결된다. 그 시기가 1980년 12월 23일이다.

국가보위입법회의는 1980년 10월 발족해 1981년 4월 새 국회 개원을 앞두고 불과 150일 만에 해산됐는데 이 기간에 공정거래법 입법화가 이뤄졌다. 엄밀히 말하면 공정거래법 제정안은 국회를 통과하지 않은 셈이다. 아무튼 국가보위입법회의 의결을 거친 공정거래법은 1981년 4월 1일 시행된다. 공정거래법이 시행되기까지 우여곡절이 많았고 적지 않은 오점도 있었지만 '물가 문제'와 구분되는 '자유경쟁'을 위한 경쟁법이 최초로 탄생했다는 점에서 큰 의미가 있다고 볼 수 있다.

여기에서 한 가지 짚고 넘어가야 할 사안이 있다. 공정거래법

----

12) 공정거래위원회, 《공정거래위원회 40년사》 공정거래위원회, 132p, 책에서 인용한 《경쟁이 꽃피는 시장경제》(전윤철) 재인용.

운용 주체인 공정위 역할이 과연 '물가 관리'에서 완벽히 벗어나 있는가에 대한 문제다. 앞서 살펴봤듯 온전한 의미의 공정거래법이 탄생하기 전인 1976년 물가 안정 및 공정거래에 관한 법률(물가안정법)이 시행됐다. 이런 법률적 태생 탓인지 지금도 공정위는 물가 관리 문제에서 완전히 분리되지 못했다. 자유로운 시장경쟁 촉진을 위해 존재하는 공정위가 시장에서 결정돼야 할 가격에 개입하는 것 아니냐는 의심을 받는 것은 아이러니하다. 물론 공정위는 수시로 "우리는 물가 관리 기관이 아니다."라고 해명한다. 그러나 물가 급등 시기에 공정위는 '일정한 역할'을 부여받는다. 표면적으로 드러나는 정책은 가격 인상 요인 중 하나인 담합에 대한 감시를 강화하는 것이다. 물론 이 정도의 개입은 문제로 보기 어려운 것이 사실이다. 당연히 긍정적인 효과도 있다. 그러나 만약 가격 결정에 직간접적으로 개입하는 '또 다른 역할'이 공정위에 부여된다면 문제가 커진다. 예를 들어 맥주·소주 회사가 가격 인상 움직임을 보일 때 공정위가 무언가 다른 명분을 내세워 이들 기업을 대상으로 조사에 나선다고 해보자. 맥주·소주 회사는 공정위의 '숨은 목적'을 간파하고 주류 가격을 유지하거나 낮출 것이다. 이처럼 정부에 있어 공정위는 기업을 압박할 수 있는 가장 효율적인 '칼'로 활용될 수 있다는 점을 부인할 수 없다.

공정거래법은
13개 법률 중 하나일 뿐

　공정거래법 탄생과 1981년 4월 공정위 출범으로 우리나라 경쟁법 집행의 역사가 본격적으로 시작된다. 공정위는 1981년 경제기획원(현재의 기획재정부) 소속 '공정거래실'에서 출발한다. 1994년 경제기획원에서 국무총리 산하 중앙행정기관으로 독립하고 1996년 공정위원장이 차관급에서 장관급으로 격상되면서 차츰 현재의 모습을 갖춘다.

　공정위 존립과 활동의 근거는 공정거래법에 있다. 그러나 공정거래법만으로는 끊임없이 진화하는 각종 불공정거래를 잡아낼 수 없었다. 어떤 규제든 회피 수단이 있기 마련이고 이를 찾아내는 것은 언제든 정부보다 민간 기업이 빠르다.

　공정위 소관 법률이 공정거래법을 포함 총 13개까지 늘어난 것도 이런 이유에서다. 넓게 보면 공정거래법을 제외한 12개 법률도 경쟁법으로 볼 수 있다. 또한 이들 12개 법률을 아예 모르고서는 공정거래법과 공정위를 이해하기 어렵다. 이런 점을 고려해 공정거래법을 본격적으로 소개하기에 앞서 나머지 12개 법률 가운데 언론에 집행 사례가 자주 등장하는 법률을 간략히 소개한다. 이 가운데 하도급법, 약관법, 전자상거래법 등은 이 책의 10~11장에서 사례와 함께 자세히 다룰 예정이다.

우선 우리가 흔히 하도급법이라고 부르는 '하도급거래 공정화에 관한 법률'이 있다. 최근 수년 전부터 사회적 화두로 떠오른 '갑을 문제'를 규율하는 법률이다. 하도급법 1조는 "이 법은 공정한 하도급 거래 질서를 확립해 원사업자(原事業者)와 수급사업자(受給事業者)가 대등한 지위에서 상호보완하며 균형 있게 발전할 수 있도록 함으로써 국민경제의 건전한 발전에 이바지함을 목적으로 한다."고 명시했다. 즉 원사업자의 갑질로부터 수급사업자(흔히 하청업체로 부른다)를 보호하기 위한 법률이다.

하도급법은 원래 별도의 독립된 법률이 아니라 공정거래법 시행령 제21조에 근거한 하도급 고시였다. 이 고시 시행 이후 하도급거래와 관련한 사건 수가 크게 늘면서 독립적 법률로 운영할 필요성이 제기됐다. 이에 따라 1984년 하도급법을 별도 제정해 1985년 4월 시행했다.

하도급법에서 한 가지 주목할 규정은 제재 대상인 원사업자, 즉 갑(甲)에 대한 규정이다. 기본적으로 중소기업(중소기업기본법에 따른 중소기업)은 원사업자에 해당하지 않는다. 업무를 맡긴 중소기업이 위탁받은 중소기업보다 연간 매출이 크면 원사업자가 될 수 있지만 이마저도 매출이 일정 기준 이하면 원사업자가 될 수 없다. 구체적으로 △제조·수리 위탁은 연매출 30억 원 미만 △건설위탁은 시공능력평가액 45억 원 미만 △용역위탁은 연매출 10억 원 미만인 경우 원사업자가 될 수 없다.

'약관의 규제에 관한 법률(약관법)'은 인터넷 회원가입 시 자주 보는 깨알 같은 글씨인 약관(約款)의 공정성을 판단해 소비자를 보호하는 법률이다. 약관의 정의는 다소 난해하지만 '명칭이나 형태 또는 범위에 상관없이 계약의 한쪽 당사자가 여러 명의 상대방과 계약을 체결하기 위해 일정한 형식으로 미리 마련한 계약의 내용'으로 규정됐다. 만약 여러분이 어떤 서비스 이용에 돈을 지불한 후 며칠 지나지 않아 마음이 바뀌어 환불을 요구했는데도 "규정상 환불이 어렵다."는 대답을 듣는다면 약관의 불공정성을 의심해 볼 필요가 있다.

약관법의 특징 중 하나는 위반 기업에 대한 제재 수위가 공정거래법 등과 비교해 비교적 높지 않다는 점이다. 공정위는 조사 과정에서 약관법 위반 혐의를 발견하면 우선 자진시정을 요구한다. 다수 기업은 이를 받아들여 문제가 된 약관 조항을 고치고 그대로 사건이 마무리된다. 자진시정이 이뤄지지 않으면 공정위가 시정 권고를 할 수 있고 이 경우 해당 기업은 60일 이내에 문제가 되는 조항을 수정 또는 삭제해야 한다. 기업이 이런 시정 권고마저 무시할 경우 비로소 공정위는 시정 '명령'을 내릴 수 있다. 이마저 지키지 않을 경우에만 검찰 고발이 가능하다. 약관법상 제재가 상대적으로 약한 것은 개인의 책임하에서 자유의사에 따라 계약을 하고 국가가 간섭하지 않는다는 '사적 자치의 원칙'을 존중한 결과로 보인다.

'전자상거래 등에서의 소비자보호에 관한 법률(전자상거래법)'은 인터넷 쇼핑 등 전자상거래 과정에서 소비자가 피해를 입지 않도록 사업자의 불공정행위를 금지한 법률이다. 인터넷을 통한 거래가 활발해지면서 관련한 불공정행위로 소비자 피해가 커지자 국회는 전자상거래법을 제정해 2002년 처음 시행했다.

일상에서 가장 쉽게 접할 수 있는 법률 중 하나로 '표시 · 광고의 공정화에 관한 법률(표시광고법)'이 있다. 종종 언론에서 공정위가 거짓 · 과장 광고를 잡아냈다는 기사가 나오는데 이런 경우 표시광고법 위반인 경우가 많다. 과거에는 표시 · 광고 관련 사안을 공정거래법상 불공정거래행위로 규정했는데 관련 사건이 꾸준히 느는 점을 고려해 1999년 독립된 법률로서 표시광고법을 제정했다. 표시광고법은 '정보의 비대칭성' 문제 해결을 위해 존재한다. 기업은 자신이 파는 상품 · 서비스에 대한 자세한 정보를 가진 반면 소비자는 이를 구매하는 데 필요한 정보가 충분치 않은 경우가 많다. 기업이 이를 이용해 자신에게 유리한 정보는 거짓 · 과장하고 불리한 정보는 은폐 · 축소할 수 있다. 이런 문제를 해결하기 위해 표시광고법을 운용하고 있다.

상대적으로 가볍게 여겨지는 표시광고법 위반이 심각한 사회 문제로 불거지는 경우가 있다. '가습기 살균제 사건'이 그렇다. SK케미칼 · 애경 등이 가습기 살균제에 인체에 유해한 물질이 들어 있음에도 해당 사실을 제대로 표시하지 않아 수많은 산모 · 영유아가 피해를 입은 사건이다. 이들 업체는 가습기 살균제의 위해성을 알리기는커녕 '인체에 안전한 성분으로 온 가족의 건강을 돕는다'는 식으로 광고했다. 공정위는 2016년 해당 사건을 조사했다. 그러나 "가습기 살균제의 인체 위해성 여부가 확인되지 않았다."며 위법 여부를 판단하지 않고 심의 절차를 종료해 논란이 됐다.

2017년 문재인 정부가 새롭게 출범한 후 공정위는 재조사를 시작한다. 문재인 정부의 초대 공정위원장이었던 김상조 위원장은 2016년 사건 처리에 문제가 있었다고 밝히며 머리 숙여 사과했다. 이후 공정위는 2018년 2월 SK케미칼과 애경산업에 과징금 총 1억 3,400만 원을 부과하고 각 법인과 전직 대표이사를 검찰에 고발했다.

그러나 공정위가 가습기 살균제 제품 용기 라벨, 홈페이지 등에 게시된 광고만 문제 삼은 것이 또다시 문제가 됐다. 두 회사가 보도자료를 배포해 언론사들이 작성한 3개의 온라인 기사는 심사 대상에 포함하지 않았기 때문이다. 같은 해 가습기 살균제 피해단체 한 대표는 헌법소원을 냈다. 2022년 헌법재판소는 공정위가 3개 온라인 기사를 심사 대상에 포함하지 않은 것을 두고 "(헌법소원) 청구인의 평등권과 재판 절차 진술권을 침해한 것이므로 위헌"이라고 판단했다. 해당 온라인 기사도 표시광고법상 광고로 볼 수 있다는 것이다. 이에 공정위는 재조사를 거쳐 애경산업과 SK케미칼에 추가로 과징금 총 1억 1,000만 원을 부과하고 각 법인과 전직 대표이사를 검찰에 고발했다. 가습기 살균제 사건은 수많은 피해자를 남겼다. 더불어 공정위에 있어 '수차례의 재조사'와 '6년 만의 사건 종결'이란 오명도 남겼다. 비교적 가벼운 사안으로 인식되기 쉬운 표시광고법 위반이 얼마나 많은 이에게 큰 피해를 끼칠 수 있는지 보여준 사건이다.

마지막으로 '대규모유통업에서의 거래 공정화에 관한 법률(대규모유통업법)'은 대형 유통업체의 납품업체·매장임차인 대상 갑질을 막기 위한 법률이다. 종종 언론에서 대형마트·백화점·편의점 본사의 갑질이 적발됐다는 보도를 보게 되는데 이런 경우가 대부분 대규모유통업법 위반 사례다. 최근에는 대형 온라인 유통업체의 갑질이 두드러지는 모습이다.

공정거래법
개정의 역사 - 1

2023년 6월까지 공정거래법은 1980년 제정 이래 40여 년 동안 크고 작은 규모로 총 70여 차례 개정(타법 개정에 따른 수정 포함)이 이뤄졌다. 공정거래법이 우리 사회에 미치는 영향력이 얼마나 크고 각계가 얼마나 다양한 요구를 쏟아내고 있는지 증명하는 수치다. 물론 시행 초기의 공정거래법이 미흡한 부분이 많았다는 사실과 함께 지난 40여 년 동안 사회 · 경제가 급속도로 변했다는 사실을 보여주는 지표이기도 하다.

공정거래법 제정 후 첫 개정은 1986년에 이뤄졌다. 1980년대 우리 사회를 관통한 화두는 '민주화'였다. 이에 따라 균형 성장과 분배에 대한 관심이 커졌고 자연스럽게 재벌의 경제력 집중을 문제를 해결해야 한다는 목소리가 높아졌다. 1986년 개정된 공정거래법의 주요 내용도 이런 분위기가 그대로 반영됐다. 우선 개정된 공정거래법은 지주회사의 설립을 금지했다. 지주회사는 다른 회사의 주식을 소유 · 지배하는 것을 목적으로 하는 회사다. 대기업집단이라면 ㈜△△△ 등으로 이름을 쓰는 회사가 지주회사인 경우가 많다. 현행 공정거래법은 지주회사를 '주식의 소유를 통해 국내 회사의 사업 내용을 지배하는 것을 주된 사업으로 하는 회사'로 정의한다.

지금은 정부가 단순·투명한 소유구조를 이유로 지주회사 체제로의 전환을 권장하고 있다. 그러나 1980년대에는 지주회사 체계가 경제력 집중으로 이어진다는 우려의 목소리가 컸다. 지주회사 체제를 갖춘 기업의 지배 구조는 지주회사→자회사→손자회사→증손회사 등으로 이어지는 피라미드식이기 때문에 총수 일가가 소수의 지분으로 지주회사를 지배해 그룹 전체에 과도한 지배력을 행사할 수 있다는 우려가 있었다. 1980년대 금지됐던 지주회사 제도는 1997년 IMF(국제통화기금) 외환위기를 거치며 부활한다. 원활한 기업 구조조정을 위해 지주회사 제도가 필요하다는 목소리가 높아졌기 때문이다. 이에 대해선 뒤에서 다시 자세히 다루게 된다.

현재의 대기업집단 지정제도가 신설된 것도 1986년 공정거래법 개정을 통해서였다. 당시 대기업집단 지정 기준은 '자산총액이 총 4,000억 원 이상인 그룹'이었다(현재는 5조 원). 아울러 개정 공정거래법은 대기업집단 계열사 간 상호출자를 금지하고 다른 국내 회사에 대한 출자총액을 순자산의 40%로 제한했다(여기서 언급한 '상호출자 금지'는 여전히 유지되고 있지만 '출자총액 제한'은 이미 폐지된 제도다).

대기업집단 계열 금융·보험사에 대해선 국내 계열사 주식에 대한 의결권 행사도 제한했다.

공정위는 일정 수준 이상의 M&A 등 기업결합에 대해 심사를 거쳐 승인 여부를 판단하는데, 당시 공정거래법 개정으로 주식 취득 신고 지분율 기준을 10%에서 20%로 상향했다. 주식 취득 신고 기준을 높인 것은 행정 편의를 고려하는 한편 기업 소유관계의 변화가 지분율 20%

이상은 돼야 가능하다는 현실적 판단에 따른 것이다. 이밖에 △기존의 공동행위 등록제를 인가제로 전환해 부당한 공동행위에 대한 관리 강화 △모든 시장지배적 사업자를 가격 남용행위 적용 대상으로 포함 △ 사업자단체 활동 지침의 제정·운영 근거 마련 등이 1차 개정을 통해 도입됐다.

공정위는 공정거래법 1차 개정 배경에 대해 "우리나라의 경제력 집중은 대규모 기업집단이 자기자본의 뒷받침 없이 부채에 의해 무분별하게 기업을 확장함에 따라 심화돼 왔다."며 "이로 인해 기업재무구조가 매우 악화됐고 특정 대주주가 계열회사 전체를 사실상 지배하고 있어서 자본주의적인 건전한 기업 활동 및 소유와 경영의 분리를 기대할 수 없었다."고 밝혔다. 이어 "따라서 1차 개정에서는 기업집단이 자기자본의 뒷받침 없이 기업을 확장하는 주요 수단을 제한하는 규정을 도입"[13]했다고 밝힌다.

13) 공정거래위원회, 《공정거래위원회 40년사》, 공정거래위원회, 139p.

3장

공정위는
왜 대기업을
싫어할까

COMPETITION LAW

그는 왜
공정위를 방문했나

　무더위가 한창이던 2017년 8월 14일 오후, 이해진 네이버 창업자(이하 이해진)가 세종특별자치시에 위치한 공정위를 찾았다. 기업 임원이나 실무자들은 사건·정책 관련 협의를 위해 공정위를 방문하는 경우가 적지 않다. 그러나 이른바 '거물급' 기업인의 방문은 흔치 않은 일이다. 그만큼 이해진의 용건이 중요하고 다급했다는 의미다.

　당시 공정위는 2017년 기준 대기업집단 지정 발표를 눈앞에 두고 있었다. 뒤에서 자세히 설명하겠지만 공정위는 매년 주요 그룹의 자산 규모를 점검해 일정 기준을 넘으면 대기업집단으로 지정한다(대기업'집단'이라고 부르는 이유는 통상적으로 규모가 어느 정도 큰 기업은 여러 개의 계열사가 모인 그룹(집단)의 형태이기 때문이다). 따라서 지난해에는 대기업집단이었던 그룹이 올해는 아니기도 하고 몇 년 전까지만 해도 중소·중견 규모였던 그룹이 올해는 대기업집단이 되기도 한다.

이해진이 세종을 찾은 것은 대기업집단과 관련한 이슈 때문이었다. 네이버는 2017년 처음으로 자산총액이 5조 원을 넘어 대기업집단 대열에 올라설 참이었다. 이해진의 요구는 단순했다. 네이버가 자산총액이 5조 원을 넘어 대기업집단으로 지정하는 것은 어쩔 수 없더라도 자신을 총수(공정거래법상 용어는 '동일인')로 지정하지는 말아 달라는 것이었다. 여기에서 총수는 우리가 흔히 사용하는 '재벌 총수'의 의미가 맞다. 공정거래법상 총수는 해당 그룹의 '실질적 지배자'로 정의된다.

이해진은 네이버를 이른바 '총수 없는 대기업집단'으로 지정해 달라고 요구했다. 공정위는 상황에 따라 특정 그룹을 총수 없는 대기업집단으로 지정하기 때문에 '선례가 없는 사례'를 특별히 만들어 달란 요구는 아니었다. 당시 이해진이 보유한 네이버 지분은 4.64%로(심지어 같은 해 8월 이해진은 네이버 지분 11만 주를 매각해 지분율이 4.31%로 낮아진다) 최대주주가 아니었다. 이미 네이버 이사회 의장직도 내려놓은 상태였다. 자신이 네이버의 총수가 아니라고 설명할 근거가 여럿 있었던 셈이다. 그러나 이해진의 어려운 발걸음에도 공정위의 판단은 흔들리지 않았다. 공정위는 같은 해 9월 1일 자로 네이버를 대기업집단으로 지정하면서 총수를 이해진으로 명시했다.

당시 공정위 관계자는 브리핑에서 "공정거래법상 총수는 특정 기업집단을 사실상 지배하는 자연인, 또는 법인을 의미하는 것으로 돼 있고 사실상 지배 여부는 총수의 지분율, 경영 활동 및 임원 선임 등에 있어서 영향력 등을 고려해서 판단하고 있다."고 말했다. 이어 "이런 기준에 따라 관련 자료를 종합적으로 검토한 결과 현시점에서 네이버의 총수는 창업자인 이해진이라고 판단했다."고 밝혔다.

공정위 관계자의 발언을 곱씹어 볼 필요가 있다. 공정거래법상 '총수'의 의미를 조금 더 명확히 이해할 수 있기 때문이다. 공정위는 당시 이해진이 보유한 네이버 지분이 4.49%(이해진의 특수관계인을 포함)라 적다고 볼 수도 있지만 경영 참여 목적이 없는 국민연금, 해외기관 투자자를 제외하면 이해진이 최대 출자자라는 점에 주목했다. 당시 네이버 주주 구성을 보면 1% 미만 주주 지분이 약 50%에 달하는 등 지분이 분산돼 4.49%가 그룹 지배력 행사에 있어 '유의미한 지분'이라는 것이 공정위 판단이었다. 당시 이해진이 경영권 안정 목적의 자사주 교환을 통해 우호 지분을 확보한 사실 등도 함께 고려했다.

공정위는 이외에도 이해진이 △대주주 중 유일하게 경영 활동에 참여하고 있고 △네이버 이사회의 유일한 대주주이고 △사외이사 선임 과정에서의 영향력을 간과할 수 없고 △2015년 네이버가 공정위에 자료를 제출할 때 직접 이해진을 총수로 명시했다는 점 등을 함께 고려해 이해진을 총수로 지정했다. 정리해 보면 공정위는 누군가를 총수로 판단할 때 '지분율'과 '그룹 내 영향력'을 종합적으로 고려한다고 볼 수 있다.

여담이지만 카카오는 네이버보다 1년 이른 2016년에 대기업집단으로 지정됐다. 카카오는 '벤처' 출신 'IT' 기업이 처음 대기업 반열에 올라선 사례라 세간의 주목을 받았다. 공정위는 카카오를 대기업집단으로 지정하며 창업자 김범수를 총수로 지정했다. 당시에는 총수 지정과 관련해 별다른 논란이 일지 않았다. 공정위로선 네이버 총수를 지정하면서 카카오와의 형평성도 함께 고려했을 것으로 추정된다. '총수 김범수가 이끄는 카카오, 총수가 없는 네이버'는 아무래도 균형이 맞지 않는 느낌이었을 수 있다.

이해진이 대기업집단 총수라는 '왕관'을 한사코 거부한 진정한 속내는 알 수 없다. 총수라는 자리에 부여되는 무거운 책임이 부담스러웠을 것이라고 추정할 뿐이다. 공교롭게도 이해진은 총수가 된 이후에 공정위의 공격을 받게 된다. 이해진이 네이버 총수로 지정한 후 약 3년이 지난 2020년, 공정위는 이해진이 총수로서 의무를 다하지 않았다며 그를 검찰에 고발했다. 이해진이 공정위에 대기업집단 지정과 관련한 자료를 제출하면서 고의로 일부 계열사를 명단에서 빠트렸다는 혐의다.

이해진이 이런 논란거리를 사전에 인지하고 있었는지는 모를 일이다. 그러나 이해진이 공정위에 요구한 대로 2017년 당시 총수 지정을 피했다면 검찰에 고발되는 일은 피했을 수 있었을 것이다.

이후 상황은 또다시 반전을 거친다. 사건은 공정위 예상과 다르게 전개됐다. 검찰은 같은 해 3월 이해진을 '혐의없음'으로 불기소 처분했다. 공정위 판단과 달리 검찰은 이해진이 계열사를 명단에서 빠트린 것을 고의로 보기 어렵다고 판단한 것이다.

묘하게도 네이버에 앞서 카카오 역시 공정위로부터 비슷한 조사를 받았다. 그러나 사건 진행 양상은 네이버와 전혀 다르게 전개됐다. 공정위는 2018년 카카오가 대기업집단 지정 관련 자료를 제출하면서 일부 계열사 자료를 누락했다고 판단하면서도 총수인 김범수에겐 경고 처분만 내렸다. 누락 기간이 4개월에 불과하고 해당 계열사 누락이 대기업집단 지정에 영향을 미치지 않아 공정거래법 위반 정도가 가볍다고 판단한 것이다.

그러나 이번엔 검찰이 '공정위가 카카오를 봐줬다'며 문제를 제기했다. 검찰은 공정위 압수수색까지 거쳐 김범수를 기소했다. 검찰이 카카오에 대해선 네이버와 정반대의 판단을 한 것이다. 그러나 법원에서 또다시 상황은 뒤집혀 김범수는 최종적으로 무죄 판결을 받는다. 이번에는 공정위 판단이 옳았다는 의미다. 우리나라 IT 기업을 대표하는 네이버와 카카오 모두 대기업집단의 반열에 올라서는 과정에서 홍역을 치른 셈이다.

대기업,
넌 누구냐

　앞서 대기업집단의 의미를 간략하게 설명했지만 법적인 의미의 정의를 아는 사람은 사실 많지 않다. 일반적으로 대기업은 삼성·SK·현대자동차처럼 매출·고용 규모가 큰 기업을 일컫는다. 취업준비생 입장이라면 부모님과 부모님 친구들도 웬만하면 모두 알고 있는, 급여 수준이 높은 상위 30~50대 정도의 사기업으로 인식할 수도 있다.

　그러나 법률적으로 대기업을 이렇게 모호하게 정의할 수는 없다. 대기업, 중견기업, 중소기업을 구분하는 명확한 경계선이 필요하다. 그러지 않으면 법률 적용 시 혼란과 분쟁이 발생할 수밖에 없다. 예컨대 법률상 대·중견·중소기업에 대한 정의가 모호한 상황에서 정부가 '중소기업에만' 파격적인 보조금을 주겠다고 선언하면 웬만한 중견기업은 자사를 중소기업이라고 주장할 수도 있지 않겠는가.

공정거래법에 따른 대기업은 '자산 규모'가 일정 수준 이상 되는 기업이다. 돈·상품·공장·토지와 같은 자산이 많으면 대기업이란 의미다. 우리는 흔히 유·무형의 재산을 많이 보유한 이들을 부자라고 일컫는데 기업에도 비슷한 원리를 적용한 것이다.

공정위는 그룹 내 모든 계열사의 자산을 더해 전체 자산 규모를 산정한다. 우리나라에서 규모가 큰 기업은 사실상 모두 계열사를 두고 있다. 예컨대 삼성전자, 삼성전기 등 개별 회사들은 모두 삼성그룹이라는 큰 울타리에 들어와 있는 계열사다. 공정거래법은 하나의 울타리에 들어와 있는 모든 계열사를 한 묶음으로 보고 이들의 국내 자산(해외 자산은 제외된다)을 모두 더해 일정 규모 이상이 되면 이들을 대기업집단으로 지정한다. 다만 우리가 재무제표에서 보는 자산과는 조금 다른 '공정자산'이란 개념을 사용한다. 공정자산은 계열사의 자산총액과 금융 계열사의 자본 총액을 더한 것을 의미한다.

대기업집단은 매년 5월 1일 자로 지정한다. 특별한 일이 없는 한 해당연도 5월 1일부터 이듬해 4월 30일까지 1년간 대기업집단 지위가 유지되는 식이다. 공정위가 매년 대기업집단을 새로 지정하는 이유는 경영 실적, M&A 등에 따라 기업의 자산 규모가 계속 바뀌기 때문이다.

2023년 기준 대기업집단은 총 82개다. 이들이 갖고 있는 계열사는 총 3,076개다. 엄밀한 의미에서 "나 대기업 다녀요."라고 말하려면 3,076개의 계열사 중 어딘가에 소속돼 있어야 한다. 대기업집단은 매년 변하긴 하지만 대체로 자산 규모 상위 약 50대 그룹은(50위 내에서 순위 변동은 있을지라도) 대기업집단에서 제외되는 경우가 많지 않다.

짐작하다시피 삼성은 독보적인 자산총액 1위 기업이다. 2023년 기준 자산 규모가 약 486조 원에 달한다. 자주 겪는 일은 아니지만 2위와 3위 간에는 순위 변동이 일어나기도 한다. 2022년이 바로 그런 해였다. 오랜 기간 2위를 유지했던 현대자동차는 2022년을 기점으로 2위에서 3위로 순위가 한 계단 떨어졌다. 반대로 SK는 한 계단 순위가 올라 사상 처음 '재계 2위'라는 타이틀을 얻었다.

대기업집단이란 말은 언론은 물론이고 공정위 직원도 흔히 사용하는 단어지만 법률 용어는 아니다. 공정거래법상으론 전체 자산이 5조 원 이상이면 '공시대상기업집단', 10조 원 이상이면 '공시대상기업집단이자 상호출자제한기업집단'이 된다. 통상적으로(상호출자제한기업집단을 포함해) 자산이 5조 원 이상인 공시대상기업집단을 대기업집단이라고 부른다. 그냥 대기업집단이라고 부르면 될 것을 왜 이렇게 어려운 이름을 붙였을까. 이유는 뒤에서 자세히 살펴본다. 대기업집단에 대한 공정위의 시각과 공정거래법 적용 취지를 반영한 것이라는 점만 우선 밝혀둔다.

〈2023년 기준 1~20위 대기업집단〉

(자료: 공정거래위원회)

순위	기업집단 명	동일인	계열회사 수 (단위: 개)	공정자산총액 (단위: 십억)
			2023년	2023년
1	삼성	이재용	63	486,401
2	에스케이	최태원	198	327,254
3	현대자동차	정의선	60	270,806
4	엘지	구광모	63	171,244
5	포스코	포스코 홀딩스(주)	42	132,066
6	롯데	신동빈	98	129,657
7	한화	김승연	96	83,028
8	지에스	허창수	95	81,836
9	HD현대 (舊 현대중공업)	정몽준	32	80,668
10	농협	농업협동조합 중앙회	54	71,411
11	신세계	이명희	52	60,487
12	케이티	(주)케이티	50	45,866
13	씨제이	이재현	76	40,697
14	한진	조원태	34	37,826
15	카카오	김범수	147	34,207
16	엘에스	구자은	59	29,491
17	두산	박정원	21	26,523
18	DL	이해욱	41	26,383
19	에이치엠엠	에이치엠엠(주)	5	25,788
20	중흥건설	정창선	52	23,321

그런데 왜
5조 원?

여기서 한 가지 궁금점이 생긴다. 대기업집단의 자산총액 기준이 왜 하필이면 3조 원도, 4조 원도 아닌 5조 원이 됐을까. 역사적 맥락을 통해 이런 기준이 정립된 의미를 유추할 수 있다.

대기업집단 지정제도가 처음 도입된 것은 1987년이다. 당시에는 대기업집단을 가르는 자산총액 기준이 4,000억 원이었다. 현재 기준이 5조 원이니 30여 년 동안 대기업집단을 지정하는 기준이 12.5배 높아진 것이다. 이런 변화가 설득력을 얻으려면 최소한 우리나라 경제 규모도 비슷한 수준으로 커졌어야 한다. 국가의 경제 규모는 계속 커지는데 대기업집단 기준을 그대로 둔다면 상대적으로 너무 많은 기업이 대기업집단에 포함되는 문제가 있다.

1986년 우리나라 GDP(명목 기준)는 1986년 121조 6,980억 원에서 2022년 2,150조 5,760억 원으로 약 18배 커졌다. 경제 규모 확대에 정비례해 대기업집단 기준이 올라간 것은 아니지만 어느 정도 비슷한 흐름을 따라 변화한 것으로 추정할 수 있는 대목이다.

공정위가 자산총액 기준을 버린 시절이 있었다. 1993년부터 2001년까지는 자산총액이 얼마이든지 간에 '상위 30위'까지를 무조건 대기업집단으로 지정했다. 공정위는 이런 기준 변화의 이유를 '경제 변화와 무관하게 대기업집단의 수를 일정하게 유지해 관리의 효율성을 기하기 위해서'라고 설명한다.

공정위 표적이 된 30대 그룹은 부담이 컸을 것이다. 반대로 공정위 입장에선 업무가 수월했을 수 있다. 요즘은 공정위가 관리해야 할 대기업집단이 너무 많아 문제라는 지적이 심심찮게 나온다. 앞서 언급했듯 2023년 기준 대기업집단은 총 82개, 이들의 계열사는 총 3,076개다. 공정위 직원은 약 650명에 불과하고 대기업집단 감시를 전담하는 인원은 40명 안팎 수준이다. 이들이 3,076개의 기업을 제대로 감시하기는 현실적으로 어렵다. 그러나 행정 편의를 위해 대기업집단을 대폭 축소하면 원천적으로 규제에서 벗어나는 기업이 너무 많아지는 문제가 생긴다. 또한 '상위 30대 그룹'과 같은 기준을 적용하면 기업들 사이에선 "어떻게든 순위 밖으로만 벗어나면 된다."는 유인이 생기는 문제도 있다.

공정위는 2002년 대기업집단 지정 기준을 다시 자산총액 규모로 변경했다. 당시 기준은 2조 원이었다. 공정위는 이 기준을 2009년 5조 원으로 높였다. 그리고 2017년에는 대기업집단을 '두 종류'로 분리해 5조 원 이상은 공시대상기업집단, 10조 원 이상은 공시대상기업집단 겸 상호출자제한기업집단으로 각각 정의했다. 2024년부터는 상호출자제한기업집단 기준이 '명목 GDP의 0.5% 이상(2024년 기준 10조 4,000억 원)'으로 변경됐다. 앞서 언급했듯 5조 원 이상 공시대상기업집단을 통상적으로 대기업집단으로 부른다.

왕관의 무게를
견뎌라

공정위가 대기업집단을 별도로 지정하는 것은 그들을 더 면밀하게 감시하고 문제가 발생할 경우 무겁게 제재하기 위해서다. 다만 같은 잘못을 했더라도 중소·중견기업보다 대기업집단에 '더 무거운 벌'을 내린다는 해석은 정확하지 않다. 이보다는 '대기업집단에만 적용되는' 위법 행위를 별도로 규정해 감시·제재함으로써 우리 경제에 미치는 악영향을 줄인다고 보는 것이 더 타당할 것이다.

조금 더 구체적으로 들여다보자. 공정위가 대기업집단을 별도로 지정하는 것은 '경제력 집중 방지'를 위해서다.

'경제력 집중 방지'라는 말은 공정거래법 제1조(목적)에도 직접 언급된다. 앞서 살펴봤지만 제1조를 다시 한번 읽고 넘어가자. 이 법은 사업자의 시장지배적 지위의 남용과 '과도한 경제력의 집중을 방지'하고 부당한 공동행위 및 불공정거래행위를 규제해 공정하고 자유로운 경쟁을 촉진함으로써 창의적인 기업 활동을 조성하고 소비자를 보호함과 아울러 국민경제의 균형 있는 발전을 도모함을 목적으로 한다.

다만 공정거래법은 경제력 집중이 구체적으로 무엇인지 별도로 설명하지 않는다. 경제력 집중이 '소수의 큰 기업에 의한 시장 독과점' 정도의 의미임은 어렵지 않게 유추할 수 있지만 말이다. 공정위는 경제력 집중을 "여러 시장에 걸친 다수의 대규모 독과점적 기업들이 1인 또는 그 가족에 의해 실질적으로 소유·지배되는 기업집단인 이른바 재벌에 의한 경제자원 및 활동의 지배력 집중 현상"으로 설명한다.

사람이든 기업이든 너무 큰 힘을 갖게 되면 통제가 어려운 법이다. 경제력(力)도 예외가 아니다. 그래서 최상위법인 헌법은 국가에 '함부로 경제력을 함부로 쓰지 못하도록' 통제하는 역할을 부여하고 있다. 헌법 아래에 있는 공정거래법이 세부 위법 행위를 규정하고 있다. 헌법 119조는 "국가는 균형 있는 국민경제의 성장 및 안정과 적정한 소득의 분배를 유지하고, 시장의 지배와 경제력의 남용을 방지하며, 경제 주체 간의 조화를 통한 경제의 민주화를 위하여 경제에 관한 규제와 조정을 할 수 있다."고 규정했다. 잠시 여담을 하자면 여기에서 어쩐지 익숙한 표현이 발견된다. 18대 대통령 선거 과정에서 뜨거운 화제를 모았던 '경제 민주화'도 신조어가 아닌 헌법 119조에 규정된 내용이란 사실을 확인할 수 있다.

정부는 왜 경제력 집중을 억제하는 것일까. 사실 독과점을 형성한 기업 입장에서는 이런 정부의 시각이 마땅찮을 것이다. 당신이 각고의 노력 끝에 혁신적인 기술을 개발해 새로운 시장을 개척했고 경쟁 기업을 모두 물리친 사업가라고 가정해 보자. 정상적인 사업가라면 그동안의 노력을 보상받기 위해 최대한 다양한 방법을 동원해 경쟁 기업의 출현을 막고 수시로 가격을 올려 수익을 극대화할 것이다. 독과점 상황에선 충분히 가능한 일이다.

그러나 이 경우 당신을 제외한 나머지 사람들은 대부분 피해를 입는다. 당신이 판매하는 상품이나 서비스가 일상생활에 필수적인 것이라면 더욱 그렇다. 사회 전체적으로도 손실이 발생한다. 앞서 언급했듯 이를 어려운 말로 '사중손실(死重損失) 발생'이라고 부른다.

정부가 소수의 기업이 아닌 사회 전체의 행복을 위해 존재한다면 마땅히 경제력 집중을 억제하는 정책을 펼쳐야 한다. 경제·사회 수준이 높은 이른바 선진국에서 상대적으로 경쟁법이 발달한 것도 이와 무관하지 않다. 달리 말하면 선진국의 대기업집단이라면 이런 규제도 마땅히 받아들여야 한다는 말이 된다. Bear the crown. 왕이 되려면 왕관의 무게를 견뎌야 한다.

다만 국가의 경제력 집중 억제 필요성을 인정해도 '억제의 정도'에 대한 문제는 남는다. 경제력 집중 억제가 과도하면 기업의 자율성을 해쳐 사회 전체의 행복이 줄어든다. 사중손실은 기업의 독과점에 의해 발생하기도 하지만, 정부의 과도한 개입에 의해서도 발생한다. 사업가가 '본격적으로 돈을 벌만하면' 정부가 태클을 거는 국가에선 혁신적 기업이 나오기 어렵다.

이런 관점에서 '대기업집단 지정'은 과도한 규제가 아닌지 따져볼 필요가 있다. 대기업집단 지정제도를 운용하는 국가는 세계에서 한국뿐이다. 경쟁법의 원조 격인 미국조차 이런 제도가 없다. 유독 한국에만 대기업집단 지정제도가 있는 것은 1960년대부터 시작된 '재벌' 중심의 경제 성장이라는 독특한 환경 때문이다. 재벌·수출 중심의 불균형 성장은 우리 경제에서 각종 폐해를 양산했고 지금도 비슷한 문제가 발생하고 있다는 점에서 대기업집단 지정제도는 여전히 유효하다. 다만 덩치가 크다는 이유만으로 '찍어내기'식으로 대기업집단을 사전에 지정해 집중 감시·제재하는 것이 과연 우리 경제 성장에 있어 가장 효율적인 방안인지는 의문이다.

최승재 세종대학교 법학부 교수는 "기업집단 규제를 미국·일본·독일·프랑스 등과 비교·분석한 결과 우리나라의 대표소송제도나 지주회사 규제가 가장 엄격하다는 것을 확인했다."며 "특히 일정 규모 이상의 대기업집단 전체를 '사전 행위규제 방식'으로 규율하는 사례는 우리만의 독특한 규제 방식으로 우리 경제의 지속적 성장을 위해 전반적으로 재검토해야 할 상황"이라고 지적했다.[14]

14) 2023년 9월 '글로벌 스탠더드와 비교한 기업 제도개선 세미나'.

대기업집단에 부여된
책임과 의무

이제 대기업집단을 조금 더 세부적으로 알아보자. 앞서 밝힌 대기업집단의 공식 명칭인 공시대상기업집단(자산총액 5조 원 이상)과 상호출자제한기업집단(자산총액 10조 원 이상)은 '해야 할 일'과 '해서는 안 되는 일'에 따라 구분돼 있다고 보면 이해가 빠르다.

공시대상기업집단이라는 명칭에서 유추할 수 있듯 이들 집단은 공정거래법상 공시(公示, disclosure) 의무가 있다. 공시는 기업이 어떤 사업을 하고 있는지, 재무 상태는 어떤지, 영업은 얼마나 잘하고 있는지 등을 공개적으로 알리는 것을 의미한다. 다만 공시 제도가 공정거래법뿐 아니라 상법·자본시장법 등에도 규정돼 있다는 점에 유념할 필요가 있다. 공정거래법상 공시 제도의 목적은 대기업집단의 불공정거래 예방에 있다. 상법·자본시장법에 규정된 공시는 이해관계자 보호, 투자자 의사결정 지원 등을 주요 목적으로 한다. 따라서 각 법률에서 요구하는 세부 공시 사항이 다르다.

공정위는 공정거래법상 공시 제도 운용 목적을 "사전규제를 최소화하고 정보 공개를 통한 시장의 자율 감시 기능을 활용[15]하는 것"이라고 설명한다. 이런 목적을 위해 공시대상기업집단의 계열사가 금융감독원 전자공시시스템(DART)을 통해 분기별 또는 연 1~2회 공시해야 하는 항목은 △그룹의 일반 현황(사업 내용, 계열사 변동 내역 등) △주식 소유 현황 △상호출자 현황 △순환출자 현황 △채무보증 현황 △대규모 내부 거래 현황 등이다.

이 가운데 시장이 주목하는 공시 중 하나로 '대규모 내부 거래'가 꼽힌다. 공정거래법은 공시대상기업집단의 계열사와 특수관계인(총수와 총수의 친족 등) 사이에 이뤄지는 큰 규모의 거래(이를 '대규모 내부 거래'라고 부른다)가 있는 경우 이사회 의결을 거쳐 의결 내용을 공시하도록 규정하고 있다. 이사회와 소액주주 등 이해관계자가 '계열사와 특수관계인 간 부당한 내부 거래'를 견제할 수 있도록 마련된 제도다. 예컨대 '회장님 지시'로 그룹 계열사들이 총수 가족의 회사에 유리한 대규모 거래를 해 실적이 급격히 개선됐는데 주주들이 이런 사실을 모른 채 "총수 가족 회사가 진짜 실력이 있구나."라고 착각해서는 안 되지 않겠는가.

여기에서 생각해 볼 문제는 어느 규모까지를 '대규모' 내부 거래로 볼 것인가다. 지난 2000년, 이 규정이 처음 도입됐을 때에는 대

---

15) 공정거래위원회 보도자료, 〈대규모내부 거래 공시 제도 합리적 개선〉, 2023. 5.23.

규모 내부 거래 금액 기준이 '100억 원 이상'이었다. 그러나 2012년 대기업집단에 대한 감시 강화 요구가 커지면서 기준금액을 '50억 원 이상'으로 하향(그만큼 대규모 내부 거래 적용 대상이 확대됨)해 2023년까지 적용됐다(다소 복잡하지만 '대규모 내부 거래'의 의미를 보다 정확히 말하면 '내부 거래 규모가 자본총계 또는 자본금 중 큰 금액의 5% 이상이거나 50억 원 이상'인 경우다). 이후 공정위는 해당 기준이 기업에 지나친 부담이 된다는 이유로 2024년부터 다시 '100억 원 이상'으로 확대한다. 어떤 기준이 적합한지 아닌지는 차치하고, 이처럼 수시로 기준이 변경되는 것에는 문제가 없는지는 한 번쯤 생각해 볼 필요가 있다. 사실 정부 부처가 어떤 이유에서든 정책을 몇 번씩 뒤집는 것은 그리 드문 일이 아니다. 공정위는 2024년 '100억 원 이상'으로 대규모 내부 거래 기준을 좁힌 배경과 관련해 "2000년 제도 도입 및 2012년 기준금액 하향 이후 거시경제와 기업집단의 규모 확대 등을 반영하지 못해 공시 부담이 지속적으로 증가했다."며 "5% 기준이 일률적으로 적용돼 자본금, 자본총계가 적은 소규모 회사와 공익법인은 당초 제도 취지와 달리 소액 거래까지 이사회 의결·공시 의무가 발생했다."[16]고 설명한다. 그러나 앞으로도 '공시 부담'을 이유로 기준이 계속 완화하는 추세를 보일 것으로 단정하긴 어렵다. 2012년처럼 대기업집단에 대한 부정적 여론이 다시 커진다면 기준이 강화될 가능성도 배제할 수 없다.

공정위가 언급한 공시 의무 이행은 얼핏 보면 그리 어렵지 않은

16) 공정거래위원회 보도자료, 〈대기업집단 공시제도 개선방안 발표〉, 2023.1.16.

일로 보인다. 실무적으로는 할 일이 많겠지만 수많은 인재를 보유한 대기업이라면 충분히 대응 가능한 일이라고 할 수 있다. 그러나 실제로는 매년 적게는 수십 건 많게는 100건이 넘는 공시 의무 위반이 적발된다. 워낙 공시할 사안이 많으니 실무자의 실수가 발생할 수밖에 없다. 물론 의도적인 누락도 있을 것이다. 2022년 한 해만 해도 공정위는 38개 공시대상기업집단(총 80개 계열사)의 공시 의무 위반 총 95건을 적발해 8억 4,413만 원 과태료를 부과[17]했다. 하나 주목할 점은 공시 의무 위반에는 과징금이 부과되지 않는다는 사실이다. 경우에 따라 벌금 부과도 가능하지만 대부분 과태료가 부과된다. 과징금과 과태료는 모두 '형벌'이 아닌 '행정벌'이라는 점에서 큰 차이는 없다. 그러나 과징금은 부당하게 벌어들인 이득을 환수한다는 성격이 담겨 있어 '잘못의 무게'에 대한 판단이 과태료보다 무거운 개념이다. 다시 말해 공시 의무 위반은 비교적 약한 수준의 위법으로 보고 과태료만 부과하고 있다고 볼 수 있다.

사실 대기업집단은 공시 의무처럼 '반드시 해야 하는 일'보다는 '해서는 안 되는 일'이 더 많다. 공시대상기업집단을 포괄하는 개념인 상호출자제한기업집단을 생각해 조금 더 쉽게 이해할 수 있다. 자산총액이 10조 원 이상인 상호출자제한기업집단의 계열사들은 공정거래법에 따라 '상호출자'와 '순환출자'가 금지된다. 출자란 말 그대로 다른 회사에 자본금을 대는, 즉 돈을 내고 주식을 사들이는

---

17) 공정거래위원회 보도자료, 〈2022년 공시대상기업집단 공시이행 점검결과 공개〉, 2022.12.25.

것을 의미한다. 상호출자는 A사와 B사가 서로의 주식을 보유하는 것이다. 순환출자는 형태가 조금 고도화됐을 뿐 결국 상호출자와 본질은 같다. 순환출자는 A사 주식을 B사가, B사 주식을 C사가, C사의 주식은 다시 A사가 갖는 A→B→C→A 형태의 순환 구조를 갖는다.

대기업 계열사 간의 상호출자와 순환출자를 금지하는 이유는 이런 형태의 거래를 허용할 경우 기업 자본이 실제보다 '뻥튀기'되는 문제(이를 어려운 말로 '가공자본이 형성된다'고 한다), 그리고 총수가 적은 지분으로 그룹 전체를 좌우하는 '마법의 지배력' 문제가 생기기 때문이다.

간단한 가상 사례를 들어 상호출자와 순환출자의 문제를 짚어보자. 우선 상호출자의 사례다. 나회장(가명) 씨는 자본금 100억 원 규모 A사의 주식을 15% 보유한 대주주다. 나머지 85%는 다수의 소액주주가 보유하고 있다. 그런데 나회장은 A사를 통해 계열사 B사에 50억 원을 출자해 A사가 B사의 대주주가 되고, B사는 계열사 C사에 25억 원을 출자해 C사의 대주주가 되고, C사는 다시 A사에 10억 원을 출자했다. A→B→C→A 형태로 순환출자 고리가 생긴 것이다. 이 경우 나회장 씨는 불과 15억 원으로 A·B·C사를 모두 지배하게 되고 A사는 자본금이 110억 원(기존 100억 원 + C사가 출자한 10억 원)으로 늘어 10억 원의 가공자본이 형성된다.

김형배 전 공정위 상임위원은 순환출자가 △적은 돈으로 더 많은 가공자본과 의결권을 행사해 계열사를 지배함으로써 소유지배구조가 왜곡되고 경제력 집중이 심화되며 △부실한 계열기업의 구조

조정을 어렵게 하고 △개별기업의 부실이 기업집단 전체로 전이돼 국민경제 전체의 시스템 위기를 초래하고 △지배주주의 2~3세로 하여금 큰돈을 들이지 않고 회사를 물려받게 해 편법적 경영 승계를 가능하게 하는 등 부작용을 초래한다[18]고 지적했다.

최근 수년 사이 상호·순환출자 금지 규정만큼이나, 혹은 오히려 이보다 더 자주 거론되는 대기업집단 규제로 '일감 몰아주기 금지'가 있다. 일감 몰아주기의 일반적인 형태는 대기업집단 총수의 지시에 따라 계열사들이 일제히 총수 자녀의 회사에 일거리를 몰아주거나, 정상적인 수준보다 훨씬 높은 값을 쳐주는 등의 방식으로 도와주는 것이다. 총수 자녀들은 '땅 짚고 헤엄치기'로 자신의 회사를 키울 수 있고 이를 토대로 안정적인 경영권 승계가 가능하다. 그러나 총수 자녀를 도와준 대기업집단 계열사는 부실 위험이 커지기 쉽다. 또한 총수 자녀의 회사와 경쟁하는 다른 기업은 '기울어진 운동장'에서 사업을 하다 퇴출될 가능성이 높다. 일감 몰아주기 규제에 대해선 뒤에서 더 자세히 살펴보겠다.

---

18) 김형배, 《공정거래법의 이론과 실제》, 도서출판 삼일, 728p.

공정위는 항상 대기업집단에 가혹한가?

정부와 대기업집단 사이의 관계는 말 그대로 미묘하다. 정부는 대기업집단에 경제력이 집중되지 않도록 견제해야 한다. 그래야 우리나라 '전체 행복의 크기'가 커진다. 그러나 정부의 역할이 대기업집단 견제에만 집중돼선 안 된다. 우리나라의 경제를 이끄는 주체는 대기업집단, 그리고 대기업집단과 협력하는 다수의 중견·중소기업이다. 하나의 대기업집단만 문을 닫아도 다양한 제품·서비스 공급이 중단된다. 대기업집단 직원은 물론이고 협력 중견·중소기업 직원까지 대량으로 일자리를 잃을 가능성이 있다. 정부가 종종 방만 경영으로 문을 닫을 위기에 놓인 대기업집단에 세금을 투입해 '인공호흡기'를 달아주는 것도 이런 문제를 최소화하기 위함이다.

우리나라만 그런 것은 아니다. 경쟁법을 최초로 도입한 미국도 크게 다르지 않다. 앞서 살펴봤듯 미국이 경쟁법을 도입하게 된 계

3장 공정위는 왜 대기업을 싫어할까

기는 트러스트(trust) 문제다. 그러나 '트러스트 분쇄자'라고 별명이 붙은 시어도어 루스벨트 대통령(26대)의 목적은 트러스트의 '해체'가 아닌 '통제'였다. 루스벨트 대통령은 US스틸 같은 절대적인 독점 기업도 허용해야 한다고 봤다. US스틸은 1901년 J.P. 모건과 앤드류 카네기 등에 의해 설립된 철강회사다. 루스벨트 대통령은 미국이 세계적인 경쟁력을 보유하려면 거대 독점기업이 존재해야 하지만 이들을 적절히 통제하고 규제할 수 있어야 한다고 봤다. 이런 입장은 28대 우드로 윌슨 대통령도 마찬가지였다.[19]

우리나라 정부도 대기업집단에 대한 규제 강화와 완화 사이에서 항상 갈등한다. 누가 정권을 잡느냐에 따라 이런 기조가 180도 바뀌기도 한다. 물론 이런 행태가 경쟁정책 운용 과정에서만 나타나는 것은 아니다. "공무원이 영혼이 있으면 안 된다."는 말은 공무원 사이에서 흔하게 나오는 자조다.

경쟁정책으로 좁혀서 보면 보수 성향의 정부는 대기업집단 규제 완화(기업 친화) 기조로, 진보 성향의 정부는 반대의 기조로 경쟁정책을 운용한다고 보면 큰 틀에서 틀리지는 않는다. 다만 예외는 있다. 박근혜 전 대통령은 대선 후보 시절 '경제 민주화'를 핵심 슬로건 중 하나로 내세웠고 2012년 18대 대통령에 당선됐다. 박근혜 정부 국정과제에서 경제 민주화 부분을 보면 당시 대기업집단을 크게 긴장시킬 만한 내용이 담겼다. 하나는 '사익편취(일감 몰아주

---

19) 지철호, 《독점규제의 역사》, 홀리데이북스, 66~67p, 수정인용.

기)[20] 행위 근절'이고 또 다른 하나는 '기업 지배 구조 개선'이다.

박근혜 대통령은 공식 공약집(새누리당 공약집)에서 "대기업집단 총수 일가의 사익 추구를 위한 불법행위가 자주 발생해 기업의 경쟁 질서를 훼손한다."며 "총수 일가 불법행위에 대한 법 집행이 국민의 법 감정과 형평성에 어긋나는 사례가 많다."고 지적했다. 이를 고려해 '사익편취 행위 근절'을 약속했다. 사익편취 규제 도입을 위한 공정거래법 개정안은 박근혜 정부 집권 중이던 2013년 7월 국회를 통과했고 유예기간을 거쳐 2014년 2월 시행됐다. 일감 몰아주기 금지 규제의 행보와 의의는 뒤에서 더 자세히 살펴보기로 한다. 박근혜 대통령은 공약집에서 "신규 순환출자가 대기업집단 총수 일가의 불투명한 지배체제 구축 수단으로 악용되고 있다."며 '기업 지배 구조 개선'을 공약했다. 기업 지배 구조 개선의 핵심은 대기업집단 계열사 간 신규 순환출자 금지였다. 앞서 살펴봤듯 적지 않은 대기업집단 총수가 계열사 간 순환출자(A→B→C→A) 고리를 만들어 적은 지분으로 그룹 전체를 지배하고 있었다. 박근혜 정부는 기존에 만들어진 순환출자 고리를 억지로 끊게까진 못해도(기존에 형성된 순환출자 고리까지 끊으려면 각 대기업집단이 주요 계열사의 지분을 처분해야 하고 이 과정에서 지배 구조 변화가 클 수 있기 때문에 정부로서도 부담이 컸을 것이다) 순환출자 고리가 새롭게 만들어지지만 않도록 금지 규정을 마련했다. 이런 내용을 담은 공정거래법 개정안은 2013년 12월 국회를 통과해 이듬해 7월 시행됐다. '신규 순환출자의 금지'는 보수

· ·

20) '사익편취'와 '일감 몰아주기'는 사실상 동일한 의미로 쓰인다.

정부의 성과로 보기엔 상당히 진취적인 성과였다.

그러나 2014년을 지나며 박근혜 정부의 경쟁정책 기조가 달라지기 시작했다. 우리나라 경제가 둔화 조짐을 보이자 박근혜 정부는 경제 활성화 정책을 전면에 내세웠다. 물론 이런 정책 기조 변화가 경기 둔화에 의한 불가피한 선택인지, 원래 갖고 있던 보수 정부의 성향이 뒤늦게 발현된 것인지에 대해선 각자 다른 판단을 내릴 수 있다. 잠시 2014년 중순을 회상해 본다. 당시 부총리 겸 기획재정부 장관을 맡았던 최경환은 이른바 '빚내서 집 사라' 방식의 정책으로 부동산 경기를 띄우려 했다. 최경환은 부총리 지명 당일이었던 2014년 6월 13일 "LTV(주택담보대출비율)·DTI(총부채상환비율) 등 정책은 과거 시장이 한여름일 때 만든 여름옷과 같다. 이미 한겨울이 왔는데 여름옷을 입고 있어서야 되겠느냐"고 말했다. 주택 구입 시 적용되는 대표적인 대출 규제를 전반적으로 풀어주겠다는 의미로 해석됐다.

이처럼 경기 부양이 지상 과제가 된 상황에서 공정위만 '나 몰라라' 하면서 대기업집단을 강하게 압박할 수는 없었다. 예나 지금이나 경기 부양이 필요할 때 정부의 시선은 대기업집단에 맞춰진다. 정부의 경기 부양(재정투입 확대, 통화 정책 완화 등)은 민간과 '손발'이 맞을 때 비로소 효과가 난다. 우리 경제에서 큰 비중을 차지하는 대기업집단이 투자를 늘리고 직원을 많이 고용해야 가라앉은 경기를 띄울 수 있다. 2014년을 지나면서 공정위의 1년 동안의 계획인 '업무보고'에서 경제 민주화란 단어는 좀처럼 찾아볼 수 없게 된다. 당시 공정위원장을 맡았던 정재찬은 2015년 초 신년 기자간담회에서 "박근혜 정부의 경제 민주화 의지가 후퇴한 것 아니냐?"는 지적에 "경제 민주화라는 '모자'를 쓰고 조사를 하면 큰 도움이 안 될 경우가 많다."고 말했다. 정부가 경제 민주화 의지를 강하게 내비칠수록 기업 대비가 철저해지기 때문에 공정위 조사가 오히려 어려워지며, 공정위의 경제 민주화 추진 의지는 약해지지 않았다는 의미를 강조하기 위한 발언으로 보인다. 그러나 이 발언을 이대로 해석하는 것은 문제가 있어 보인다. 경제 민주화라는 표현을 자주 사용하는 것이 공정위 조사에 방해가 된다면 박근혜 정부의 국정 과제 자체가 공정위 활동에 심대한 피해를 입힌 셈이기 때문이다.

물론 공정위만 비난하는 것은 적절치 않다. 행정부의 수반인 대통령이 설정한 정책 방향을 중앙 부처 장관(정확히 말하면 공정위원장은 '장관'이 '장관급'이다. 또한 정부의 주요 업무를 결정하는 '국무회의'에 참석하는 국무위원도 아니다)이 어떻게 거스를 수 있었겠는가. 여기에서 한 가지 아이러니한 사실은 박근혜 정부 때 만들어진 대기업집단 규제가 진보 정부인 문재인 정부에서 적극적으로 활용됐다는 점이다. 문재인 정부 임기 중 우리나라 경제 성장률은 박근혜 정부 때보다 전반적으로 낮았다(물론 코로나19 사태가 큰 영향을 미쳤다). 그럼에도 문재인 정부는 임기 5년 동안 대기업집단 규제를 오히려 강화했고 이때 적극적으로 활용한 것이 박근혜 정부 때 만들어 놓은 규제 체계였다. 문재인 정부의 공정위는 대기업집단의 일감 몰아주기를 대대적으로 조사해 과징금을 대거 물리고 다수의 총수를 검찰에 고발했다. 2017년 '재벌 저격수'란 별명이 붙은 김상조 한성대학교 교수를 문재인 정부 초대 공정위원장에 임명한 것만 봐도 어떤 정책을 펼칠 것인지는 짐작하기 어렵지 않았다.

4장

M&A도
정부 승인을
받아야 한다고?

COMPETITION LAW

대형 자동차
그룹의 탄생

　자동차는 반도체 · 휴대폰만큼이나 해외에서 자랑스러운 한국산
(産) 제품으로 꼽히는 품목이다. 산업통상자원부에 따르면 2023년
연간 품목별 수출액을 살펴보면 1위가 반도체(986억 3,000만 달러) 2위
가 자동차(708억 7,000만 달러)였다. 2023년 자동차는 친환경 차 글로
벌 수요 확대, 전기차 · SUV 등 고부가 차량 판매 호조 등으로 역
대 최고 수출 실적을 기록했다. 역대 자동차 수출액 순위를 살펴보
면 2023년이 1위(708억 7,000만 달러) 2022년이 2위(540억 7,000만 달러),
2014년이 3위(484억 달러)였다.

　우리나라 자동차 산업의 중심에는 현대자동차그룹(현대자동차 및
기아)이 있다. 2023년 완성차그룹 기업설명회(IR) 자료에 따르면 현
대차그룹의 2022년 기준 세계 자동차 판매량은 684만 5,000대
에 달했다. 일본 도요타그룹(1,048만 3,000대), 독일 폭스바겐그룹(848

만 1,000대)에 이어 3위다. 현대차그룹이 세계 톱3 반열에 오르기까진 자체 자동차 생산 시기를 기준으로 50년 가까이 걸렸다(현대차그룹이 한국 최초의 독자 생산 모델 '포니' 생산을 시작한 것이 1975년이다). 세계 시장에서 현대차그룹은 '자랑스러운 한국 기업'이다. 그러나 국내 시장으로 좁혀보면 얘기가 조금 달라진다. 최근 외국산 자동차가 늘어나는 추세지만 여전히 현대차·기아의 국내 시장점유율은 70% 수준으로 추정된다. 국내에서 판매되는 주요 소비재 가운데 (사실상)한 기업이 70% 이상을 차지한 독과점 시장은 좀처럼 찾기 어렵다. 어떻게 자동차 시장에서 독과점 형성이 가능했던 것일까. 결론부터 말하면 1999년 현대차가 기아(당시 기아차. 기아차는 2021년 사명을 '기아'로 바꿨지만 이 책에선 주로 과거의 일을 설명하기 때문에 편의상 기아차로 표기한다)를 인수했기 때문이다. 달리 얘기하면 공정위가 당시 현대차의 기아차 인수를 허가했기 때문이다.

기아차의 역사는 1944년으로 거슬러 올라간다. 당시 '경성정공'으로 설립된 기아는 1976년 아시아자동차 인수, 1980년대 소형 승합차 '봉고'의 인기를 바탕으로 빠르게 성장했다. 1997년에는 재계 순위 8위에 오르기도 했다. 그러나 국제 경쟁 심화와 우리나라 경기 부진, 계열사 부실 경영 등으로 1997년 부도유예협약 적용 대상이 됐다. 부도유예협약은 정부가 기업의 연쇄 부도를 막기 위해 채권 상환 부담을 유예해 회생 기회를 제공하는 제도다. 1997년 1월 한보의 부도를 계기로 정부가 주도해 만든 금융기관 협약이다. 결국 기아는 1998년 회사정리절차에 들어갔고 이듬해 현대차에 인수됐다.

우리가 주목해서 볼 부분은 현대차의 기아차 인수가 공정위의 심사를 어떻게 통과했느냐는 것이다. 뒤에서 자세히 설명하겠지만 공정위의 핵심 역할 중 하나는 기업 M&A(인수·합병)과 같은 '기업 결합'이 관련 시장경쟁을 해치지 않는지 심사해 승인 여부를 결정하는 것이다. 단순하게 말하면 특정 기업 간 M&A로 독과점이 형성된다고 판단할 경우 불허(不許) 결정을 내려 M&A를 무력화할 수 있는 큰 권한이 있다. 1999년 공정위가 현대차의 기아 인수를 심사하면서 산정한 '결합 후 현대차(현대차+기아차)'의 시장점유율은 승용차 55.6%, 버스 74.2%, 트럭 94.6%였다. 공정위는 새로운 기업이 자동차 시장에 새롭게 진입하는 것도 어려워 현대차의 기아차 인수는 국내 자동차 시장경쟁을 제한한다고 판단했다. 그런데도 공정위는 인수를 승인했다. 이유는 '기아차는 회생이 불가능한 기업'이며, 현대차가 기아차를 인수하는 것이 산업 전반에 이득이 된다는 것이었다. 공정위가 내건 이유가 선뜻 이해되진 않는다. 다만 공정위가 아무런 근거 규정도 없이 이런 판단을 했을 리는 없다. 공정거래법은 경쟁 제한성이 있는 기업결합이더라도 △해당 기업결합 외의 방법으로는 달성하기 어려운 효율성 증대 효과가 경쟁 제한으로 인한 폐해보다 큰 경우 △상당한 기간 동안 대차대조표상의 자본총계가 납입자본금보다 작은 상태에 있는 등 회생이 불가능한 회사와의 기업결합(세부 요건은 시행령에 규정)인 경우 예외적으로 결합을 허용한다. 우리가 따져볼 부분은 현대차의 기아차 인수가 이런 '예외 규정'을 적용하기에 과연 적절했느냐 여부다(이 사안에 대해선 뒤에서 조금 더 살펴본다).

역사에 '만약'이란 것은 존재하지 않지만 한번 상상해 보자. 만약 1999년 현대차가 기아차를 인수하지 못했다면, 다시 말해 공정위가 현대차의 기아차 인수를 허락하지 않았다면 국내 자동차 산업의 지형은 지금과 얼마나 달라졌을까. 혹자는 현대차그룹이 지금과 같은 경쟁력을 갖추지 못해 '글로벌 톱3'라는 쾌거를 달성하기 어려웠을 것이라고 주장할 수 있다. 반대로 누군가는 현대차와 기아차 간 치열한 경쟁으로 오히려 지금보다 양사의 기술력이 높아져 세계 시장에서 양사가 더 많은 점유율을 차지할 수 있었을 것이라고 말할 수 있다. 이번에는 기업의 입장은 제쳐놓고 관점을 '전체 소비자의 행복'으로만 좁혀서 생각해 보자. 만약 현대차의 기아차 인수가 불발돼 두 회사가 계속 경쟁자로 남아 있었다면 치열한 경쟁을 통한 자동차 품질을 높이고 가격을 낮추는 노력을 했을 것이다. 더 낮은 가격에 더 좋은 자동차를 살 수 있는 소비자로선 당연히 더 행복한 결론이다. 이런 관점에서 보면 1999년 공정위는 '소비자가 불행해지는' 선택을 한 셈이다. 앞에서 살펴봤듯 공정위의 가장 중요한 역할 중 하나는 경제력 집중의 억제를 통한 '소비자 후생 제고'인데도 말이다. 그렇다면 공정위는 경쟁당국 본연의 역할에 반하는 결정을 내린 것일까. 결론부터 말하면 '예'와 '아니오'라는 대답이 동시에 가능하다. 실제로 공정위 내에서도 당시 현대차의 기아차 인수 승인을 "잘못된 결정"이라고 평가하는 목소리가 작지 않다. 다른 한편으론 기아 인수 승인이 불가피했고 결과적으로 현명한 결정이었다는 평가도 있다. 당신의 생각은 어떠한가.

역사는
반복된다

한 가지 사례를 더 살펴보자. 1946년 광주택시(현 금호고속)로 시작한 금호아시아나는 건설·석유화학 등으로 사업 영역을 확장하며 국내 대표 그룹 중 하나로 성장했다. 2006년 대우건설, 2008년 대한통운을 잇달아 인수하며 재계 10위권에 진입했지만 무리한 인수가 오히려 독이 됐다는 평가가 나왔다. 금호아시아나는 2008년 글로벌 금융위기에 따른 실적 악화, 그리고 이른바 '형제의 난'으로 불리는 경영권 분쟁 등 영향으로 위기에 직면한다. 2019년 금호아시아나는 그룹 대표 계열사인 아시아나항공 매각을 결정한다. 당시 HDC현대산업개발이 아시아나항공 인수를 추진했다. 하지만 2020년 세계적으로 확산한 코로나19 사태로 항공 업계가 직격탄을 맞자 HDC현대산업개발은 아시아나항공 인수를 포기했다. 이후 아시아나항공의 '새 주인 찾기'가 진행됐고 새 주인의 윤곽은 2020

년 11월 드러났다. 대한항공을 운영하는 한진그룹이 아시아나항공 인수를 위해 채권단의 핵심인 KDB산업은행과 협상을 진행 중이라는 얘기가 산업계에 퍼졌고 머잖아 소문이 사실임이 확인됐다.

정부는 2020년 11월 16일 '산업경쟁력강화 관계장관회의'를 거쳐 대한항공의 아시아나항공 인수 추진을 공식화했다. 대한항공과 아시아나항공의 주채권은행인 산업은행은 이날 보도자료를 통해 "대한항공과 아시아나항공의 통합을 골자로 하는 항공 운송 산업 경쟁력 제고 방안 추진을 위해 한진칼(대한항공의 지주사)과 총 8,000억 원 규모의 투자계약을 체결하기로 했다."고 밝혔다. 이튿날 대한항공은 아시아나항공의 주식 63.88%를 취득하는 계약을 하고 이듬해 1월 공정위에 기업결합을 신고했다.

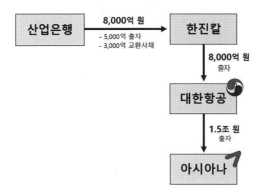

〈대한항공-아시아나항공 기업결합 개요〉
(자료: 공정거래위원회)

여기에서 묘하게 겹치는 장면이 앞서 살펴본 1999년 현대차의 기아차 인수 사례다. 현대차의 기아차 인수 때처럼 대한항공의 아시아나항공 인수도 해당 시장에서 '국내 대표 사업자' 간의 결합이었기 때문이다. 국내 1위 항공 사업자 대한항공이 2위 아시아나항공을 인수할 경우 국내 항공 시장에 독과점이 형성될 것이란 목소리는 어찌 보면 당연한 우려였다. 대한항공도 이런 우려를 몰랐을 리 없다. 그러나 대한항공은 한국 공정위의 심사는 비교적 무난하게 통과할 것으로 기대했던 것으로 보인다. 앞서 언급했지만 대한항공의 아시아나항공 인수 결정은 사실상 '정부'가 내린 것이었기 때문이다(이 지점에서 의문이 생길 것이다. 대한항공의 아시아나항공 인수는 '기업 사이의 문제'인데 왜 인수 결정을 '정부'가 내리는 것일까. 이는 국책은행인 산업은행이 아시아나항공의 주채권단이었기 때문이다). 다만 공정위가 산업경쟁력강화 관계장관회의의 공식 멤버가 아니었다는 점에서 공정위의 검토, 즉 경쟁당국 관점에서 본 심사 통과 가능 여부에 대한 치밀한 검토는 없이 인수 결정을 내린 것이 아닌가 의심이 드는 것도 사실이다.

공정위 검토 시간은 예상보다 길었다. 대한항공이 공정위에 기업결합을 신고한 것이 2021년 1월이었고 공정위가 최종 결론을 내린 것이 꼬박 1년 후인 2022년 1월이었다. 결론부터 말하자면 공정위는 특정한 조건을 전제로 대한항공의 아시아나항공 인수를 승인한다. 이런 결론을 내기까지 공정위 판사(공식 용어는 공정위원)들은 총 3번의 회의(전원회의)를 열었다. 대형 M&A라도 공정위가 보통 1차례의 전원회의를 거쳐 승인 여부를 결정하는 점을 고려하면 상당한 고민 끝에 내린 결론이란 것을 알 수 있다. 공정위와 대한항공(및 아시아나항공) 간 조건부 승인에서 세부적인 '조건'을 두고 의견이 크게 엇갈린 것도 원인이다. 공정위는 대한항공이 아시아나항공을 인수할 경우 독과점이 형성되는 국내외 항공 여객 노선(국제선 26개, 국내선 14개)의 슬롯(slot)이나 운수권 등을 다른 회사에 넘기도록 조건을 걸었다. 슬롯은 항공사별로 배분된 공항의 이·착륙 시간, 즉 항공기가 공항에서 특정 시간대를 이용할 수 있는 권리를 의미한다. 운수권은 항공기로 여객·화물을 탑재·하역할 수 있는 권리다. 비행기를 매각하도록 하는 방식이 아닌 대한항공이 공항 등을 이용하는 권리를 제한하도록 한 것이다.

어렵사리 공정위 문턱은 넘었지만 문제는 다른 나라 경쟁당국이었다. 여객·화물 운송은 국내외를 오가는 형태이기 때문에 이 기업결합은 대한항공과 아시아나항공 비행기가 출발·도착하는 여러 국가의 항공 시장과 연계가 돼 있다. 대한항공의 아시아나항공 인수를 최종 마무리하기 위해 승인을 받아야 하는 국가는 총 14개국이었는데 한국은 그중에 하나에 불과한 국가, 좀 더 솔직히 말하면 이번 인수를 가장 긍정적으로 평가하는 국가였다고 할 수 있다. 물론 14개 국가 중에는 대한항공과 아시아나항공의 비행기가 비교적 적게 오가기 때문에 이번 인수가 자국 여객·화물 운송 시장에 큰 영향이 없는 국가도 있었다. 실제로 대한항공은 터키·대만 등 국가로부턴 별다른 어려움 없이 인수 승인을 받아냈다.

문제는 EU였다. EU의 경쟁당국인 EU 집행위원회는 대한항공이 아시아나항공을 인수할 경우 한국-유럽 노선을 오가는 화물 운송 사업 시장에서 독과점이 형성될 수 있다며 아시아나항공의 화

〈공정거래위원회가 판단한 대한항공-아시아나항공 기업결합에 따른 경쟁 제한성 있는 국제노선〉

(자료: 공정거래위원회)

구분	중복 노선 개수	경쟁 제한성 노선 개수	경쟁 제한성 있는 노선명
미주	5개	5개	• 서울 ↔ ① 뉴욕 ② 로스엔젤레스 ③ 시애틀 ④ 샌프란시스코 ⑤ 호놀룰루
유럽	6개	6개	• 서울 ↔ ① 바르셀로나 ② 프랑크푸르트 ③ 런던 ④ 파리 ⑤ 로마 ⑥ 이스탄불
중국	18개	5개	• 서울 ↔ ① 장자제 ② 시안 ③ 선전 • 부산 ↔ ④ 칭다오 ⑤ 베이징
일본	12개	1개	• 부산 ↔ 나고야
동남아	19개	6개	• 서울 ↔ ① 프놈펜 ② 팔라우 ③ 푸켓 ④ 자카르타 • 부산 ↔ ⑤ 세부 ⑥ 다낭
기타	5개	3개	• 서울 ↔ ① 시드니 ② 괌 • 부산 ↔ ③ 괌
총계	65개	26개	–

물 사업 매각을 요구한 것으로 알려졌다. 일각에선 EU 집행위원회의 이런 요구를 두고 "사실상 인수를 승인하지 않겠다는 의미"란 해석까지 나왔다. 그만큼 화물 사업은 항공사에 중요한 영역이기 때문이다. 실제로 코로나19 사태 때 여객 매출이 급감한 가운데

아시아나항공의 실적 악화를 그나마 방어한 것은 화물 사업이었다. 아시아나항공의 연간 매출 가운데 화물 사업부의 비중은 2021년 72.5%에 달했다(코로나19 사태가 진정되면서 화물 사업부의 매출 비중은 2022년 48.4%로 비중이 낮아졌다).

EU 집행위원회의 요구 조건을 들은 대한항공과 아시아나항공은 깊은 고민에 빠졌다. 2023년 10월 아시아나항공은 이사회를 열어 화물 사업 분할 매각 여부를 결정하려 했지만 결론을 내지 못했다. 이 과정에서 사내이사가 돌연 사퇴하는 일도 벌어졌다. 아시아나항공은 11월, 다시 이사회를 열어 결국 화물 사업 분할 매각 안건을 가결했다. 이로써 EU 경쟁위원회의 인수 승인 가능성은 높아졌다. 실제로 EU 집행위원회는 2024년 2월 대한항공의 아시아나항공 인수를 승인했다. 대한항공이 EU에 신고서를 제출한 지 무려 3년 만의 승인이었다. 그래도 당연히 조건은 붙었다. 앞서 밝힌 대로 EU 집행위원회는 우선 화물 부문에선 아시아나항공 화물 사업 매각을 요구했다. 여객 부문에서는 한국의 저비용항공사(LCC) 티웨이항공이 대한항공으로부터 유럽 4개 중복 노선을 이관받아 실제 운항을 시작하는 것을 조건으로 걸었다. 다만 2024년 5월 현재까지도 대한항공의 아시아나항공 인수 작업은 '진행 중'이다. 아직 미국 경쟁당국의 승인이 남아 있어서다.

내 맘대로
기업도 못 사?

　　잠시 공정위 내부 얘기를 해보자. 어느 조직이든 선호·비선호 부서가 있다. 공정위 역시 예외는 아니다. 전통적으로 공정위 내에서 선호도가 높은 부서는 '기업결합과'다. 이 과는 쉽게 말하면 기업 M&A 등을 심사해 승인·불승인 여부를 결정하는 부서다(원래 하나의 '기업결합과'로 존재했지만 공정위가 정책·사건 부서 분리 등을 거치면서 2023년 기준 기업결합과·국제기업결합과·기업집단결합정책과 등 3개를 운영 중이다. 이 책에선 혼란을 피하기 위해 기업결합과로 통일해 표현한다). 이런 기능을 '기업결합심사'라고 부른다. 앞서 편하게 'M&A 심사'라고도 불렀지만 정확한 표현은 기업결합심사다. 기업결합이라는 큰 범주 안에 M&A뿐 아니라 △주식 취득(물론 M&A가 보통 주식 취득을 통해 이뤄진다) △다른 회사의 임원 겸임 △영업 양수(넘겨받음) △새로운 회사 설립 참여 등이 포함되기 때문이다(기업결합의 의미가 대략은 이해됐다고 보고 이런 공정위의 권한은 과징금 부과나 고발과 비교해 어떤 면에서는 훨씬 더 큰 것이다. 거액의 컨설팅, 수없이 많은 가격 협상을 거쳐 간신히 타결된 기업 간 결합이 공정위 판단에 따라 간단히(?) 뒤집히는 사태를 상상해 보면 쉽게 이해될 것이다. 공정위 직원 입장선 '권한'이 큰데 업무는 상대적으로 수월해 선호도가 높다. 공정위에서 기업의 위법 행위를 조사·제재하는 다른 부서는(기업이 어떻게든 숨기려 하는) 증거·증언 확보에 큰 어려움을 겪지만 기업결합과는 기업에 '요청'을 통해 비교적 손쉽게 자료를 받는다. 기업결합심사에 있어 아쉬운 입장은 항상 공정위가 아닌 결합을 계획하고 있는 기업이기 때문이다.

공정위에 기업결합 승인 또는 거부라는 큰 권한이 주어진 이유는 무엇일까. 기업 간의 결합이 특정 시장의 경쟁을 제한할 수 있기 때문이다. 앞서 살펴봤듯 현대차의 기아차 인수로 국내 자동차 시장에 독과점이 형성돼 소비자 전체의 행복이 줄어든 것이 아니냐는 논란이 있었던 것처럼 말이다.

기업결합심사는 1981년 공정거래법 시행과 함께 도입됐다는 점에서 카르텔(담합) 금지만큼이나 경쟁당국의 '전통적 역할'이라고 볼 수 있다. 다만 공정위가 우리나라에서 이뤄지는 모든 기업결합을 심사하진 않는다. 모든 기업결합을 심사하는 것 자체가 과도한 규제인 데다 행정적인 측면에서 비효율적이기도 하다. 우리나라에 중소기업만 총 700만 개가 넘고 이들 간에 크고 작은 기업결합은 지금 이 순간에도 수없이 많이 진행되고 있다. 소수의 공정위 직원이 이런 모든 기업결합을 심사하는 것은 물리적으로 불가능하다. 그래서 공정위는 시장에 미치는 영향이 큰 기업결합만 심사한다. 구체적으로 한 기업의 자산총액 또는 매출액(직전 사업연도 기준)이 3,000억 원 이상이고 또 다른 기업의 자산총액 또는 매출액이 300억 원 이상인 경우에 기업결합심사 대상이 된다. '큰 기업'이 '작은 기업'을 인수하는 것이 일반적이라고 본다면 자산 또는 매출 기준 3,000억 원 이상 기업이 300억 원 이상 기업을 인수할 때 공정위 허가를 받아야 한다는 의미로 볼 수 있다. 다만 기업결합 형태에 따라 세부적으로 심사를 받아야 하는 요건이 추가로 붙는다. 일례로 가장 대표적인 형태의 기업결합인 '주식 취득'을 살펴보자. 이때 기업결합신고 의무가 부여되는 것은 어떤 기업이 다른 기업의 주식을 20% 이상(인수되는 기업이 상장사인 경우에는 15% 이상) 가져갈 때다. 이미 다른 기업의 주식을 15% 이상(상장사인 경우는 20% 이상) 갖고 있는 상태에서 추가로 주식을 사들여 '최다출자자'가 되는 경우에도 심사 대상에 포함된다.

그런데 이런 '기업결합기준'은 종종 변한다. 기업은 '생물' 같은 존재이고 우리나라 경제 규모에도 계속 변화가 있는 만큼 공정위 기준도 유연하게 변화할 필요가 있기 때문이다. 대표적인 사례가 기업결합심사기준 중 하나로 '거래액(기업을 사들이는 비용)'을 새롭게 추가한 것이다. 일반적으로는 기업 인수는 해당 기업의 '현재·미래 가치'를 보고 추진 여부를 결정한다. 그러나 어떤 기업은 기업의 미래 가치, 즉 성장 가능성을 보고 인수하는 경우가 있다. 아직 규모는 작지만 고도의 기술을 갖고 있거나 기발한 아이디어가 많은 스타트업이라면 인수 대상으로 눈독을 들이는 기업이 많을 것이다. 어떤 대기업이 전도유망한 벤처기업을 거액에 인수한다고 해보자. 이 대기업은 벤처기업의 기술과 아이디어를 흡수해 이익이고, 이 벤처기업도 충분한 가치를 인정받고 팔았기 때문에 만족스러울 것이다. 그런데 소비자는 어떨까. 이 벤처기업이 대기업에 인수되지 않고 개별기업으로 성장해 해당 시장에서 대기업을 위협하는 수준이 됐다면 소비자는 이들 기업 간 치열해진 경쟁에 따른 제품·서비스 품질 제고와 가격 인하라는 혜택을 누렸을 것이다. 사실 대기업 입장에선 이처럼 작고 유망한 기업 인수는 해당 기업의 기술과 아이디어를 흡수한다는 장점 외에 잠재적인 경쟁자의 '싹'을 잘라낸다는 점에서 상당히 수지가 많이 남는 장사다. 그래서 공정위는 2021년 말 기업결합심사기준에 '거래액'을 추가했다. 자산총액 또는 매출액이 3,000억 원 이상인 기업이 상대적으로 규모가 작은 기업(자산총액 또는 매출액이 300억 원 미만인 경우)을 인수하더라도 인수 비용(정확한 용어로는 주식가액·채무를 포함한 '거래금액')이 6,000억 원을 넘는 경우에는 공정위 심사를 받도록 했다. 사들이는 데 6,000억 원 이상을 들일 만큼 전도유망한 기업을 인수하는 경우라면 향후 부작용이 없도록 공정위 판단을 거치도록 한 것이다.

공정위는 2023년에는 대형 플랫폼 기업의 기업결합을 보다 깐깐하게 심사하는 내용으로 기업결합심사기준을 고쳤다. 기존 기업결합심사기준이 카카오와 같은 일부 대형 플랫폼의 '문어발식 확장'을 막지 못한다는 지적에 따른 것이다. 기업결합심사는 1981년 공정거래법 시행과 함께 도입됐다. 주요 규정의 초점이 우리나라의 주력 분야인 제조업에 맞춰질 수밖에 없었다. 그러나 2000년대 들어 플랫폼 산업이 급속도로 커지면서 기존의 '제조업 중심' 규정으로는 제대로 된 심사를 하기 어렵게 됐다.

이런 사각지대가 간파당한 것일까. 국내 주요 플랫폼 업체들은 제조업체들과는 비교가 되지 않을 정도로 빠르고 공격적으로 기업 인수를 진행해 계열사를 빠르게 늘려갔다. 대표 사례가 카카오다. 2023년 1월 말 현재 국내 대기업집단 가운데 계열사가 가장 많은 그룹은 SK(201개), 두 번째로 많은 그룹이 카카오(126개)다. 카카오가 자산 규모로 재계 15위(2023년 기준 69조 9,760억 원)인데도 계열사 수로는 2위라는 사실이 놀랍다. 물론 계열사의 많고 적음은 각 그룹의 경영 전략 차이에 따른 결과일 수 있다. 우리나라 대표 플랫폼 기업인 카카오의 빠른 성장도 사실 반가운 일이다. 그러나 카카오가 계열사를 급속도로 늘리는 과정에서 공정위의 감시망이 과연 제대로 작동했는지, 이 과정에서 시장경쟁을 제한하는 문제가 생기지 않았는지는 따져볼 일이다.

지난 2022년 김상훈 국민의힘 의원이 공정위로부터 제출받은 자료에 따르면 2017년 8월부터 2022년 10월까지 카카오가 기업 결합을 신고한 62개 회사 중 53개(85.4%)가 '간이 심사'를 거쳤다. 공정위의 기업결합심사는 '간이 심사'와 '일반 심사'로 구분되는데, 간이 심사는 경쟁 제한성이 없는 것으로 추정되는 사안에 대해 사실관계 여부만을 확인하는 방식이다. 적법한 신고 서류가 접수됐다면 접수 후 15일 이내에 심사 결과가 신고인에게 통보된다. 사실상 심사를 프리패스(free pass)하는 것이다.

간이 심사와 관련한 문제는 유독 플랫폼 기업의 기업결합 사례에서 두드러진다. 이는 플랫폼 기업의 특성 때문이다. 플랫폼 기업은 자신의 사업과 아무 연관이 없어 보이는 분야와의 결합을 통해 시너지를 내는 경향이 있다. 이런 형태의 결합을 '이종(異種) 혼합형 기업결합'이라고 부른다. 이 말을 이해하려면 공정거래법상 규정된 기업결합의 세 가지 형태를 살펴볼 필요가 있다. 우선 쉽게 접하는 기업결합의 형태는 동종업계 간 이뤄지는 '수평결합'이다. 앞서 살펴본 현대차의 기아차 인수(자동차 제조·판매라는 동종업계 종사 기업)가 전형적인 수평결합이다. 두 번째 기업결합의 형태는 어떤 상품의 생산·유통에 있어 인접한 단계에 있는 회사 간 결합인 '수직결합'이다. 쉬운 예로 빵집이 빵의 원재료가 되는 밀가루를 생산하는 업체를 인수하는 경우다.

수평결합도 수직결합도 아닌 다른 모든 경우가 '혼합결합'이다. 별로 상관이 없는(혹은 없어 보이는) 기업 간의 결합이기 때문에 경쟁 제한성이 낮은 것이 자연스럽다. 당연히 공정위도 비교적 느슨한 시선으로 바라본다. 공정위는 이렇게 설명한다. 혼합결합은 범위의 경제(economies of scale) 실현, 위험 분산 등의 이점이 존재해 시장 내 사업자의 수를 감소시키는 수평형 기업결합에 비해 효율성 증가 효과가 크다는 것이 일반적인 견해다. 그럼에도 혼합결합도 관련 시장에서 잠재적 경쟁을 감소시키거나, 결합 이후 당사회사의 사업 능력이 현저히 증대돼 경쟁사업자를 배제할 수 있거나 다른 잠재적 경쟁사업자가 시장에 새로 진입하는 것을 어렵게 만드

는 경우 시장경쟁을 제한할 수 있다.[21]

공정위가 혼합결합 형태를 느슨하게 바라보는 만큼 이런 기업 결합은 간이 심사 대상이 되는 '혜택'을 받기 쉽다. 구체적인 규정으로는 '대규모 회사가 아닌 자가 혼합형 기업결합을 하거나 관련 시장의 특성상 보완성 및 대체성이 없는 혼합결합을 하는 경우'에 간이 심사 대상이 된다.

간이 심사를 이용해 플랫폼 기업이 문어발식 확장을 하는 사례가 문제로 불거진 것은 2022년이었다. 2022년 10월 SK C&C 판교 데이터센터 화재로 카카오톡 등 카카오 주요 서비스가 마비되는 '먹통' 사태가 발생했다. 이 사건이 기업결합심사기준을 고치는 결정적 계기가 됐다. 카카오 먹통 사태 당시 윤석열 대통령은 기자들과 만나 "독점이나 심한 과점에서 시장이 왜곡되거나, 더구나 이게 국가 기반 인프라가 되면 국민의 이익을 위해 제도적으로 국가가 필요한 대응을 해야 한다고 생각한다."고 말했다. 카카오 먹통 사태를 계기로 정부는 대형 플랫폼과 관련한 문제를 본격적으로 들여다보기 시작했다. 공정위는 대형 플랫폼의 문어발식 계열사 확장 문제를 파고들었다. 그동안 대부분 간이 심사가 이뤄졌던 서로 다른 업종의 플랫폼 기업 간 결합에 대해서도 '특정 요건'을 충족할 경우 일반 심사를 진행하기로 했다. 여기서 특정 요건이란 인수되는 기업이 직전년도 기준 △월평균 500만 명 이상에게 상품 및 서비스를 공급하거나 △연간 연구개발(R&D)비를 300억 원 이

21) 공정거래위원회, 《기업결합신고 가이드북》, 공정거래위원회, 36p.

상 지출하는 경우를 의미한다. 당시 공정위는 "우리나라 인구의 약 10%에 해당하는 규모의 고객을 보유하고 있거나 R&D를 통해 혁신적 서비스를 출시할 가능성이 높은 사업자가 많은 이용자를 이미 확보한 온라인 플랫폼에 인수되는 경우 시장에 미치는 경제적 영향이 미미하다고 보기 어렵다."고 밝혔다.

다만 이런 제도 개선이 플랫폼 기업의 혁신을 가로막을 수 있다는 목소리에는 유념할 필요가 있다. 플랫폼이 경쟁력을 확보하는 방법은 여러 가지가 있을 수 있다. 이종 업종 간 결합을 통한 시너지가 주요 경쟁력 확보 창구인 경우도 있다. 지나치게 깐깐한 기업결합심사가 이들의 성장 기반을 빼앗는 것일 수 있다는 점에서 신중할 필요가 있다.

뒤바뀐
기업 운명

기업결합심사 과정에서 이뤄진 공정위 판단은 수많은 기업의 운명을 바꿨다. 앞서 언급했듯 공정위는 1999년 현대차의 기아차 인수를 승인했다. 공정위가 당시 언론에 배포한 보도자료를 보면 공정위는 "이 기업결합으로 국내 자동차 시장에서 현대와 기아(아시아자동차 포함)의 시장점유율이 승용차 55.6%, 버스 74.2%, 트럭 94.6%로 각각 높아짐으로써 이 기업결합의 경쟁 제한성이 인정된다."고 했다. 그러면서도 "다른 한편으로 이 기업결합은 산업합리화 및 국제경쟁력을 강화하는 효과를 갖고 있다."고 했다. 이런 이유로 '3년간 트럭의 국내 판매가격 인상률을 수출가격 인상률 이하로 유지하라'는 조건만 붙여 인수를 승인한다.

당시 공정위는 독과점에 따른 폐해보다 '산업합리화'와 '국제경쟁력 강화 효과'가 큰 경우 독과점 형성을 감수하고라도 예외적으로 기업결합을 승인할 수 있도록 한 규정을 활용했다. 산업합리화와 국제경쟁력 강화라는 단어가 어렵게 느껴진다. 공정위 설명을 보면 이해가 그렇게 어렵지는 않다. 당시 공정위는 "대형화를 통해 경쟁력 강화를 꾀하는 세계 자동차 업계의 전반적인 추세에 대응해 규모의 경제를 실현하고 생산비를 절감해 효율성을 제고하고 수출을 증대하는 효과가 인정된다."고 밝혔다. 또 "승용차 및 버스 시장에서 경쟁사업자 시장점유율이 각각 44.4%, 25.8%에 이르고 특히 승용차의 경우 수입선 다변화 제도 폐지로 현대와 기아의 독점력 행사에는 한계가 있을 것으로 판단된다."[22]고 했다.

보는 시각에 따라 다르게 판단할 수 있겠지만 '이렇게 모호한 논리로 독과점 사업자를 탄생시켰다고?'라고 생각하는 사람도 분명히 있을 것이다. 당시에도 그랬고 지금도 역시 현대차의 기아차 인수는 '지나치게 관대한 결정이었다'고 평가하는 목소리가 있다. 실제로 저자가 만난 공정위 전·현직 직원들도 공공연히 '잘못된 판단'이었다고 말하기도 한다. 물론 외환위기 여파로 쓰러져 가는 주요 기업을 어떻게든 살려야 한다는 당시의 절박함을 현재의 관점에선 온전히 이해하기 힘든 것도 사실이다. 우리가 현대차의 기아차 인수 승인 사례를 끊임없이 반추해 봐야 하는 것은 언제든 비슷한 인수 사례가 나올 수 있고 이때 현명한 판단을 내려야 하기 때문이다. 진부한 말이지만 역사는 반복되기 마련이다.

22) 공정거래위원회 보도자료, 〈현대의 기아자동차 인수에 대한 위원회 결정사항〉, 1999.4.14.

인수 '승인'이 논란이 된 것과 반대로 공정위가 인수를 불허(不許)해 운명이 바뀐 기업도 있다. SK텔레콤과 CJ헬로비전 얘기다. 2015년 11월 '통신업계 1위' SK텔레콤은 '케이블TV 업계 1위' CJ헬로비전을 인수하겠다고 발표했다. SK텔레콤은 CJ헬로비전을 인수한 후 자신의 IPTV 사업자 SK브로드밴드와 합병할 계획이었다. 당시 SK텔레콤은 "자사는 합병 법인의 주력 사업을 미디어로 전환하고, 케이블TV와 IPTV의 하이브리드(hybrid) 사업모델을 기반으로 홈 고객 기반 다양한 혁신 서비스를 제공해 '최고의 차세대 미디어 플랫폼 회사'로 성장시킨다는 계획"이라고 했다.

공정위의 실제 기업결합심사 과정에선 다양하고 복잡한 요소를 고려하겠지만 '상식적인 관점'에서만 생각해 보자. SK텔레콤의 CJ헬로비전 인수가 현대차의 기아차 인수나, 대한항공의 아시아나항공 인수보다 독과점 형성 가능성이 높아 보이는가. 대부분은 "그렇지 않다."고 대답할 것이다. 실제로 당시 다수의 통신·방송 업계는 '조건부 승인' 가능성을 높게 봤다. 공정위가 일부 사업 매각, 가격 인상 금지 등 일부 조건을 걸 수는 있지만 인수 자체를 금지하진 않을 것으로 봤단 의미다. 현재도 그렇지만 당시 기준으로 공정위가 기업결합을 전면 불허하는 사례 자체가 많지 않았던 것도 이런 추정에 힘을 실었다. 그러나 공정위는 약 7개월에 걸친, 당시로선 역대 최장기간 심사라는 기록을 남긴 끝에 인수를 전면 금지했다. 방송·통신업계는 물론이고 당시 해당 이슈를 취재하던 기자들 상당수가 놀랍다는 반응이었다. 당사자인 SK텔레콤과 CJ헬로비전 역시 납득할 수 없다는 입장이었다.

당시 공정위가 밝힌 불허의 근거를 들어보자. 공정위는 "이번 기업결합은 과거 방송·통신 분야 사례와는 달리 수평·수직형 기업결합이 혼재돼 있어 경쟁 제한적 우려가 여러 경로를 통해 복합적으로 발생한다."며 "행태적 조치나 일부 자산 매각으로는 근본적 치유가 불가능하다."[23]고 설명했다. SK텔레콤 등 당사자들로선 다소 억울한(?) 결과였겠지만 받아들이는 수밖에 없었다. 물론 공정위 기업결합심사에 대해서도 기업이 행정소송을 제기할 수는 있다. 그러나 행정소송을 제기하면 판결까진 통상 1년 이상이 걸린다. 계획했던 인수를 1년 이상 늦춰도 문제가 없을 만큼 변화가 더딘 시장은 별로 없다. 시장 환경이 빠르게 변화하는 통신·방송 분야라면 더욱 그렇다. 물론 행정소송을 제기한다고 SK텔레콤이 이긴다는 보장도 없다. 이처럼 공정위의 기업결합심사 결정은 사실상 '되돌리기 어렵다'는 점에서 과징금 부과, 검찰 고발보다 훨씬 강력하다고 볼 수 있다(공정위의 과징금 부과 처분은 행정소송을 거쳐 대폭 규모가 줄거나 취소되는 사례가 적지 않다. 공정위 고발의 경우 검찰이 기소하지 않는 경우도 많다).

공정위 결정이 워낙 충격적(?)이었던 탓일까. 2016년 우리 사회를 뒤흔든 '국정농단'이 SK텔레콤-CJ헬로비전 기업결합심사에 영향을 미친 것 아니냐는 의혹을 제기한 기사가 다수 나왔다. 물론 진실은 당시 정권의 핵심에 있었던 이들과 공정위만 알 수 있을 것

---

23) 공정거래위원회 보도자료, 〈공정위, SK텔레콤-CJ헬로비전 인수·합병 금지〉, 2016.7.18.

이다. 그만큼 SK텔레콤과 CJ헬로비전 간 기업결합 전면 불허는 다소 납득하기 힘들었던 결정이었다고 볼 수 있다.

결과적으로 CJ헬로비전은 추후 LG유플러스의 품에 안긴다. 대형 통신업체인 LG유플러스는 2019년 CJ헬로(2017년 CJ헬로비전에서 사명 변경)의 인수를 추진한다. 이때 공정위는 SK텔레콤 사례와 달리 '조건부 승인' 결론을 내린다. 당시 공정위는 "서울 은평구 등 23개 방송구역 8VSB(8-level vestigial sideband, 8레벨 잔류 측파대) 유료 방송 시장에서의 경쟁 제한적 우려를 해소하기 위해 2022년 말까지 가격 인상 제한, 8VSB 이용자 보호 등의 시정조치를 부과하기로 결정했다."고 밝혔다. 이런 기업결합을 통해 탄생한 회사가 현재의 LG헬로비전이다. 2016년 공정위가 SK텔레콤의 CJ헬로비전 인수를 승인했더라면 지금의 LG헬로비전은 만나기 어려웠을 것이다.

복병은
어디 있을지 모른다

앞서 대한항공이 아시아나항공 인수 과정에서 EU 경쟁당국의 깐깐한 심사를 통과하기 위해 애를 먹은 사례를 잠시 언급했다. 이처럼 글로벌 시장에 진출한 한국 기업이 기업결합 추진 과정에서 우리나라 공정위가 아닌 해외 경쟁당국에 발목이 잡히는 경우가 종종 있다. 현대중공업(현재 사명 HD현대중공업)의 대우조선해양 인수 추진 사례가 대표적이다.

한국 조선업체들은 2008년 글로벌 금융위기 이후 긴 불황을 겪었다. 대우조선해양은 2015년 들어 대규모 적자를 냈고 같은 해 10월 산업은행이 대우조선해양 경영 정상화 방안을 내놨다(과거 IMF 외환위기를 겪으며 진행된 구조조정으로 대우조선해양은 오랜 기간 산업은행의 관리를 받던 상황이었다).

시장에선 조선업계 어려움을 근본적으로 해결하려면 '빅3(현대중공업, 대우조선해양, 삼성중공업)' 구도를 바꿔야 한다는 목소리가 꾸준히 나왔다. 특히 공급 과잉에 따른 헐값 수주 문제를 해결하려면 '빅3'를 '빅2'로 재편해야 한다는 목소리가 컸다. 2019년 현대중공업은 대우조선해양 인수를 결정하고 같은 해 7월 공정위에 주식 취득 관련 기업결합을 신고했다. 정확하게 말하면 대우조선해양을 인수하기로 한 것은 현대중공업 그룹 소속 한국조선해양이란 회사다. 당시 현대중공업은 물적분할로 중간 지주회사인 한국조선해양을 설립하고, 산업은행은 자사가 보유한 대우조선해양 지분 전량을 출자해 한국조선해양 주식을 취득하기로 했다. 산업은행은 한국조선해양의 2대 주주가 되고 대우조선해양은 한국조선해양의 자회사가 되는 형태를 계획했다. 다만 이 책에선 불필요한 혼란을 피하기 위해 인수 주체를 한국조선해양이 아닌 현대중공업으로 통일해 표기한다.

사실상 우리나라 정부(국책은행인 산업은행)가 나서서 현대중공업의 대우조선해양 인수를 추진했지만 기업결합심사 결과에 대해선 전망이 밝지 않았다. 글로벌 시장점유율이 높은 대형 조선사 간 합병인 만큼 독과점 우려가 강하게 제기됐기 때문이다. 현대중공업이 대우조선해양을 인수하려면 한국뿐 아니라 EU, 일본, 중국, 카자흐스탄, 싱가포르 등 6개국 경쟁당국의 승인을 받아야 했다.

한국 공정위가 약 3년 동안 고민을 이어가던 2022년 1월 외신에서 "EU가 현대중공업의 대우조선해양 인수를 불허할 것"이란 보도가 나왔다. 얼마 지나지 않아 EU 경쟁당국인 집행위원회의 인수 불허 결정이 발표됐다. EU 집행위원회는 이 기업결합을 승인할 경우 결합회사(대우조선해양을 인수한 현대중공업)가 글로벌 LNG(액

화천연가스) 운반선 시장을 독과점하게 되는 점을 우려했다. 당시 업계는 두 회사의 글로벌 LNG 운반선 점유율이 약 70%에 달하는 것으로 추정했다. 현대중공업도 이런 우려를 고려해 EU에 △일정 기간 LNG 운반선 가격 동결 △타사에 기술 이전 등 시정방안을 제시했다. 그러나 EU는 "이 정도 시정방안으로는 부족하다."며 LNG 운반선 사업 일부 매각 등을 요구한 것으로 알려졌다.

EU의 불허 결정으로 현대중공업의 대우조선해양 인수는 사실상 무산됐다. 현대중공업은 인수가 불가능함을 인정하고 한국 공정위에 신고했던 기업결합신고도 철회했다.

이후 대우조선해양 인수의 기회는 한화 그룹으로 넘어갔다. 2022년 12월 한화가 대우조선해양 인수를 위한 2조 원 규모의 유상증자에 참여하는 내용의 신주 인수 계약이 이뤄졌다. 한화는 대우조선해양 지분 49.3%를 취득해 최대주주로 등극하고 산업은행 지분은 28.2%로 낮아져 2대 주주가 되는 방식이다. 한화는 2008년에도 대우조선해양 인수를 추진했었다. 당시 한화가 대우조선해양 인수 우선협상대상자로 선정됐지만 글로벌 금융위기 상황에서 산업은행이 한화의 대금 분납 요청을 받아들이지 않으며 인수가 무산됐었다.

2022년 한화가 대우조선해양 인수 '재도전'을 발표했을 때에는 현대중공업 사례와 달리 "경쟁당국 심사를 무난히 통과할 것"이란 평가가 많았다. 현대중공업과 대우조선해양은 동종업종 간 기업결합이라 조선 시장에서 발생할 독과점 우려가 컸다. 그러나 한화는 조선업을 영위하지 않고 있었기 때문에 독과점 이슈가 사실상 없는 것으로 평가됐다. 한화가 대우조선해양 인수를 추진한 것은 기존 한화가 영위하고 있는 방산 사업과 대우조선해양의 조선업을 연계한 시너지 효과였다. 업계 예상대로 해외 경쟁당국은 잇달아 한화의 대우조선해양 인수를 승인했다. 현대중공업을 힘들게 했던 EU도 2023년 3월 승인 결정을 내리는 등 한화가 기업결합심사를 신청한 총 7개 해외 경쟁당국이 인수를 허가했다.

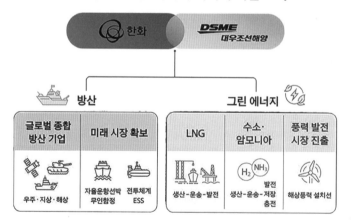

〈한화의 대우조선해양 기업결합 목적〉
(자료: 한화 홈페이지)

그런데 이번에는 한국 공정위가 의외의 복병이 됐다. 공정위는 이번 기업결합이 '함정(군사용 배) 부품' 시장에서 경쟁을 제한할 수 있는 점을 우려했다. 한화가 만든 부품을 대우조선해양이 받아 함정을 건조하는 식의 수직계열화가 형성되기 때문이다. 구체적으로 공정위는 수상함·잠수함과 같은 함정의 입찰 과정에서 대우조선해양의 경쟁사들이 피해를 볼 가능성을 우려했다. 함정 시장이 일반 독자에게 익숙하지 않은 점을 고려해 짧게 설명을 붙인다. 국내에서 함정의 유일한 구매자는 정부다. 방위사업청이 조선사를 대상으로 입찰을 거쳐 구매하는 식이다. 조선사가 입찰을 따내기 위해선 함정에 장착되는 주요 부품(레이더·함포·발사대 등)의 품질·가격 경쟁력을 갖춰야 하고 이 시장에선 한화가 강한 지배력을 갖고 있다. 공정위는 한화가 대우조선해양을 인수할 경우 함정 부품 시장과 함정 시장에서 '구매선 봉쇄효과'가 발생할 수 있다고 봤다. 구매선 봉쇄효과는 함정 건조업체가 함정 부품을 조달하기 어려워지거나 구매 조건 등이 악화하는 것을 말한다. 예를 들어 한화가 대우조선해양에 경쟁자 대비 유리한 부품 정보를 제공해 입찰 제안서 작성 과정에서 공정한 경쟁을 저해할 수 있다는 우려다. 한화가 대우조선해양의 경쟁사에 부당하게 높은 견적 가격을 제시할 가능성도 있다. 아울러 한화가 대우조선해양 경쟁자의 함정 관련 영업비밀을 받아(함정 부품업체인 한화는 다른 조선사와도 거래를 하기 때문에 이들의 영업비밀을 알게 될 수도 있다) 대우조선해양에 공유할 가능성도 배제하기 어렵다고 봤다.

공정위는 2023년 4월 한화의 대우조선해양 인수를 승인하면서 다음과 같은 몇 가지 조건을 붙였다. 조건을 구체적으로 살펴보면 방사청이 발주하는 함선 입찰과 관련해 △함정 부품의 견적 가격에 관해 대우조선해양 경쟁 함정 건조업체 간 부당하게 차별해 제공하지 말아야 하고 △함정 건조업체가 입찰 제안서 작성을 위해 필요한 함정 부품의 기술 정보를 방사청을 통해 요청했음에도 부당하게 거절해서는 안 되고 △입찰 과정에서 경쟁사업자로부터 취득한 함정 부품 또는 함정 관련 영업비밀을 해당 경쟁사업자 동의 없이 내부(한화 · 대우조선해양)에 제공하지 말 것을 요구했다.

한화는 이런 공정위 조건을 받아들여 대우조선해양 인수를 마무리 지었다. 대우조선해양은 2023년 5월 '한화오션'으로 새롭게 출범했다.

대우조선해양 사례를 통해 해외 경쟁당국의 성격을 잠시 짚어보자. EU 집행위원회와 같은 해외 경쟁당국은 한국 기업의 결합 심사에 상당히 '깐깐한 잣대'를 들이대는 것으로 보인다. 어찌 보면 자연스러운 일이다. EU 입장에선 자국 산업이 되도록 피해를 입지 않는 것이 중요하지 한국 기업인 현대중공업과 대우조선해양의 어려움에는 사실 크게 관심이 없을 수 있다. 이는 EU 집행위원회뿐 아니라 다른 해외 경쟁당국도 마찬가지일 것이다. 어떤 나라든 기업결합심사에서 '자국 기업의 이익'을 우선 생각하지 않을 수 없다. 세계 시장을 무대로 활동하는 한국 기업은 앞으로 기업결합을 추진할 때 한국 공정위보다 해외 경쟁당국에 더 신경을 써야 할지도 모른다.

경쟁법 TIP
기업결합심사는 어떤 순서로 이뤄질까?

기업결합을 추진하는 기업은 우선 자신이 기업결합심사 대상인지 아닌지 그 여부를 판단해야 한다. 당사회사(인수기업 및 피인수기업)의 직전 사업연도 자산총액 또는 매출액이 한쪽 기업이 3,000억 원, 다른 한쪽 기업이 300억 원을 넘는다면 공정위에 기업결합을 신고해야 한다. 당연히 해당 기준을 충족하지 않는다면 별도 신고 없이 기업결합을 마무리하면 된다. 다만 해당 기준을 충족하지 않더라도 결합의 대가로 지급되는 거래금액이 6,000억 원을 넘고 결합되는 기업이 국내 시장에서 '상당한 수준으로 활동'하는 경우에는 신고 대상이 된다.

인수기업 또는 피인수기업 중 한 곳이 '대규모 회사'인 경우에는 공정위에 미리 신고하고 승인을 받은 후에야 기업결합이 가능한 '사전 신고' 대상이다. 여기에서 대규모 회사란 계열사를 포함한 기업의 자산총액 또는 매출액의 합계가 2조 원 이상인 회사를 의미한다. 인수기업과 피인수기업 모두 대규모 회사에 해당하지 않는다면 원칙적으로 '사후 신고' 대상이다. 사후 신고는 기업결합을 마무리한 날로부터 30일 이내에 해야 한다.

사전·사후 신고 대상이 판단되면 이후에는 '간이신고'나 '일반신고'

대상인지를 판단해야 한다. 간이신고는 일반신고와 신고 내용은 동일하지만 첨부 서류가 적기 때문에 기업 부담이 적다. 간이신고 대상이 되는 경우는 △당사회사가 특수관계인인 경우(경영 지배의 공동 목적을 갖고 결합에 참여하는 경우는 제외) △상대 회사 임원 전체 수의 3분의 1 미만을 겸임하는 경우(대표이사 겸임은 제외) △사모투자전문회사 · 선박투자회사 설립에 참여하는 경우 △유동화전문회사를 기업결합 하는 경우 등이다.

사전 신고의 경우, 기업이 공정위에 기업결합을 신고한 후 승인 또는 불허 결정이 내려지기까지 기간이 천차만별이다. 경쟁 제한성이 적거나 없는 기업결합은 한 달 내로 결론이 나기도 하지만 검토할 사안이나 쟁점이 많으면 1년 이상 걸리기도 한다. 빠르게 변하는 경영환경을 고려했을 때 기업결합이 너무 늦어지면 기업 활동에 큰 타격이 될 수 있다. 공정위가 오랜 기간 심사를 했는데 기업이 받아들이기 힘든 수준의 조건을 붙여 승인하거나 아예 불허 결정을 내릴 경우에는 돌이키기 힘든 수준의 타격이 될 가능성도 있다. 이 때문에 재계에선 공정위의 '신속한 심사'를 촉구하는 목소리가 높다. 공정위도 이런 우려를 인지하고 있어 심사 속도 제고 및 규정 합리화 작업을 지속 추진하고 있다. 그러나 기업결합심사에서 한번 잘못될 결정을 내리면 관련 시장에 돌이키기 힘든 수준의 영향을 미치기 때문에 무작정 심사 속도를 높일 수도 없는 딜레마가 있다.

5장

협력이
아니라
담합입니다

COMPETITION LAW

콜라 리필은
왜 사라졌을까

　20여 년 전만 해도 패스트푸드점에서 '탄산음료 리필'은 흔한 일이었다. 콜라 한 잔으로는 만족하지 못하는 손님을 끌기 위한 마케팅 서비스였을 것이다. 그런데 부작용이 생긴다. 예컨대 친구 5명이 함께 몰려가 콜라는 2개만 시키고 리필로 3명 몫을 채우는 일이 생긴 것이다. 마음이 상한 패스트푸드점은 콜라 리필을 거부했다. 한 가게가 리필을 거부하더라도 다른 가게에서 리필을 해준다면(햄버거의 맛과 가격에 큰 차이가 없다는 전제하에) 많은 손님은 리필이 되는 패스트푸드점으로 갈 것이다. 그러나 문제는 그런 선택지가 없었다는 점이다. 거리의 주요 패스트푸드점들이 '동시에' 콜라 리필을 거부했기 때문이다. 손님들은 콜라를 한 잔 더 마시려면 추가비용을 지불해야 했다. 패스트푸드 이용자의 행복, 즉 저렴한 값에 마실 수 있는 콜라의 양이 줄어든 것이다.

위 이야기는 실제 사례를 살짝 가공한 것이다. 공정위는 지난 2002년 롯데리아, 맥도날드, KFC, 버거킹(실제로는 해당 브랜드를 사용하는 사업자가 공정위의 제재 대상이지만 편의상 브랜드명을 업체명으로 표기)이 "8월 중 탄산음료 리필 서비스를 금지한다는 내용의 안내 포스터를 제작하고 9월 한 달간의 안내를 거쳐 10월부터 전면 중단"하기로 합의한 사실을 적발했다. 이 사례처럼 사업자들이 서로 경쟁을 피하기 위해 서비스(탄산음료 리필)를 중단하거나, 가격을 인상하거나, 제품 출고량을 조절하는 행위 등을 '담합'이라고 한다. 공정거래법에서는 담합을 '부당한 공동행위(共同行爲)'라고 한다. 일상에선 카르텔(kartell)이나 짬짜미로도 불린다. 이 책에선 담합으로 통일해 부르기로 한다.

정부가 담합을 금지하는 이유를 이해하기는 어렵지 않다. 탄산음료 리필 사례처럼 우선 소비자 전체의 행복이 줄어드는 문제가 있다. 우리나라의 모든 패스트푸드 업체가 가격 경쟁 없이 수익을 더 낼 목적으로 동시에 햄버거 가격을 1,000원씩 올리는 담합을 이행했다고 해보자. 돈을 많이 벌게 된 패스트푸드 업체들(소수)의 행복은 커지지만 같은 품질의 햄버거를 원래보다 1,000원 비싼 값에 사 먹어야 하는 시민(다수)의 행복은 줄어든다. 또한, 담합은 기업 간 치열한 경쟁을 통해 좋은 상품을 개발하려는 의욕을 꺾어 국가 경제 전반에 손해가 발생한다. 그래서 담합은 시장경제의 암(癌)으로도 불린다.

담합과 독점 가운데 시장경제에 있어 어떤 것이 더 나쁜 행위일까. 경쟁법 전문가들은 단언컨대 담합이라고 답한다. 경제학의 창

시자로 불리는 애덤 스미스(Adam Smith)는 "같은 업종의 사람들은 기분 전환을 위해 만나도 대화 내용이 소비 대중에 대한 사기, 즉 가격 인상 담합 모의로 끝난다."고 지적했다. 공정위 상임위원을 지낸 김형배는 "독점의 경우 비록 자원배분의 왜곡을 통한 소비자 후생 저하, 지대추구행위를 통한 자원의 낭비적 사용, 경쟁압력 부재로 인한 X-비효율성(X-inefficiency) 초래 등의 폐해가 있지만 규모의 경제로 인한 효율적 생산, 초과이윤으로 인한 연구개발 투자 여력 등의 장점을 갖고 있다."[24]고 설명한다. 이는 독점의 장점을 설명하기 위한 것이 아니다. 그다음 문장을 살펴보자. 김형배는 "담합은 독점이 가지고 있는 대부분의 폐해를 갖고 있는 반면, 독점이 가지고 있는 장점이 거의 없으므로 시장경제의 작동을 방해하는 가장 악질적인 행위라고 볼 수 있다."고 했다. 또 "이러한 이유로 모든 경쟁당국은 경쟁법 집행에 있어 담합을 최우선적으로 규제하고 있다. 관련 시장에서 모든 경쟁자들이 담합에 참여하게 되면 사회적 후생 손실은 독점과 같게 되지만, 담합의 경우 결성·관리·감시에 추가적인 비용이 들어가게 되어 그 폐해가 독점의 폐해보다 일반적으로 더 크다고 알려져 있다."[25]고 했다.

24) 김형배, 《공정거래법의 이론과 실제》, 도서출판 삼일, 528p.
25) 김형배, 《공정거래법의 이론과 실제》, 도서출판 삼일, 528p.

우리끼리 비밀만 잘 단속하면
되는 것 아닌가요?

이번엔 가상의 사례로 담합의 유혹이 얼마나 큰지, 반대로 담합을 유지하는 것 또한 얼마나 어려운지 살펴보자. 당신은 동네에 3개뿐인 빵집 중 한 곳인 A사의 사장이다. 어느 날 늦은 밤, B사 사장이 당신과 C사 사장을 조용히 가게로 불렀다. 셋은 평소에도 친하게 지내는 사이다. 그런데 이날은 유독 B사 사장이 동네 사람들 눈에 띄지 않게 조용히 자기네 빵집으로 오라고 연락이 온 것이다. B사 사장은 "요즘 밀가루 가격도 너무 많이 오르고 인건비도 확 뛰었어. 다들 그래서 걱정이지 않아? 우리 중에 한 곳만 빵값을 올리면 괜히 손해를 볼 텐데 말야. 다음 달부터 동시에 빵 가격을 똑같이 10% 올리는 게 어때?" 듣고 보니 일리가 있는 말이다. 동시에 가격을 10%씩 올리면 가격 인상 때문에 다른 가게로 손님을 빼앗기는 일은 없을 것 같다. C사 사장도 고개를 끄덕였다.

다음 달 빵집 세 곳은 동시에 빵값을 10% 올렸다. 며칠 후 한 손님이 당신의 빵집에 와서 묻는다. "어떻게 빵집 세 곳이 동시에 가격을 올리지? 셋이 서로 짜고 올린 것 아닙니까?" 당신은 손사래 친다. "우연이겠죠, 요즘에 워낙 원재료 가격이 올랐으니 다들 비슷하게 생각한 게 아닐까요?" 손님은 고개를 갸웃하며 가게를 나간다. 당신은 B사, C사 사장에게 문자메시지를 보내려다가 증거가 남을까 두려워 마음을 고쳐먹고 차례로 조용히 전화를 걸어 얘기한다. "동네 사람들이 의심하기 시작했어. 우린 무조건 잘 모르겠다고, 우연이라고 대답해야 해."

이런 일은 주변에서 얼마든지 벌어질 수 있다. 실제로 사업자 간 상호 교류가 잦은, 비교적 작은 시장에선 공공연하게 이런 담합이 벌어지고 있다고 보는 것이 오히려 합리적이다. 물론 공정위가 이런 동네 빵집까지 조사할 수는 없는 노릇이지만 이들도 엄연한 사업자라는 점에서 이런 행위도 담합으로 처벌할 수 있다(공정거래법상 담합 처벌 대상은 개인이 아닌 사업자다). 이런 동네 빵집조차도 담합을 들키지 않기 위해 조용한 곳에서 몰래 만나고, 증거를 안 남기기 위해 문자메시지가 아닌 전화로 소통한다. 만약 큰 기업들이 담합을 하고자 한다면 얼마나 치밀하게 계획을 짜고 증거를 남기지 않으려 할까. 그런데도 공정위는 매년 수많은 담합을 적발·제재하고 있다. 공정위에 따르면 1981년부터 2021년까지 공정위가 처리한 담합 사건은 총 1,627건에 달한다.

공정위는 여러 가지 방법을 통해 담합 사건을 적발하지만 가장 강력한 수단은 리니언시(leniency, 자진신고자 감면제)다. 리니언시는 '너그럽다' 정도의 의미로 번역된다. 명칭을 통해 대충 짐작할 수 있겠지만 담합에 가담한 사업자가 공정위에 스스로 신고할 경우 제재를 없애거나 줄여주는 제도다.

리니언시 제도를 설명하기 위해 다시 빵집 사례로 돌아가 보자. 당신과 B사, C사 사장은 가격 인상 담합의 효과를 흐뭇해하며 이듬해에는 가격을 15% 동시에 인상했다. 그런데 한 동네 주민이 당신의 가게로 와서 이렇게 말한다. "아무래도 당신들 빵집 세 곳이 담합을 한 것 같네요. 작년에 10%, 올해는 15%로 똑같이 가격을 올리는 것은 상식적으로 있을 수 없는 일이거든요. 마침 제 지인 중에 공정위에 다니는 사람이 있으니 이번 기회에 신고를 해보려고요. 빵값 올린 게 우연인지 아닌지 한번 따져봅시다." 당신은 불안해지기 시작했다. B사 사장은 그런대로 믿을만해 보이는데 C사 사장은 워낙 소심해 공정위 조사가 시작되면 바로 잘못을 다 시인할 것 같았기 때문이다. 만약에 담합 사실이 발각돼 과징금이라도 무는 날에는 사실상 가게 문을 닫아야 할 수도 있다. 이런 당신에게 리니언시 제도가 이런 유혹을 보낸다. "담합 사실을 자진신고 하세요. 가장 먼저 자진신고를 한 사업자는 모든 처벌이 면제됩니다."

리니언시는 이처럼 담합에 가담한 사업자 간 '불신을 부추기는' 제도다. 그리고 이런 불신을 끌어내려면 그만큼 파격적인 혜택이 있어야 한다. 공정거래법상 가장 먼저 담합 사실을 자진 신고한 사업자는 과징금이 전액 면제되고 공정위의 검찰 고발까지 피할 수 있다. 다만 이런 '최초 자진신고자' 자격을 얻기 위해선 단순히 담합 사실을 공정위에 알리는 수준을 넘어 담합을 입증할 증거를 제공해야 하고 공정위 조사가 끝날 때까지 성실하게 협조해야 하는 등 의무가 부여된다. 그렇다면 두 번째로 신고한 자진 신고자는? 과징금을 50% 깎아주고 고발도 면제받을 수 있다.

이런 의문이 들 수 있다. 그러면 공정위는 가만히 앉아서 자진 신고만 기다리게 되지 않겠느냐는 것이다. 실제로 그런 비판이 적지 않다. 그래서 공정위의 자체적인 조사 역량을 키워야 한다는 목소리가 나온다. 맞는 말이다. 그러나 설사 공정위 역량이 제고되더라도 리니언시의 중요성이 줄어들지는 않을 것이다. 그만큼 산업 곳곳에서 은밀하게 이뤄지는 담합은 적발 자체가 어렵다. 다만 최근엔 디지털 포렌식 기술이 발달해 리니언시 없이 공정위가 직접 조사에 나서도 '쓸만한 증거'를 잡아내는 경우도 있다. 기업이 담합을 도모할 때 아무리 증거를 남기지 않으려 해도 최소한의 흔적이 남는 공간이 바로 디지털이다. 공정위 조사를 예상해 디지털 증거를 아무리 지워도 어딘가에는, 누군가에게는 흔적이 남기 마련이라 아무리 '관리가 잘된' 담합이라도 공정위 조사 과정에서 증거가 발견되기도 한다.

'1원 단위'까지 같았던
라면 가격

　약 40년에 달하는 공정거래법 집행 역사에 언급하지 않을 수 없는 사건 중 하나가 '라면 가격 담합'이다. 명칭에서 짐작할 수 있듯 라면 제조 · 판매 업체들이 라면 가격 인상에 공동으로 합의 · 실행한 사안이다. 결론부터 말하면 이 사건은 나중에 법원에서 공정위가 '잘못된 판단'을 한 것으로 결론 내려졌다. 공정위가 부과한 거액의 과징금에 대해 라면 업체들이 행정소송을 제기해 최종 승소한 것이다. 그럼에도 공정위는 이 사건을 2021년 펴낸《공정거래위원회 심결사례 20選》중의 하나로 담았다. '굴욕의 역사'를 공정위가 굳이 20선에 담은 이유는 무엇일까.

　이 사건은 아주 단순하다. 농심, 삼양식품, 오뚜기, 한국야쿠르트 등 4개 라면 업체가 서로 가격 인상 정보를 공유하며 함께 라면 가격을 올렸다. 구체적으로 2001년 5월부터 7월 사이 이뤄진 가격 인상부터 2010년 2월 가격 인하 때까지 총 6차례에 걸쳐 각 사의 라면 가격을 공동으로 인상했다. 특히 이들 회사의 주력 품목(농심 '신라면', 삼양 '삼양라면', 오뚜기 '진라면', 한국야쿠르트 '왕라면')에 대해선 출고 가격 및 권장 소비자 가격을 동일하게 결정했다. 공정위에 따르면 이들 라면 업체는 1998년 초에 라면 가격을 올린 이후 약 3년 동안 가격 인상을 못 하고 있었다. 재료비 등 물가상승을 고려해 이들은 '언젠가는 가격을 올려야 한다'고 벼르고 있었을 것이다. (이번 담합이 시작된) 2001년 5월, 라면 가격을 올릴 때 이들 기업의 당면 과제는 정부 · 언론 · 소비자 저항을 최소화하는 것이었다. 아울러 단독 가격 인상에 따른 매출 감소, 회사 이미지 훼손이라는 위험 부담을 회피하기 위해 담합을 추진했다는 것이 공정위 설명이다. 예나 지금이나 라면은 서민의 주요 먹거리라는 인식이 크기 때문에 가격 인상 시 소비자는 물론이고 정부의 눈치를 볼 수밖에 없다. 자칫 한 회사만 가격을 올릴 경우(물가 안정이 목표인) 정부로부터 '미운털'이 박힐 우려가 있다. 또한 자사 주력 라면 매출이 떨어질 경우 실무자로선 뒷감당을 하기 어렵다. 이에 따라 담합 도모가 이뤄졌다는 것이 공정위 판단이다.

앞서 언급한 각 라면 업체의 주력 품목 출고 가격을 보면 누구라도 담합을 의심하지 않을 수 없을 정도다. 4개 업체의 주력 품목 출고가는 △1차 가격 인상 때 322원 △2차 349원 △3차 367원 △4차 401원 △5차 430원 △6차 496원으로 1원 단위까지 모두 동일했다(공정위는 "오뚜기 진라면의 경우 5 · 6차 출고가가 다른 업체와 다르지만 사전 할인율을 축소하는 방법으로 타사 출고 가격과 동일하게 조정했다."고 설명한다). 이 대목에서 조금 의아한 점은 의심을 피하기 위해 아주 살짝은(예를 들어 1원이라도) 출고가를 다르게 설정할 법도 한데 그러지 않았다는 점이다. 아무튼 공정위는 이런 사실을 근거로 자신 있게 제재 결론을 내렸다. 공정위는 이들이 담합 과정에서 '배신'을 원천 차단하기 위해 가격 인상과 관련한 정보뿐 아니라 각 사의 판매실적·목표, 거래처에 대한 영업지원책, 홍보 및 판촉계획, 신제품 출시계획 등 민감한 경영정보 역시 상시 교환해 담합 이탈자를 감시하고 담합의 내실을 강화했다는 사실도 밝혀냈다. 2012년 공정위가 부과한 과징금은 농심 1,080억 7,000만 원, 삼양식품 120억 6,000만 원, 오뚜기 99억 4,800만 원, 한국야쿠르트 62억 6,600만 원으로 총 1,362억 4,400만 원에 달했다. 지금 시점에서도 그렇지만 당시 기준으로 상당한 규모의 과징금이었다. 그러나 농심, 오뚜기, 한국야쿠르트는 이런 공정위 결정에 불복해 행정소송을 제기했다. 그런데 담합에 가담한 삼양식품은 행정소송에 참여하지 않았다. 이유는 간단하다. 삼양식품은 담합 사실을 자진신고하고(앞서 설명한 리니언시 제도를 이용한 것이다) 공정위 제재를 피했다. 1심(공정위 심의는 1심 기능을 한다)에 이어 2심까진 공정위 의견이 수용됐다. 서울고등법원은 이들 3개 라면 업체의 청구를 기각했다. 이들의 행위를 담합으로 보고 제재한 공정위가 옳았다는 것이다. 그러나 농심, 오뚜기, 한국야쿠르트는 서울고등법원의 판단에 또다시 불복해 대법원에 상고했다. 그런데 공정위 기대와 달리 대법원은 원심 판결을 파기하고 사건을 서울고등법원으로 환송한다. 최종적으로 3개 라면 업체의 손을 들어준 것이다. 이들 업체가 라면 가격을 동일하게 올린 것 등이 공정거래법상 담합이라고 보기 어렵다고 최종 결론이 내려진 것이다.

지금까지 언급한 내용만으로는 대법원의 판단이 다소 이해되지 않는다. 결론부터 말하면 공정위 판단이 뒤집힌 이유는 공정거래 법상 규정된 담합의 '구체적인 요건'을 충족하지 않았기 때문이다. 대법원이 공정위 '패배'를 결정한 주요한 이유는 라면 업체 간에 이뤄진 '정보 교환' 자체가 공정거래법상 담합의 요건인 '합의'라고까지 볼 수는 없다고 판단했기 때문이다. 합의란 말 그대로 '의견의 합치'를 의미한다. 조금 다른 얘기지만 한 가지만 짧게 짚고 넘어가자. 사업자 간 담합을 위한 '합의'가 있었지만(어떤 이유에서든) 정작 '실행'이 없었다면 공정거래법으로 처벌할 수 있을까. 여전히 해석의 여지가 많지만 현재까지 판례 등에 근거할 때 '실행'이 없더라도 '합의'만 있었다면 처벌이 가능한 것으로 해석되고 있다(물론 실행이 없었다면 공정위에 적발될 가능성이 낮고 적발되더라도 제재 수위가 높지 않을 가능성 이 크긴 하다).

본론으로 돌아가서 '라면 사건'에 대한 대법원 판단의 의미를 이해하기 위해 다시 빵집 사례로 돌아가 보자. A사 사장인 당신은 동네 B사, C사 사장과 웬만한 경영정보는 다 공유하는 막역한 사이다. 어느 날 당신은 B사, C사 사장과 만나 "다음 달부터 나는 식빵 한 봉지 가격을 1,000원에서 1,111원으로 올릴 거야. 혹시 해서 하는 얘기인데 가격을 다 같이 올리잔 얘기는 절대 아니야." 당신과 B사, C사 사장은 절대 함께 식빵 가격을 올리기로 합의한 사실이 없다. 그러나 막역한 사이의 세 빵집 사장은 말 그대로 '쿵 하면 짝'이었다. B사, C사 사장은 '스스로의 결정'으로 다음 달 식빵 한 봉지 가격을 A사와 같은 1,111원으로 올린다. 이런 경우에 이들의 행위를 담합으로 볼 수 있을까. 대법원은 이런 경우는 빵집 간에 '정보 교환'은 있었지만, 가격을 언제 얼마나 올리자는 내용의 '합의'는 없었기 때문에 공정거래법상 담합으로 볼 수 없다고 판단했을 것이다. 같은 논리로, 라면 업체 간의 행위도 담합으로 보기 어렵다고 판단했다. 당시의 공정거래법은 담합으로 판단하기 위한 요건으로 반드시 '합의' 사실을 입증할 것으로 요구했기 때문이다 (눈치가 빠른 사람은 이미 눈치를 챘을 것이다. 지금은 공정거래법이 개정돼 '정보 교환'만으로도 담합이 인정된다. 구체적인 공정거래법 조항을 보면 '다른 사업자의 사업 활동 또는 사업 내용을 방해·제한하거나 가격, 생산량, 그 밖에 대통령령으로 정하는 정보를 주고받음으로써 일정한 거래 분야에서 경쟁을 실질적으로 제한하는 행위'를 금지하고 있다).

지금도 적지 않은 공정위 직원은 라면 담합 사건에서 공정위 패소 판정을 아쉽게 생각하고 있다. 어떤 아쉬움인지는 공정위가 펴낸 《공정거래위원회 심결사례 20選》을 통해 엿볼 수 있다. 공정위는 "정보 교환 행위에 대한 평가의 문제는 과점 시장에 대한 경쟁법의 효과적 대응이라는 측면에서 매우 중요한 의미를 갖는 것인데, 이 사건에 대한 대법원 판결은 과점 시장이라는 조건에서 이뤄지는 사업자 간 상호작용의 특이성을 충분히 고려하지 않은 것으로 보인다."고 했다. 또 "특히 가격 관련 정보를 공유하는 행위는 그 위험 혹은 혐의의 측면에서 신중하게 다뤄질 필요가 있다."며 "물론 현행법의 해석상 정보 교환 행위 그 자체가 부당한 공동행위가 되는 것은 아니지만, 합의의 존재를 추인할 수 있는 유력한 간접사실로 평가될 필요가 있다. 그럼에도 이 사건의 대법원은 가격 정보 교환이라는 유력한 간접사실과 원 단위까지 일치하는 가격의 일치 사실이 갖는 의미를 애써 축소하려고 한 점에서 아쉬움을 남긴 것으로 평가된다."[26]고 밝혔다.

26) 공정거래위원회, 《공정거래위원회 심결사례 20選》, 공정거래위원회, 163p.

"우린 억울합니다."
17년간 이어진 담합?

지난 2022년 해운업계의 관행에 경종을 울린 공정위 제재가 있었다. 무려 15년에 걸쳐 이뤄졌던 국내외 해운사의 '운임(運賃, 운송에 대한 비용) 담합'에 대한 얘기다. 공정위와 해운업계 간 의견차가 상당히 컸음에도 공정위가 제재 결정을 내렸고, 고등법원이 이 결론을 일부 다시 뒤집은 '복잡한 사건'이다.

해운사는 국내외 항구를 오가며 컨테이너에 담긴 화물을 실어 나르는 업체를 말한다. 이들은 화주(화물의 주인, 구체적으로는 화물을 보내거나 받는 사람 또는 중개업자 등을 포함하는 개념)로부터 해운 서비스를 제공하는 대가로 돈을 받는데 이를 보통 운임(運賃)이라고 부른다. 공정위에 따르면 이들은 운임 인하 경쟁을 피하기 위해 무려 15~17년에 걸쳐 담합을 했다.

이번 사건은 노선에 따라 크게 두 가지로 나눌 수 있다. 행위는 비슷하지만 구분해서 살펴본다. 공정위에 따르면 한국과 동남아를 오가는 고려해운·흥아라인 등 국내외 총 23개 해운사는 2003년 12월부터 2018년 12월까지 무려 541차례의 회합을 거쳐 총 120차례 운임 결정에 있어 담합을 했다. 한국과 동남아를 오가는 항로 운임을 인상하거나 유지할 목적이었다는 것이 공정위 판단이다. 2022년 1월 공정위는 이 담합에 대해 총 962억 원 과징금 부과를 결정했다. 공정위는 같은 해 6월에는 한국-일본 항로를 오가는 15개 해운사, 그리고 한국-중국 항로를 오가는 27개 해운사의 담합을 추가로 적발·제재했다. 15개 해운사는 한-일 항로에서 2003년 2월부터 2019년 5월까지 총 76차례 운임에 합의했고, 한-중 항로에서는 2002년 1월부터 2018년 12월까지 총 68차례 운임에 합의했다. 공정위는 한-일 항로에서 담합한 15개 선사에 과징금 총 800억 원을 부과했다.

얼핏 보면 '운임 담합'이라는 단순한 사건이지만 복잡한 사연이 얽혀 있다. 오죽했으면 같은 '정부'인 해양수산부가 해운사 편에 서서 공정위의 결정을 반대했을까. 해운사·해수부와 공정위 간 의견이 엇갈리는 부분은 해운법상 '담합 예외 조건'에 해당하는지였다. 여기서 잠깐 의문이 생긴다. 시장경제의 '암적인 존재'라고까지 불리는 담합을 예외로 인정하는 경우가 있다는 사실에 주목할 필요가 있다. 현행 규정상 담합을 일부 인정하는 것이 완전한 금지보다 소비자 후생 등에서 나은 일부 시장에선 담합이 제한적으로 인정된다. 대표적인 것이 해운업계다. 해운업계 특성상 경쟁이 너무 치열해지면 거대 자본을 가진 소수 거대 선사가 시장을 장악할 수 있다는 판단에 따라 국제사회는 일부 담합을 허용하고 있다. UN은 1974년 '정기선 헌장'을 공포해 이런 공동행위를 규제 예외로 인정했다. 우리나라의 경우 해운법 29조 1항에서 "해운사는 운임·선박 배치, 화물의 적재, 그 밖의 운송 조건에 관한 계약이나 공동행위를 할 수 있다."고 규정한다. 공정거래법 116조도 "공정거래법은 사업자가 다른 법령에 따라 하는 정당한 행위에 대해서는 적용하지 않는다."고 명시하고 있다.

그런데 공정위는 왜 해운사들의 '운임 공동결정'을 담합으로 보고 과징금을 부과했을까. 담합이 예외로 인정받기 위해선 해운법상 일정 요건을 충족해야 하는데 관련 해운사들은 그러지 않았다는 판단에 따른 것이다. 공정위는('한―동남아 항로'에서 이뤄진 23개 해운사의 담합과 관련해) 해운법 29조 2항의 "1항의 협약을 하거나 내용을 변경한 경우 해양수산부 장관에게 신고해야 한다."는 규정을 지키지 않았다고 설명했다.

2022년 1월 공정위가 해운사 제재(한―동남아 항로)를 발표했을 때 해운협회는 "공정위는 너무나도 명백한 해운법과 공정거래법의 취지를 이해하지 못하고 100여 년 이상 지속되고 국제법적으로도 확립된 공동행위의 취지를 무시했다."며 "해운법과 해수부의 지도 감독하에 수십 년 동안 법과 절차를 지켜온 해운기업을 제재하기로 발표한 것에 대해 깊은 유감을 표한다."고 밝혔다. 같은 해 6월 공정위가 추가로 제재(한―일 및 한―중 항로)를 발표했을 때에도 해수부는 해당 행위가 해운법상 문제가 없다며 유감스럽다는 입장을 밝혔다. 어찌 됐든 공정위 판단이 '위법'이었기 때문에 해운사들은 오랜 기간 관행처럼 여겨왔던 운임 공동행위를 시정할 수밖에 없었다.

그런데 이 사건은 또 다른 반전이 생긴다. 서울고등법원은 2024년 초 대만 선사 에버그린이 공정위 처분에 불복해 제기한 행정소송에서 시정명령과 과징금 33억 9,900만 원 취소 판결을 내렸다. 에버그린은 한국-동남아 노선 담합으로 공정위가 총 962억 원 과징금을 부과한 사건에 관련된 기업이다. 총 962억 원 과징금 중 에버그린에 부과한 것은 33억 9,900만 원이었는데 서울고등법원은 이런 과징금 처분이 부당하다고 봤다. 당시 해운협회는 법원이 선사의 공동행위에 대한 공정위 규제 권한을 인정하지 않았다고 밝혔다. 이 사건과 관련해 여전히 많은 행정소송이 제기된 상태다. 향후 고등법원에서 어떤 결론이 나든 대법원까지 갈 가능성이 높다. 최종적으로 어떤 결론이 내려질지는 미지수다.

협회·단체도
법을 어긴다고?

　　종종 뉴스에서 특정 협회·단체의 단체행동이 문제로 불거져 정부가 제재에 나서는 경우가 있다. 이런 위법 행위를 공정거래법에선 '사업자단체 금지 행위'라고 부른다. 이들의 단체행동은 담합인 경우도 있고 그렇지 않은 경우도 있지만 '공동의 이익 추구' 과정에서 발생하는 문제가 담합과 유사한 점이 있다는 점에서 짧게 짚고 넘어갈 필요가 있다.

　　공정거래법은 사업자단체를 '그 형태가 무엇이든 상관없이 둘 이상의 사업자가 공동의 이익을 증진할 목적으로 조직한 결합체 또는 그 연합체'로 규정했다. 한국경제인협회(옛 전국경제인연합회), 대한변호사협회, 대한의사협회 등이 대표적인 사업자단체다. 사업자단체 여부를 가르는 중요한 기준은 '경제적 이익을 목적으로 하느냐'다. 이와 관계없이 단순한 친목·종교·학술·연구·사회활동

등을 목적으로 하는 단체는 사업자단체에 해당하지 않아 관련 금지 행위를 적용받지 않는다.

우선 사업자단체는 '담합'이 금지된다. 사업자단체도 기업과 마찬가지로 수익 추구를 목적으로 하는 경제 주체로 본다는 의미다. 다만 실제로 사업자단체의 위법 행위가 불거지는 경우는 담합보다는 다른 금지 행위 때문인 경우가 많다. 공정거래법은 사업자단체 금지 규정으로 담합 외에도 △일정한 거래 분야에서 현재 또는 장래의 사업자 수를 제한하는 행위 △구성사업자(협회라면 협회원을 의미한다)의 사업 내용이나 활동을 부당하게 제한하는 행위 △사업자에게 불공정거래행위 또는 재판매가격유지행위를 하게 하거나 이를 방조하는 행위 등을 규정했다.

실제 사례를 보면 사업자단체 금지 행위가 어떤 것인지 비교적 쉽게 이해할 수 있다. 지난 2014년 의사들이 '집단 휴진'에 돌입한 때가 있었다. 원격의료 도입 추진 등 정부의 의료 서비스 정책에 반발해서다. 대한의사협회 소속 일부 의사들이 단체로 진료를 거부했다. 당시 정부는 이를 '국민을 볼모로 한 집단행동'으로 규정하며 강하게 비난했다. 공정위도 '액션'에 나섰는데 공정위의 초점은 '파업에 돌입하기까지의 과정'에 맞춰졌다.

파업 과정을 살펴보자. 의사협회는 2014년 2월 말 '의료제도 바로 세우기를 위한 총파업' 찬반투표를 실시해 3월 집단 휴진을 결정했다. 집단 휴진에 앞서 '의료제도 바로 세우기를 위한 총파업 투쟁 지침'을 전체 회원 의사에게 전달했다.

공정위는 의사협회 회원인 각 의사들이 스스로 결정해야 할 휴진 여부에 의사협회가 영향력을 행사해 의료 서비스 제공을 제한한 것이 문제라고 봤다. 아울러 의사협회가 파업 참여를 원하지 않는 의사들까지 억지로 휴진에 참여하도록 했다고 판단했다. 공정위는 "의사협회는 이 사건 집단휴업의 이행을 위해 찬반투표를 시행하고 구체적인 투쟁 지침을 휴업 투표에 찬성하지 않은 회원을 포함한 전 회원들에게 통지했다."고 밝혔다. 또 "투쟁 지침 내용 중 투쟁 참가는 '모든 회원의 의무'라고 했다."며 "전 회원에게 적극적인 투쟁 참여를 '지속적으로 독려'하는 등 전 회원을 대상으로 지시했다."고 밝혔다. 공정위는 또 "외부 간판 소등, 검은 리본 달기, 현수막 설치 등 세부적인 행동 지침까지 전 회원들에게 통지하고 휴진 당일에 각종 소모임을 개최토록 했고, 실제 휴업 이행 상황을 점검하는 등 방법으로 의사들을 심리적으로 압박했다."고 밝혔다.[27] 공정위는 이런 행위가 공정거래법 위반이라고 보고 의사협회에 과징금 5억 원을 부과했다.

종종 어떤 단체가 '사업자단체에 해당하느냐'를 두고 논란이 발생하기도 한다. 지난 2022년 공정위는 민주노총 전국건설노조 부산건설기계지부(이하 건설노조 부산지부)가 한국노총 소속원을 건설 현장에서 제외하도록 건설사에 압력을 행사한 사실을 적발해 과징금 1억 원을 부과했다. 건설노조 부산지부는 한국노총 소속원이 건설 현장에 참여할 수 없도록 하려고 건설사에 레미콘 운송, 건설기계

---

27) 공정거래위원회 보도자료, 〈공정위, 의사협회의 집단휴진 행위에 시정명령〉, 2014.5.1.

운행을 중단하겠다고 으름장을 놨다. 건설사는 공사가 늦어질 것을 걱정해 한국노총 소속 사업자와 기존 계약을 해지했다.

이 사건에서 쟁점이 된 것은 건설노조 부산지부와 지부 소속 사람들이 각각 공정거래법 적용을 받는 '사업자단체'와 '사업자'에 해당하는지 그 여부였다. 공정위 판단은 두 가지 의문에 대한 대답이었다. 첫 번째는 "과연 노조도 사업자단체로 볼 수 있는가."였다. 또한 "건설노조 부산지부 소속 사람들이 근로기준법상 근로자가 아닌 산업재해보상보험법에 의해 인정된 특수형태근로종사자(이른바 특고)인데도 '사업자'로 볼 수 있느냐."에 대한 문제였다.

결과적으로 공정위는 "건설노조 부산지부가 노조인지 여부와 관계없이 공정거래법상 사업자단체의 정의에 부합한다."고 판단했다. 노조라는 이유만으로 사업자단체에서 벗어날 수 없다고 본 것이다. 아울러 특고라고 해서 공정거래법상 '사업자'에서 벗어날 수는 없다고 봤다. 건설노조 부산지부 구성원이 자신의 계산하에 자신의 이름으로 건설사와 건설기계 임대차 계약을 해 임대 서비스를 제공하고 대가로 임대료를 받기 때문에 공정거래법상 사업자라는 판단이다.

공정위의 이런 판단이 더욱 중요했던 이유는 당시 정부가 민주노총 공공운수노조 화물연대본부(화물연대)와 전면전을 벌이고 있었기 때문이다. 2022년 말 화물연대는 안전운임제 일몰 폐지 등을 주장하며 총파업에 나섰다. 안전운임제는 법적으로 화물차주가 받는 최소한의 운임(운송료)을 보장하는 제도다. 당시 공정위는 화물연대의 총파업이 회원의 사업 내용·활동을 부당하게 제한한 것인지 조사했다. 여기에서 화물연대를 공정거래법상 사업자단체로 볼 수 있는지를 두고 의견이 엇갈렸다. 화물연대는 자신이 노조이기 때문에 공정거래법상 사업자단체 금지 행위를 적용할 수 없다고 주장했다. 그러나 앞서 건설노조 부산지부에 대해 노조 여부와 관계없이 사업자단체 금지 행위를 적용했듯 공정위는 화물연대도 같은 금지 규정이 적용된다고 봤다. 공정위는 위법 여부를 가리기 위해 2022년 말 화물연대 본부 등을 상대로 현장조사를 추진했지만, 화물연대 소속원들이 진입을 막아 조사에 실패했다. 이후 공정위는 '현장조사 방해' 혐의로 화물연대를 고발했을 뿐 사업자단체 금지 행위 위반 여부에 대해서는 명확한 결론을 내지 못했다.

담합을 했다,
AI가?

이번엔 조금 독특한 형태의 담합을 살펴본다. 당신은 동네에서 A 주유소를 운영하는 사장이다. 이 동네에는 B와 C 주유소가 있고 다른 주유소까지 가긴 너무 멀어서 동네 사람들은 사실상 A·B·C 주유소 중 한 곳만 이용한다. 세 주유소 사장은 각자 사정에 따라 기름값을 조금씩 올리거나 내리며 경쟁 관계를 유지하고 있다. 서로 말은 안 하지만 당신을 포함한 주유소 사장들은 가격 경쟁이 무척 피곤해진 상태다. 국제유가가 올라서 기름값을 다 같이 올릴 만도 한데 한 곳만 기름값을 많이 올렸다간 동네 사람들이 다른 주유소로 빠져나갈까 봐 서로 그러지도 못하고 있다. 그렇다고 서로 만나 가격 담합을 논의할 정도로 친분이 없기도 하고 괜히 공정위 제재를 받을까 두렵기도 하다. 그러던 당신은 어느 날 IT(정보기술) 분야를 전공한 후배를 만나 '주유소 자동 가격 반영기'

라는 신기한 SW(소프트웨어)를 소개받았다(이 사례가 가상의 사례이듯 이 SW도 가상의 프로그램임을 밝혀둔다). 국제유가 변동을 반영해 경유·휘발유 판매가격을 자동으로 결정해 주는 SW인데 이걸 적용한 주유소들은 동시에 동일한 판매가격이 결정된다는 설명이었다(게다가 국제유가가 오를 때는 기름값이 빠르게 반영되고 떨어질 때는 느리게 반영되는 장점도 있다고 한다!). 당신은 고심 끝에 B와 C 주유소 사장에게 이런 SW가 있다는 사실을 슬쩍 흘린다. 이 과정에서 어떤 합의나 가격 정보 등에 대한 교환은 없었다. 그러나 A·B·C 주유소는 기다렸다는 듯, 이 SW를 함께 도입한다. 세 주유소는 '마치 담합을 한 것처럼' 기름값을 같은 시기에 동일한 수준으로 결정할 수 있었고 더 이상 힘든 가격 경쟁은 하지 않게 됐다.

다소 황당한 사례라고 생각하는가. 그러나 이런 종류의 '알고리즘(algorithm) 담합'은 이미 현실의 문제다. SW와 코딩이 유행하면서 많이 알려진 알고리즘이란 단어는 '문제 해결을 위한 절차·방법·명령어 집합'을 의미한다. 위 사례에서는 국제유가 변동을 자동으로 반영해 기름값을 반영하도록 한 알고리즘이 SW에 들어 있다고 보면 된다. 생활 곳곳에 스며든 AI(인공지능)가 이미 부자연스럽지 않은 현재는 물론이고 미래를 생각하면 이런 알고리즘 담합은 언제든 발생할 가능성이 있다.

해외에선 이미 수년 전부터 알고리즘 담합 사건이 이슈가 됐다. 대표적인 게 자동차 배차 서비스 '우버(Uber)' 관련 사건이다. 널리 알려졌듯 우버는 우리나라 '카카오T'나 동남아시아 국가 여행 때 주로 사용하는 '그랩(GRAB)'과 같은 애플리케이션이다. 사건의 요지는 이렇다. 우버는 승객과 운전사 간 수요와 공급에 따라 가격이 변하는 알고리즘을 적용해 이른바 '탄력요금제(surge pricing)'를 운용했다. 승객이 많으면 자동으로 승차 요금이 올라가고 반대의 경우면 요금이 내려가는 식이다. 금요일 밤 서울 강남 한복판에서 택시를 잡으려면 2~3배 웃돈을 줘야 하듯, 우버는 이용객이 많아지면 자동으로 높은 요금이 책정되도록 'IT 시스템'을 갖춰둔 것이다. 그런데 이를 두고 소비자의 단체소송이 제기됐다. 우버와 우버의 운전자들은 직접적 고용 관계를 맺지 않고 있다. 그렇기 때문에 정상적인 경우라면 이용 요금은(우버와 관계없이) 우버의 운전자 간 경쟁을 통해 결정돼야 한다. 그러나 우버 운전자들이 우버가 일괄 제공한 알고리즘을 통해 가격을 동일하게 결정하면서 '묵시적 담합'이 이뤄졌다는 주장이 나왔다. 알고리즘이 활용돼 다소 복잡해 보이지만 이 사건에서 중요한 사실은 우버 이용 요금이 시장에서 자연스럽게 형성되지 않고 알고리즘을 통해 '시스템적으로' 이뤄졌다는 사실이다. 예컨대 우버의 알고리즘은 같은 조건(운행 거리·시간대 등)에선 같은 요금을 매겼겠지만 이런 시스템이 없어 운전자 사이에서 가격 경쟁이 이뤄졌다면 소비자는 보다 낮은 요금에 우버를 이용할 수 있었을 것으로 추정할 수 있다. 이 사건의 결과는 어떻게 됐을까. 1심의 뉴욕지방법원은 원고(소송 제기자들)의 손을 들어줬다. 다만 연방항소법원은 우버를 사용하기 위해 앱 설치 시 동의해야 하는 소비자와 우버 플랫폼 간의 계약 조항에 있는 중재 조항을

받아들여 원고와 피고의 중재를 판결했다.[28]

이런 알고리즘 담합은 이름만큼 그렇게 '특별한 것'은 아니다. 기술의 발전에 따라 중간에 특이한 요소(알고리즘 관련 기술)가 추가됐을 뿐 결국 담합의 본질은 그대로라고 볼 수 있다. 그렇다면 현행 공정거래법으로도 알고리즘 담합을 적발·처벌할 수 있을까. 일률적으로 답하긴 어렵지만 정답은 "아니다."에 가깝다. 담합으로 인정하려면 '합의'나 '정보 교환(앞에서 언급했듯 공정거래법 개정으로 지금은 정보 교환도 담합의 한 유형이다)'이 있어야 한다. 그러나 알고리즘 담합은 두 유형에 속하지 않을 가능성이 높다. 가상의 주유소 사례를 상기해보자. A 주유소 사장인 당신은 B, C 주유소 사장들과 어떤 합의나 정보 교환도 하지 않았다. 그저 '괜찮은 SW가 있다는 정보를 슬쩍 흘렸을 뿐'이기 때문에 담합으로 제재하기가 쉽지 않을 것이다.

이런 문제 때문에 알고리즘 담합을 제재하기 위한 공정거래법 개정 필요성이 제기됐다. 2018년 공정위는 공정거래법을 전면 개편하기 위해 외부 전문가(공정거래법 전면개편 특별위원회)로부터 대안을 받았는데 여기에 '동조적 행위(concerted practice)'를 담합으로 본다는 내용이 포함됐다. 또 어려운 용어가 나왔다. 둘 이상의 사람·국가 등이 합심이라는 의미의 'concerted'라는 단어에서 유추할 수 있듯 동조적 행위는 '사업자 간 합의까지는 아니지만 협력·조정 수준 정도에는 이른' 행위로 볼 수 있다. 아주 느슨한 형태의 합의라고 해석하면 큰 문제가 없을 것이다. 그러나 결과적으로 공정

28) 산업연구원, 《알고리즘 담합과 경쟁정책》, 산업연구원, 31p.

위는 '동조적 행위' 관련 조항을 공정거래법 개정에 포함하지 않았다. 공정위 외에도 국회의원이 발의한 공정거래법 개정안에 이런 내용이 포함됐지만 결과적으로 국회 문턱을 넘지 못했다. 알고리즘 담합 자체가 세계적으로도 논의 초기 단계의 이슈라는 점, 업계 반발 가능성 등을 종합 고려했기 때문으로 보인다. 그러나 동조적 행위 규정은 EU(유럽연합) 경쟁당국이 이미 경쟁법에 도입한 사안이라 선례가 없는 것이 아니라는 점에서 공정위(혹은 국회)의 소극적인 태도가 다소 아쉽다. 무엇보다 앞에서 살펴본 라면 가격 담합 사건처럼 제도적 루프홀(loophoel, 법률·제도상 허점)로 헛발질을 했던 과거를 기억한다면 담합 규정에 있어서는 보다 적극적인 규제 도입을 시도하는 것이 맞지 않았을까 싶다. 빠르게 AI 시대가 열리고 있다는 점에 비춰볼 때 알고리즘 담합은 조만간 한국에서도 현실의 문제로 불거질 수 있다. 이때 '아직 규정이 갖춰지지 않았다'며 허둥대지 않으려면 지금이라도 대비에 나설 필요가 있다.

공정거래법
개정의 역사 - 2

1987년 최초로 직선제 대통령을 선출한 우리나라는 자연스럽게 '공정'에 대한 열망이 커졌다. 1990년대 이뤄진 공정거래법 개정은 이런 분위기가 반영됐다고 볼 수 있다.

1990년 1월 개정된 공정거래법을 통해 공정위는 경제기획원 장관 소속 독립행정기관으로 개편됐다. 원래는 경제기획원 내 '공정거래실'이 공정거래 관련 업무를 해왔는데 공정거래법 개정으로 공정위라는 독립행정기관이 탄생하게 된 것이다. 공정위 내에서 판사 역할을 하는 위원은 종전에 5명이었는데 공정거래법 개정으로 2명이 추가돼 총 7인의 위원(공정위원장 1명을 포함한 5명의 상임위원과 2명의 비상임위원)을 구성하게 됐다(현재는 위원장·부위원장과 3인의 상임위원, 4명의 비상임위원으로 구성된 총 7인 체계다). 위원의 임명도 종전에는 경제기획원 장관 제청으로 대통령이 임명했지만 법 개정으로 위원장과 부위원장을 제외한 기타 위원을 공정위원장 제청으로 대통령이 임명하게 됐다.

공정거래법 개정을 통해 당시 대기업집단에 대한 대표적인 규제였던 출자총액제한제도(현재는 폐지된 제도다)가 강화→폐지→부활을 거친 것도 1990년대 이뤄진 공정거래법 개정의 특징이다. 출자총액제한제도는 말 그대로 회사 자금으로 다른 회사 주식을 매입·보유할 수 있는 총액을 제한하는 제도다. 보다 구체적으로는 대기업집단 계열사가 자신의 순자산 대비 일정 비율 이상을 초과해 다른 회사(같은 대기업집단 계열사 및 비계열사까지 포함한 개념) 주식을 취득·소유할 수 없도록 한 것이다. 공정거래법 제정 당시부터 도입됐던 제도다. 대기업집단이 막대한 자금력을 이용해 다른 회사를 인수해 문어발식으로 확장하거나 순환출자를 통해 무리하게 계열사를 확장하는 것을 막기 위해 도입했다. 처음 도입 당시에는 순자산의 40%였던 출자 한도는 1994년 개정으로 25%로 강화됐다. 그러나 1998년 출자총액제한제도가 잠시 폐지됐다가 1999년 재도입되면서 출자 한도 25%가 적용됐다. 결론부터 말하면 출자총액제한제도는 출자 목적·내용과 관계없이 형식적인 제한을 한다는 점에서 규제의 타당성·실효성을 두고 논란이 많았기 때문에 제도 수정과 존폐를 거듭하다 2009년 최종 폐지됐다. 출자총액제한제도 폐지를 주장하는 이들은 이 제도가 외국 기업에는 적용되지 않기 때문에 국내 기업에 역차별이 되고, 외국 기업의 '적대적 M&A'에 대해 국내 기업의 경영권 방어가 어렵다는 이유를 들어왔다.

6장

'시장지배자'는 어떻게 이윤을 극대화할까

COMPETITION LAW

'시장지배력'이
인정되지 않은 이유

    CJ올리브영은 국내 H&B(Health&Beauty) 시장에서 독보적인 위치를 차지하고 있는 기업이다. 올리브영이나 하이마트와 같은 기업은 흔히 '카테고리 킬러(category killer)'로 불린다. 카테고리 킬러란 의료품 · 화장품 · 가전 등 특정 분야(카테고리)의 상품을 풍부하게 갖춰 저렴하게 파는 사업자다. 백화점처럼 다양한 품목을 종합해 판매하는 사업자가 카테고리 킬러 주변에 있을 경우 해당 카테고리 제품을 접어야 할 만큼 영향력이 있다고 해서 '킬러'란 무시무시한 이름이 붙었다. 그만큼 올리브영은 H&B 시장에서 다른 업체가 넘보기 어려울 만큼 확고한 위치를 차지하고 있다.

    올리브영이 공정위의 조사 대상에 오른 것은 'EB(Exclusive Brand) 정책' 때문이었다. EB 정책은 올리브영이 자신의 납품업체를 상대로 경쟁사인 랄라블라 · 롭스 등과 거래할 수 없도록 한 것이 핵심이다.

이런 제한이 있는 대신 올리브영은 납품업체에 광고비 인하, 행사 참여 보장 등 경제적 혜택을 준다. 어찌 보면 EB 정책은 올리브영과 납품업체가 '윈윈'할 수 있는 아이디어다. 올리브영으로선 좋은 품질의 제품을 '독점 공급' 받을 수 있고 납품업체도 경제적 혜택까지 받아가며 안정적으로 납품할 수 있기 때문이다. 그러나 납품업체는 올리브영과의 거래를 제외하면 매출을 확대할 방법이 없기 때문에 올리브영에 대한 의존도가 지나치게 높아지는 문제가 있다. 공정위 심사관은 이런 EB 정책이 H&B 시장의 지배력을 이용한 갑질이라고 보고 조사에 착수했다. 언론에선 과징금이 수천억 원에 이를 것이란 보도가 나왔다. 그러나 2023년 12월 공정위는 올리브영에 18억 9,600만 원의 과징금을 부과했다. 공정위 심사관이 '핵심' 문제로 봤던 EB 정책은 심의 과정에서 위법성이 인정되지 않았기 때문이다.

　당초 공정위 심사관은 EB 정책이 공정거래법상 금지된 '배타 조건부 거래'라고 봤다. 배타 조건부 거래는 쉽게 말해 "나(올리브영)와 거래하려면 내 경쟁사와는 거래하지 마."라는 강요 거래다. 그런데 이 조항을 적용하려면 올리브영의 '시장지배력'이 인정돼야 한다. 시장지배력은 말 그대로 해당 시장을 좌우할 수 있는 힘을 말한다. 공정거래법은 1개 기업 시장점유율이 50% 이상인 경우 시장지배력이 있다고 보고 해당 사업자를 '시장지배적 사업자'로 판단한다 (3개 이하 기업 점유율의 합이 75% 이상일 때에도 시장지배적 사업자로 본다). 시장지배적 사업자로 인정된 기업은 공정거래법에 별도 규정된 '시장지배력 남용 금지 규정'이 적용된다. 이런 시장지배력 남용혐의 사건에서 '기업의 어떤 행위가 금지 규정에 해당하느냐'보단 해당 기

업이 '시장지배적 사업자가 맞느냐'가 훨씬 중요하다. 사실상 시장
지배적 사업자가 인정되는 경우는 대부분 심의에서 공정위 심사관
이 승리한 것으로 볼 수 있을 정도다.

　공정위 심사관은 이 사건 기간(2014~2021년) 중 올리브영의
'H&B 오프라인 시장' 점유율이 점포 기준 약 60~90%, 매출 기
준 70~90%에 달해 올리브영을 충분히 시장지배자로 볼 수 있다
고 봤다. 그러나 심의를 맡은 공정위원들(판사에 해당)은 올리브영을
시장지배자로 보기 어렵다고 봤다. 올리브영이 진출한 사업의 '시
장'을 어디로 보느냐를 두고 공정위 심사관과 공정위원 간 의견이
엇갈렸다. 심사관은 H&B 시장, 그중에서도 '오프라인 매장'을 관
련 시장으로 봤다. 반면 공정위원들은 올리브영의 화장품 부문 매
출 비중이 훨씬 높다는 점 등을 고려해 관련 시장을 화장품 전반
으로 넓혔고 오프라인 매장뿐 아니라 온라인까지 함께 관련 시장
으로 볼 필요가 있다고 봤다. 공정위원들의 판단에 근거해서 보
면 올리브영의 시장점유율은 심사관이 주장한 것보다 크게 낮아진
다. 당연히 시장지배자 요건도 충족하지 않는다. 그런데 공정위원
들은 올리브영의 EB 정책을 '무혐의'로 판단하진 않았다. 다소 애
매한 '심의 절차 종료' 결정을 내리며 "EB 정책에 문제가 있는 것
은 아닌데 없는 것도 아니다."라는 뉘앙스를 남겼다. 심의 절차 종
료는 사실관계 확인이 곤란해 법 위반 여부 판단이 불가능한 경우
등, 판단 유보가 필요할 때 내리는 결정이다. 올리브영의 EB 정책
이 "적어도 위법은 아니다."란 공정위 결론이 H&B 시장, 나아가
유통업계에 어떤 영향을 미칠지 지켜볼 일이다.

이윤을
짜낸다고?

　시장지배력 남용을 조금 더 명확히 이해하기 위해 가상의 사례를 살펴본다. 어떤 나라에 밀가루를 독점 공급하는 A사가 있었다. 이 나라의 모든 국수 가게들은 A사로부터 밀가루를 공급받았고 국수는 한 그릇에 평균 1만 원을 받고 팔았다. 그런데 어느 날 A사가 직접 국수 가게를 차렸다. 당연히 밀가루는 자사가 직접 공급했다. A사는 국수 한 그릇을 3,000원에 팔았다. 그런데도 국수의 맛과 품질은 다른 가게 못지않았다. A사 직원들은 "국수를 팔아서 남는 수익이 너무 적다."며 사장을 말렸다. 그러나 A사 사장은 "우리는 국수 가게는 그래도 다른 가게보다 밀가루를 훨씬 더 싸게 조달하고 있지 않으냐. 국수 가게가 아예 적자를 보는 것도 아니고. 6개월만 기다려 보라."는 말만 할 뿐이었다.

　A사의 국수 가게는 연일 문전성시를 이뤘다. A사의 국수 가게

는 가맹점이 빠르게 늘어났다. 다른 국수 가게는 애가 탔지만 밀가루 구입 가격을 생각하면 도저히 국수 가격을 3,000원까지 낮출 수 없는 노릇이었다. A사가 국수 가게를 차린 지 6개월이 지나자 다른 국수 가게는 대부분 문을 닫았다. A사는 이 나라에서 밀가루 시장도, 국수 시장도 사실상 독점하게 됐다. A사는 요즘 빵집에 관심이 있다는 소문이 들린다.

가상의 A사 사례처럼 원재료(밀가루)를 파는 기업이 완성품(국수) 시장에 진출해 시장 가격보다 훨씬 낮은 가격으로 완성품을 팔면 완성품 경쟁자들은 버텨낼 수가 없다. 완성품 경쟁자들은 어쩔 수 없이 당분간은 완성품 가격을 낮추면서(1만 원이었던 국수 가격을 3,000 원까지는 아니라도 6,000~7,000원까진 낮춰야 그래도 한번 경쟁을 해볼 만하지 않은 가) 버티겠지만 결국엔 시장에서 퇴출될 가능성이 높다. 이런 방식으로 경쟁자들의 이윤을 쥐어짜 내는(squeeze) 방식으로 경쟁에서 탈락시킨다는 의미에서 이런 행위를 경쟁법 전문가들은 가격 압착(profit squeeze) 또는 이윤 압착(margin squeeze)이라고 부른다. A사 사례에서 보듯 어떤 기업이 이윤 압착을 하려면 해당 시장을 좌우할 만한 힘이 있어야 한다. 즉 시장지배력이 있어야 한다는 의미다. A사가 밀가루 독점 공급자가 아니었다면 국수 가게들은 A사와 모두 거래를 끊고 다른 업체로부터 밀가루를 공급받아 오히려 A사가 곤란해졌을 것이다. 이와 같은 이윤 압착은 공정거래법상 금지된 시장지배력 남용행위 중 하나다.

공정위가 이윤 압착을 적발한 사례가 있다. 지난 2015년 공정위는 KT와 LG유플러스의 공정거래법 위반을 적발해 과징금 총

64억 원을 부과했다. 이 사건을 이해하려면 우선 '기업 메시징 서비스'가 무엇이고 어떤 구조로 거래가 되는지 알아야 한다. 우리가 신용카드로 결제하거나 택배를 주문하면 관련 내역을 휴대폰 문자메시지로 통보받는다. 이를 기업 메시징 서비스라고 한다. 이런 문자메시지를 보내는 비용은(결과적으로 소비자에게 비용이 전가될 수 있지만) 해당 기업이 낸다. 예컨대 신용카드 결제 내역 문자메시지 전송 비용은 신용카드 회사가 낸다는 의미다. 이렇게 기업의 의뢰를 받아 소비자에게 문자메시지를 대신 보내는 기업이 '기업 메시징 사업자'다. 그런데 이들이 문자메시지를 보내려면 반드시 무선통신서비스를 이용해야 하기 때문에 KT, LG유플러스와 같은 통신사와 계약을 맺는다. 신용카드 결제 내역 서비스의 구조를 순서에 따라 살펴보면 ①신용카드 결제가 이뤄지면 ②신용카드 회사가 해당 내역을 확인하고 문자메시지 발송을 기업 메시징 사업자에게 의뢰하면 ③기업 메시징 사업자는 이동통신사업자의 무선통신망을 이용해 소비자에게 문자메시지를 보내는 형태다.

〈기업 메시징 서비스 전달 구조〉

(자료: 공정거래위원회)

그런데 KT와 LG유플러스는 '무선통신사업자'인 동시에 '기업 메시징 사업자'였다. 더구나 기업 메시징 서비스 시장에선 지배력을 갖춘 사업자였다(마치 밀가루를 공급하면서 국수 가게도 운영하는 A사와 같다). KT와 LG유플러스는 경쟁 관계의 기업 메시징 사업자들에게도 비용(건당 평균 9.2원)을 받고 무선통신망을 이용할 수 있도록 하고 있었다. 문제는 경쟁사로부터 받는 무선통신망 이용 요금보다 낮은 가격으로 기업 메시징 서비스를 제공했다는 점이다(무선통신망이 없는 경쟁 관계의 기업 메시징 사업자는 당연히 KT·LG유플러스에 내는 비용(건당 평균 9.2원)보단 많이 받아야 이윤이 남는다. 그런데 KT·LG유플러스는 아예 기업 메시징 서비스를 이보다 낮은 가격에 판매한 것이다. 이는 무선통신망을 갖고 있지 않은 경쟁사업자가 시장에서 살아남기 어려운 수준으로 무선통신망 이용 요금을 비싸게 받았다는 의미로도 볼 수 있다). KT와 LG유플러스는 '무선통신사업자'이자

'기업 메시징 사업자'가 아닌 경우라면 도저히 낮출 수 없는 정도까지 기업 메시징 서비스 가격을 낮춰 경쟁자들을 떨궈냈다고 볼 수 있다. 이에 따라 무선통신망을 보유하지 않은 경쟁 기업 메시징 서비스 사업자의 시장점유율은 2006년 71%에서 2013년 29%까지 낮아졌다.

이 사건이 경쟁법 차원에서 의미가 있는 것은 이윤 압착을 제재한 첫 사례였기 때문이다. 공정위의 과징금 처분에 불복한 KT와 LG유플러스가 행정소송을 제기했지만 서울고등법원에서 공정위 처분이 정당함을 인정받아 판례상으로도 정당하게 이윤 압착을 제재한 사례로 남았다. 공정위는 지난 2023년 1월 보도자료를 내고 "이번 판결은 시장지배적 지위 남용행위의 한 유형으로 이윤 압착 행위를 규제할 수 있음을 명시적으로 판단한 최초 사례"[29]라고 평가했다. 이후 대법원은 2023년 5월 KT와 LG유플러스가 공정위를 상대로 제기한 행정소송에서 원고 패소로 판결한 원심을 심리 불속행 기각(상고 대상이 아니라고 판단하는 사건을 더 심리하지 않고 상고를 기각)으로 확정했다.

---

29) 공정거래위원회 보도자료, 〈LGU+ 및 KT의 시장지배적지위 남용행위 관련 파기환송심 승소〉, 2023.1.17.

시장지배적 '지위'를 '남용'한다?

앞서 살펴본 이윤 압착은 '시장지배적 지위 남용'의 행위 유형 중 하나다. 흔히 '시장지배력 남용(시지남용)'이라고 부르기도 한다. 이번 장에서는 시장지배적 지위 남용이 과연 무엇인지 알아본다.

공정거래법의 첫 줄은 이렇게 시작한다. "이 법은 사업자의 시장지배적 지위의 남용과 과도한 경제력의 집중을 방지하고, 부당한 공동행위 및 불공정거래행위를 규제하여 공정하고 자유로운 경쟁을 촉진함으로써 창의적인 기업 활동을 조성하고 소비자를 보호함과 아울러 국민경제의 균형 있는 발전을 도모함을 목적으로 한다." '시장지배적 지위의 남용 방지'가 경쟁법 운용에 있어 핵심 목적 중 하나임을 짐작할 수 있는 대목이다.

그렇다면 시장을 '지배'하는 수준의 지위란 과연 무엇일까. 당신이 특정 시장을 독점하고 있는 사업자라면 마음대로 가격·출고량 등을 조절해 이익을 극대화하려 할 것이다. 이것이 가능할 정도의 힘을 갖춰야 시장지배적 지위가 있다고 할 수 있다. 그러나 법에서 이렇게 모호한 정의를 내릴 수는 없다. 앞서 언급했듯 공정거래법은 △1개 사업자의 시장점유율이 50% 이상인 경우 △3개 이하 사업자의 시장점유율 합계가 75% 이상인 경우 시장지배적 사업자로 추정한다. 다만 연간 매출액 또는 구매액이 40억 원 미만인 사업자는 시장지배적 사업자로 보지 않는다.

그렇다면 현실에서 시장지배적 사업자는 어떤 기업이 있을까. 일례로 SK텔레콤, KT, LG유플러스 등 이동통신 3사를 이동통신 시장의 지배적 사업자라고 볼 여지가 있다. 공정위에 따르면 이동통신 가입자는 2023년 3월 가입회선 기준 약 7,809만 명으로 시장점유율은 SK텔레콤 39.4%, KT 22.4%, LG유플러스 20.8%로 3사의 시장점유율이 82.6%에 달한다. 큰 무리는 없는 추측으로 보이지만 실제로 공정거래법 적용이 가능한 시장지배적 사업자로 판단하기까진 상당한 어려움이 뒤따른다. 공정위가 시장지배적 지위 여부를 시장점유율만이 아닌 시장 진입장벽의 존재·정도, 경쟁사업자의 상대적 규모 등을 종합적으로 고려해 결정하기 때문이다.

김형배는 그의 저서에서 특정 사업자의 시장지배력(독점력) 보유 여부를 판단하는 것은 경쟁법 집행에서 매우 어렵고 전문가들 사이에서도 이견이 많은 분야 중의 하나[30]라고 적고 있다. 실제로 공정위 직원들은 시장지배력 남용혐의 사건 처리 시 '시장지배적 사업자'라는 사실을 입증하는 데 많은 공을 들인다. 애초에 시장지배

30) 김형배, 《공정거래법의 이론과 실제》, 도서출판 삼일, 154p.

적 사업자라는 사실이 인정되지 않으면 관련 조항을 적용할 수 없다는 문제가 있다. 그러나 한편으론 시장지배적 사업자라는 사실이 명확하게 입증만 된다면 비교적 수월하게 위법성을 증명할 수 있다. 그렇기 때문에 위법 혐의를 받는 기업은 자신이 해당 시장을 좌우할 지배력이 없다는 점을 설득하기 위해 노력한다. 앞서 살펴본 '올리브영 사건'에서 올리브영이 사실상 판정승을 거둔 핵심 원인은 시장지배적 사업자에서 벗어날 수 있었기 때문이다.

그렇다면 시장지배적 사업자에게 '금지된 행위'는 무엇일까. 공정거래법은 시장지배적 지위의 남용행위를 구체적으로 열거하고 있다. 남용(濫用)이라는 단어에서 알 수 있듯 '힘을 이런 식으로 함부로 쓰면 안 된다'는 점을 명확히 한 것이다.

대표적인 남용행위를 살펴보면 우선 '가격을 부당하게 결정·유지·변경하는 행위'가 있다. 이른바 가격 남용행위다. 다만 공정위가 가격 남용행위를 적발·제재한 사례는 극히 드물다. 사업자의 자유로운 가격 결정에 정부가 개입하는 것이 적절하지 않다는 인식 때문이라는 것이 일반적인 평가다.

가격 남용행위 적발의 대표 사례로 1992년 제재 결정이 내려진 제과 3사(해태·롯데·크라운) 관련 사건이 있다. 이들 3사는 비스킷 가격을 유지하는 대신 용량을 줄이면서 이런 사실을 소비자에게 명확히 알리지 않았다. 공정위는 비스킷 용량 감소가 실질적으로 가격을 인상한 행위라고 보고 이들 3사에 시정명령을 내렸다.

또 다른 남용행위로 '출고 조절'이 있다. 출고량을 줄이면 결국 가격이 올라가기 때문에 결과적으로 가격 남용과 근본적으로 비슷한 행위라고 볼 수 있다. 공정위는 출고 조정 행위를 "정당한 이유 없이 최근의 추세에 비춰 상품 또는 용역의 공급량을 현저히 감소시키거나 유통 단계에서 공급이 부족함에도 상품 또는 용역의 공급량을 감소시키는 행위"[31]라고 설명한다.

다른 사업자의 활동을 방해하는 것도 시장지배적 지위 남용의 대표 유형 중 하나다. 예컨대 경쟁사업자가 원재료를 제대로 공급받지 못하게 할 목적으로 자신이 원재료 구매량을 대량으로 늘리거나 원재료 공급자에게 공급 금지를 강요하는 행위 등이 대표적이다. 경쟁사업자를 방해하는 또 다른 방법으로 '필수 인력 채용'도 있다. 예컨대 당신의 회사에서 많은 돈과 시간을 들여 키운 핵심 인재들을 경쟁사업자가 모두 데려갈 경우 당신의 회사는 경영에 큰 어려움을 겪을 수 있다. 다만 이는 헌법에 보장된 '직업 선택의 자유'와 정면충돌한다는 문제가 있다. 능력을 인정받아 많은 연봉을 받고 다른 기업으로 옮기는 일은(고용 계약상 문제가 없는 이상) 제한할 수 없는 헌법적 가치라는 점에서 공정거래법상 이런 조항은 종종 논란이 되곤 한다.

시장지배적 지위 남용행위의 또 다른 유형으로 '경쟁사업자 배제'가 있다. 시장지배적 사업자가 상품을 지나치게 낮은 가격으로 제공해 경쟁사업자를 시장에서 몰아낸 후 그동안의 손실을 만회하기 위해 가격을 인상하는 것이 '경쟁사업자 배제'의 대표적 유형이다. 전문가들은 이런 행위를 '약탈적 가격 설정(predatory pricing)'이라고 부른다.

....

31) 공정거래위원회 홈페이지, https://www.ftc.go.kr/www/contents.do?key=31

경쟁사업자 배제의 또 다른 대표 유형으로 '끼워팔기'가 있다. 예컨대 복사기 시장에서 시장지배력이 있는 기업이 복사기에 토너나 잉크를 묶어서 팔 경우 토너와 잉크를 전문으로 판매하는 다른 기업은 판매에 차질을 빚게 된다. 공정위가 끼워팔기를 제재한 대표 사례로 자주 거론되는 것이 'MS(마이크로소프트) 사건'이다. 공정위는 지난 2006년 '윈도'로 운용체계(OS) 시장에서 시장지배적 지위를 점유한 MS가 윈도에 △윈도 미디어 서버 프로그램 △윈도 미디어 플레이어 △메신저 프로그램 등을 끼워판 행위를 적발해 과징금 약 325억 원을 부과했다. 이후 MS는 공정위 처분에 불복해 행정소송을 제기했다가 2007년 소송을 취하해 결과적으로 공정위의 승리로 종결된 사건이다. 공정위는 MS의 소송 취하 이후 낸 보도자료에서 "첨단 IT 분야에서도 시장지배적 사업자의 끼워팔기 등 불공정거래행위는 소비자 이익과 기술혁신을 저해하며 사업자 간의 공정경쟁을 위축시키므로 위법이라는 원칙이 재확인됐다."[32]고 밝혔다.

---

32) 공정거래위원회 보도자료, 〈공정위, MS의 행정소송 소(訴) 취하에 동의 결정〉, 2007.10.17.

유례없는 '1조 원 과징금', 대상은

이 책의 1장에서 간단히 언급한 사건을 자세히 알아본다. 시장 지배적 지위 남용행위 제재의 대표 사례는 단연코 '퀄컴 사건'이다. 공정위는 지난 2017년 1월 퀄컴의 공정거래법 위반을 적발해 과징금 약 1조 311억 원을 부과했다. 단일 사건에 부과한 과징금으로 2024년 현재까지 역대 최대 규모이고 당분간 이런 기록이 깨지기는 힘들어 보인다. 그렇다면 퀄컴은 얼마나 큰 잘못을 했길래 1조 원이 넘는 과징금을 부과해야 했을까.

퀄컴은 미국에서 태어난 글로벌 IT 기업이다. 이동통신 방식인 CDMA(Code Division Multiple Access, 코드 분할 다중 접속) 원천기술 보유 기업, 스마트폰의 두뇌 역할을 하는 AP(애플리케이션 프로세서)의 하나인 '스냅드래곤'의 개발사로 유명하다.

이 사건을 이해하려면 우선 퀄컴의 사업구조를 알아야 한다.

2017년 기준 퀄컴은 이동통신 2세대(2G)부터 4세대(4G)에 이르는 이동통신 분야의 표준필수특허(SEP)를 다수 보유하고 있다. SEP는 '표준기술을 구현하기 위한 특허로 표준기술을 필요로 하는 상품을 생산하거나 서비스를 공급하기 위해 실시 허락을 필수로 받아야 하는 특허'[33]다. SEP 없이는 표준기술을 구현하는 제품을 만드는 것이 불가능하다. 그래서 국제사회는 SEP 보유자의 독점력 남용을 막기 위해 '누구에게나 공정하고, 합리적이며, 비차별적인 조건으로 특허권을 사용할 수 있도록 한다'는 내용의 프랜드(FRAND, Fair, Reasonable And Non-Discriminatory) 확약을 적용하고 있다. 퀄컴 역시 자신이 보유한 SEP에 대해 프랜드 확약을 준수할 의무가 있다.

문제는 퀄컴이 '특허 장사'뿐 아니라 이 특허가 활용되는 휴대폰 부품인 모뎀칩셋(modem chipset) 제조 시장에서도 지배력을 보유한 업체라는 사실이었다. 모뎀칩셋은 휴대폰 음성·데이터 정보를 가공·복원하는 역할을 하는 핵심 부품이다.

공정위 조사 결과 퀄컴은 경쟁 모뎀칩셋 제조사(미디어텍·인텔 등)에는 SEP 라이선스를 제공하지 않았다. 퀄컴은 자신의 특허를 이용하지 않는 휴대폰 업체에는 모뎀칩셋을 공급하지 않았다. 또한 휴대폰 업체에 퀄컴의 특허 라이선스 전체를 포괄적으로만 이용할 수 있도록 하고 반대로 휴대폰 업체의 특허를 퀄컴이 무상으로 이용할 수 있도록 했다.

---

33) 공정거래위원회 보도자료, 〈특허괴물 및 표준필수특허 남용행위 등에 대한 규율 기반 마련〉, 2014.12.23.

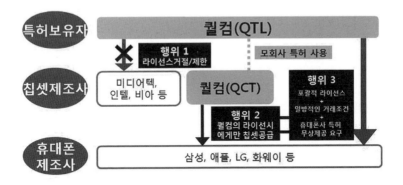

〈퀄컴의 공정거래법 위반 개요〉
(자료: 공정거래위원회)

특허보유자 — 퀄컴(QTL)
행위 1 라이선스거절/제한 | 모회사 특허 사용

칩셋제조사 — 미디어텍, 인텔, 비아 등 | 퀄컴(QCT)
행위 3 포괄적 라이선스 + 일방적인 거래조건 + 휴대폰사 특허 무상제공 요구
행위 2 퀄컴의 라이선시에게만 칩셋공급

휴대폰 제조사 — 삼성, 애플, LG, 화웨이 등

공정위는 퀄컴의 이런 행위로 경쟁 모뎀칩셋 업체가 시장에서 퇴출됐다고 판단했다. 또한 퀄컴이 SEP 라이선스 시장의 지배력 남용을 억제하는 프랜드 확약이 사실상 무력화됐다고 봤다. 공정위는 "모뎀칩셋 공급이 차단되면 휴대폰사는 비즈니스 자체가 중단될 위기에 처하므로 퀄컴의 특허 라이선스 조건이 부당하더라도 울며 겨자 먹기로 수용할 수밖에 없는 구조"[34]라고 설명했다. 공정거래법상 시장지배적 지위 남용행위(다른 사업자 사업 활동 방해)이자 불공정거래행위(거래상 지위 남용)이라고 판단했다. 과징금을 1조 원 이

---

34) 공정거래위원회 보도자료, 〈퀄컴사의 이동통신 표준필수특허 남용행위 엄중 제재〉, 2016.12.28.

상 부과한 것은 이런 행위로 벌어들인 퀄컴의 관련 매출액이 그만큼 많았다는 의미다.

퀄컴은 공정위 처분에 불복해 서울고등법원에 취소 소송을 제기했지만 법원은 공정위 손을 들어줬다. 서울고등법원은 휴대폰 제조사에 포괄적 라이선스만 제공한 행위 등은 적법하다고 봤지만 과징금이 부과된 다른 행위에 대해선 모두 위법성을 인정했다. 2023년 4월 대법원도 공정위 과징금 처분이 적법하다고 판결하면서 사건은 마무리됐다.

이 사건은 퀄컴과 경쟁 모뎀칩셋 업체 및 한국 휴대폰 제조사와의 계약 관행에 변화를 가져다줬다는 점에서도 의미가 있다. 1조 원의 과징금보다 공정위의 시정명령이 더 의미가 있다는 평가가 나오기도 했던 이유다. 공정위는 퀄컴에 "모뎀칩셋 업체가 요청하는 경우 특허 라이선스 계약 협상에 성실히 임해야 한다."고 명령을 내렸다. 또한 "모뎀칩셋 공급을 볼모로 특허 라이선스 계약을 강요하는 행위를 해서는 안 되며 관련 계약 조항을 수정·삭제해야 한다."고 했다.

공정위는 퀄컴 사건에 다른 어느 때보다 공을 들였다. 2014년 8월 조사에 착수한 후 이듬해 2월 'ICT 전담팀'을 구성해 조사에 속도를 냈다. 같은 해 3월 한국 퀄컴에 대한 현장조사를 실시해 디지털 포렌식 조사를 통해 하드디스크 8개 분량의 디지털 증거자료를 확보했다. 또한, 삼성전자, LG, 인텔, 애플, 화웨이 등 국내외 주요 이해관계사를 대상으로 서면조사 및 인터뷰를 통해 논리를 보강했다. 공정위는 2015년 검찰의 공소장에 해당하는 심사보고서를 퀄컴 측에 보냈다. 퀄컴은 3차례에 걸쳐 의견 제출 기한을 연장하고 2016년 5월 공정위에 의견서를 제출했다. 이후 공정위는 같은 해 12월 전원회의에서 퀄컴의 위법 여부를 확정했다. 공정위가 위법 여부를 확정하기에 앞서 퀄컴은 2016년 11월 공정위에 동의의결을 신청했다. 뒤에서 자세히 다루겠지만 동의의결은 법 위반 혐의 기업이 자진시정과 피해구제를 전제로 법 위반 여부를 확정하지 않고 사건을 신속하게 종결하는 제도다. 퀄컴이 사실상 잘못을 시인하고 공정위에 동의의결을 신청했지만 공정위는 동의의결 절차를 개시하지 않기로 했다. 그리고 본사건 심의를 거쳐 1조 원이 넘는 과징금을 부과한 것이다.

공정위는 "조사 과정에서 수만 장의 관련 자료와 수천 페이지에 달하는 의견서 및 법리 검토서 등이 검토됐다."며 "심사보고서 본문만 약 400면이고 첨부자료를 포함할 경우 약 3,200면이 넘는다."[35]고 했다.

공정위 재판 격인 심의도 이례적으로 많이 진행됐다. 외국계 기업은 경쟁당국 제재를 받는 경우 '절차적 정당성'에 문제를 많이 제기하는데 이런 문제를 방지하기 위해 신경을 쓴 것으로 보인다. 공정위에 따르면 퀄컴 심의는 5번의 본안 심의, 동의의결 절차 개시 여부 판단을 위한 2차례 심의 등 총 7차례 전원회의가 개최됐다. 다른 사건은 대부분 1~2차례 전원회의를 거쳐 위법성을 확정하는

35) 공정거래위원회 보도자료, 〈퀄컴사의 이동통신 표준필수특허 남용행위 엄중 제재〉, 2016.12.28.

것에 비교하면 상당히 많은 심의가 이뤄진 것이다.

이 사건의 또 하나의 특징은 국내외 주요 대기업이 퀄컴에 맞서 공정위와 일종의 '연합군'을 형성했다는 사실이다. 삼성전자, LG전자, 애플, 인텔, 미디어텍 등이 공정위와 손을 잡았고 이런 협력 구조는 소송전까지 이어졌다. 공정위도 보도자료에서 "삼성·LG 등 국내업체 외에도 애플·인텔·엔비디아(이상 미국), 미디어텍(대만), 화웨이(중국) 등의 이해관계인들도 심의에 직·간접 참여해 퀄컴의 사업모델로 인한 경쟁 저해 효과를 상세히 소명했다."[36]고 밝혔다.

공정위 관계자는 "이들 기업이 퀄컴과 주고받은 이메일 등은 공정위 스스로는 확보하기 힘든 자료"라며 "소송에 큰 도움이 됐다."[37]고 분위기를 전한다.

. . . .

36) 공정거래위원회 보도자료, 〈퀄컴사의 이동통신 표준필수특허 남용행위 엄중 제재〉, 2016.12.28.

37) 《머니투데이》, 〈삼성, LG가 합세해 1조 받아냈다〉, https://news.mt.co.kr/mtview.php?no=2020010511133932245

공정거래법
개정의 역사 - 3

1990년대 말부터 2000년대에 이뤄진 공정거래법 개정의 특징 중 하나는 1986년 법 개정으로 금지했었던 지주회사를 다시 허용하고 오히려 장려하기 시작한 것이다. 지주회사는 '주식 소유를 통해 다른 국내 회사의 사업 내용을 지배하는 것을 주된 사업으로 하는 회사'다.

앞서 언급했듯 1980년대에는 대기업집단의 지주회사 체제가 경제력 집중 문제를 야기한다는 목소리가 컸다. 지주회사→자회사→손자회사→증손회사 등으로 이어지는 지배 구조를 악용해 총수 일가가 소수의 지분으로 지주회사만 지배하면 그룹 전체를 장악할 수 있다는 문제 때문이다.

그러나 1997년 말 IMF(국제통화기금) 외환위기 이후 대대적인 기업 구조조정이 이뤄지는 과정에서 '단순·투명한 지배 구조'라는 지주회사의 장점이 부각됐다. 이를 고려해 1999년 2월 지주회사를 원칙적으로 허용하되 경제력 집중 등 문제를 고려해 일부 제한을 두는 내용의 공정거래법 개정이 이뤄졌다. 국내 대기업집단 중에서는 2003년 LG그룹이 처음으로 지주회사 체제로 전환했다. 이후에도 지주회사 체제에 대한 장·단점이 이슈로 떠오르면 관련 규제는 강화와 완화를 반복했다. 그러나 큰 흐름으로 보면 정부는 대체로 지주회사로 전환을 장려하는 모습을 보여왔다. 대기업집단의 복잡한 지배 구조는 사회의 감시·견제를 어렵게 만드는 주요 요인 중 하나였는데 지주회사 체제는 이런 문제를 해결할 수 있는 효과적인 수단 중 하나이기 때문으로 풀이된다. 이런 영향으로 지주회사는 꾸준히 증가하는 추세다. 공정위에 따르면 지주회사는 2013년(9월 기준) 127개에서 2023년(9월 기준) 172개로 10년 사이 45개가 늘었다. 지주회사 수는 1999년 제도 도입 후 꾸준히 증가하다 2017년 자산총액 요건 상향(1,000억 원 이상 → 5,000억 원 이상)에 따라 잠시 줄었지만 2021년 이후 다시 증가하는 추세다.

공정위는 매년 '지주회사 현황'을 분석해 대외적으로 공개한다. 이런 복잡한 작업을 매년 하는 것은 지주회사 제도를 악용해 대기업 총수 일가가 지배력을 확대하는 등 부작용이 있는지 점검하고 긍정적 기능(투명한 소유구조 정립)이 제대로 작동하고 있는지 확인하기 위해서다. 실제로 공정위는 지주회사 제도가 악용되지 않도록 공정거래법에 각종 '제한 규정'을 두고 있다. 대표적으로 지주회사는 3단계 이내 출자('자회사→손자회사→증손회사'까지만 둘 수 있음)만 가능하도록 했다. 또한 지주회사는 자회사의 지분을 반드시 30% 이상(자회사가 상장사인 경우. 비상장사인 경우는 50% 이상) 보유하도록 했다. 자회사는 손자회사 지분을 마찬가지로 30%(상장사) 또는 50%(비상장사) 이상 보유해야 한다. 아울러 손자회사는 증손회사 지분을 100% 보유해야 한다. 이밖에 자회사·손자회사·증손회사 요건을 충족하지 않는 다른 국내 계열사 주식은 가질 수 없도록 했다.

여담이지만 지주회사는 다른 회사의 주식을 보유해 '지배하는 것'이 주요 역할이기 때문에 수익 모델이 일반 기업과 다르다. 자신이 주식을 보유한 회사로부터 받는 배당 수익이 지주회사 전체 수익의 절반에 가깝다. 배당 외의 수익으로는 대표적인 것이 '브랜드 수수료'다. 대기업은 물론이고 웬만한 규모의 기업은 자신의 그룹을 상징하는 CI(Corporate Identity)가 있는데 이 CI를 계열사들이 사용할 수 있도록 허락하는 대가로 받는 것이 '브랜드 수수료'다. 각 그룹의 계열사들이 해당 CI를 사용함으로써 제품·서비스에 대한 소비자 신뢰를 얻을 수 있는 만큼 브랜드 수수료를 지주회사의 정당한 수익으로 볼 여지는 있다. 그러나 매년 대기업집단의 지주회사가 총 1조 원이 넘는 브랜드 수수료를 계열사들로부터 얻는다는 점에서 과연 '수수료의 수준'이 적정한지는 한번 생각해 볼 필요가 있다.

〈지주회사 수 변동 추이〉

(자료: 공정거래위원회)

구 분	'17.9.	'18.9.	'19.9.	'20.9.	'20.12.	'21.9.	'21.12.	'22.9.	'23.9.
일반지주회사	183	164	163	157	154	–	158	–	162
대기업집단	39	34	37	41	44	–	47	–	57
금융지주회사	10	9	10	10	10	–	10	–	10
대기업집단	2	3	2	2	2	–	1	–	1
합계	193	173	173	167	164	–	168	–	172
대기업집단	41	37	39	43	46	48	48	55	58

7장

따로
규정된
'불공정거래행위'

COMPETITION LAW

웹 소설 작가 지망생의
하소연

웹 소설은 청년층에는 이미 익숙한 문학 장르다. 웹 소설은 웹 (web)과 소설(novel)이라는 용어가 합쳐진 디지털 콘텐츠다. 국내 웹 소설 시장 규모는 2014년 약 200억 원에서 2020년 약 6,000억 원 대로 30배 이상 급성장했다. 웹 소설의 특징은 우선 영화 · 드라마 · 웹툰 등 다양한 '2차 저작물'로 재탄생이 활발하단 사실이다. 대표적으로 2022년 JTBC에서 드라마로 방영된 〈재벌집 막내아들〉은 동명의 웹 소설이 원작이다. 〈재벌집 막내아들〉은 웹툰으로도 제작됐다. 웹 소설의 또 다른 특징은 전통적인 소설과 달리 등단의 문턱이 낮다는 점이다. 그러나 그만큼 웹 소설 작가 지망생은 많다. 그러나 이들의 작품을 실어줄 '플랫폼'은 한정돼 있다. 이런 상황에서 발생한 사건이 여기에서 소개할 '카카오엔터테인먼트의 거래상 지위 남용' 사건이다.

카카오엔터테인먼트는 국내 웹 소설 플랫폼 시장에서 네이버 웹툰과 함께 1~2위를 다투는 사업자다. 이 회사는 2018~2020년 기간 총 5개 웹 소설 공모전을 열면서 일부 공모전 요강에 2차 저작물 작성권이 자사에 귀속된다는 조건을 걸었다. 저작권법에 따른 2차 저작물 작성권은 '원저작물을 번역 · 편곡 · 변형 · 각색 · 영상제작과 그 밖의 방법으로 작성한 창작물을 작성해 이용할 권리'를 의미한다. 쉽게 말하면 공모전에 당선된 웹 소설을 영화 · 드라마 등으로 제작하게 될 경우 저작권이 웹 소설 작가가 아닌 카카오엔터테인먼트가 갖도록 한 것이다. 공정위는 이런 조건을 건 것이 공정거래법으로 금지된 '거래상 지위 남용'이라고 봤다. 쉽게 말하면 카카오엔터테인먼트가 자신의 거래상 우월적 지위를 악용해 웹 소설 작가 지망생들에게 부당하게 불리한 거래를 했다는 의미다. 앞서 언급했듯 웹 소설 시장은 유통 플랫폼 사업자는 소수지만 작가 지망생은 많은 비대칭 구조를 갖고 있기 때문에 이런 거래가 가능했다. 공정위 조사 결과 카카오엔터테인먼트는 총 5개 공모전 당선 작가 28명과 당선작 연재 계약을 하면서 2차 저작물 작성권을 독점적으로 부여받았다. 또 일부 공모전에서는 당선된 7명의 작가와는 해외 현지화 작품의 2차 저작물 작성에 대해 다른 사업자보다 우선해 협상할 수 있는 권리(우선협상권)를 설정한 계약을 했다. 작가와 카카오엔터테인먼트 간 합의가 되지 않아 작가가 제삼자와 협상을 진행할 경우에는 작가는 카카오엔터테인먼트에 제시한 것보다 유리한 조건을 제삼자에게 제시하지 못하는 거래조건도 설정했다.

공정위는 카카오엔터테인먼트에 향후 동일한 행위 금지와 보고 명령(향후 3년간 카카오엔터테인먼트가 실시하는 공모전 당선 작가와 체결하는 계약 내용을 공정위에 보고하도록 함)을 내리고 총 5억 4,000만 원의 과징금을 부과했다. 다만 카카오엔터테인먼트는 이런 처분에 불복해 행정소송을 제기했다.

'불공정행위'가 따로 있나요?

공정거래법 45조는 '불공정거래행위의 금지'를 규정하고 있다. 다소 뜬금없게 느껴진다. 이 책에서 다른 모든 위법 행위가 '불공정행위'가 아니고 그럼 무엇이란 말인가. 넓은 의미에선 맞는 얘기지만 법률은 그렇게 두루뭉술하게 규정할 수 없기 때문에 별도의 '불공정거래행위'를 규정한다. 다만 실제로는 앞서 살펴본 시장지배력 남용 등 다른 위법 행위와 완벽히 구분된다고 보기는 어렵다.

공정거래법상 불공정거래행위는 구체적으로 총 10가지 행위 유형을 의미한다. 다소 많지만 하나씩 살펴보면 △부당하게 거래를 거절하는 행위 △부당하게 거래의 상대방을 차별해 취급하는 행위 △부당하게 경쟁자를 배제하는 행위 △부당하게 경쟁자의 고객을 자기와 거래하도록 유인하는 행위 △부당하게 경쟁자의 고객을 자기와 거래하도록 강제하는 행위 △자기의 거래상의 지위를 부당하게 이용해 상대방과 거래하는 행위 △거래 상대방의 사업 활동을 부당하게 구속하는 조건으로 거래하는 행위 △부당하게 다른 사업자의 사업 활동을 방해하는 행위 △부당하게 특정 행위를 통해 특수관계인 또는 다른 회사를 지원하는 행위 △그 밖의 행위로서 공정한 거래를 해칠 우려가 있는 행위가 있다.

김형배는 10개 행위 유형 및 이를 구체화한 시행령의 28개 행위 유형에는 경쟁사업자와 관련된 행위, 거래 상대방과 관련된 행위, 일반 소비자와 관련된 행위 및 경제력 집중 억제와 관련된 행위가 혼재돼 불공정거래행위를 한마디로 정의하기가 쉽지 않다고 평가했다. 또 불공정거래행위 유형은 시장지배적 지위 남용행위 유형과 상당 부분 중첩된다고 밝힌다. 그럼에도 불공정거래행위를 별도로 두고 있는 이유는 대기업과 중소기업 간 등 거래 당사자 간에 발생하는 힘의 불균형에서 초래되는 불공정한 거래를 바로잡기 위한 목적이다. 두 조항(시장지배력 남용과 불공정거래행위)의 차이를 살펴보면 시장지배적 지위 남용행위의 규제 대상은 '시장지배적 사업자'에 한정되고 경쟁 제한 효과 우려가 반드시 있어야 한다. 그러나 불공정거래행위는 행위 주체가 시장지배적 사업자일 필요가 없으며 경쟁 제한 효과 우려도 반드시 필요하지 않다는 점이다.[38]

....

38) 김형배, 《공정거래법의 이론과 실제》, 도서출판 삼일, 331p.

글로벌 반도체 업체의
위법 행위

앞서 살펴본 카카오엔터테인먼트 사례는 불공정거래행위 유형 가운데 거래상 지위 남용(자기의 거래상의 지위를 부당하게 이용해 상대방과 거래하는 행위)에 해당한다. 불공정거래행위 중 가장 흔한 행위 중 하나다. 2023년 공정위가 적발한 미국 반도체 기업 '브로드컴'의 위법 행위도 거래상 지위 남용에 속한다. 브로드컴 사례는 앞서 살펴본 퀄컴 사례와 마찬가지로 피해 기업이 삼성이라는 점이 눈에 띈다. 모든 기술·부품을 자급자족할 수 없는 IT 시장에선 세계 최고 수준의 기업마저도 종종 '을'의 위치에 있게 되는 경우가 있다는 점에 주목할 필요가 있다.

브로드컴은 스마트폰·태블릿PC 등 스마트기기에 사용되는 최첨단·고성능 무선통신 부품에서 압도적인 시장점유율을 보유한 반도체 기업이다. 이번 사건과 관련된 스마트기기용 무선통신 부품은 △RFFE(Radio Frequency Front-End) 부품 △커넥티비티 부품 (WiFi/BT(Bluetooth) 콤보(combo), 독립형 GNSS(GPS의 일종), 독립형 BT 등이다. 자세히 알아둘 필요는 없지만 짧게만 소개하면 RFFE 부품은 스마트기기 안테나에 송·수신되는 통신 주파수 신호의 품질을 높이는 역할을 한다. 커넥티비티 부품은 특정 스마트기기를 다른 기기·장치 또는 시스템과 연결해 데이터 송·수신을 가능하게 하는 부품이다. 개별 RFFE 부품을 주파수 대역에 따라 결합해 모듈(module)화한 제품이 'PAMiD'다. 중대역과 고대역 PAMiD를 하나의 모듈로 결합한 제품이 'OMH PAMiD(One module for Mid/High-band PAMiD)'다.

브로드컴은 OMH PAMiD와 WiFi/BT 콤보 부품을 세계 최초로 개발해 최첨단·고성능 부품을 공급하는 압도적인 세계 1위 사업자였다. 당시 삼성전자와 애플은 프리미엄 스마트기기 시장에서 치열하게 경쟁하는 상황이었다. 삼성전자 등은 고가의 프리미엄 스마트기기 부품에 탑재되는 최첨단·고성능 부품의 대부분을 브로드컴에 의존하고 있었다(아래 표 참조). 그런데 2018년부터 OMH PAMiD 시장에 브로드컴의 경쟁자가 등장했고 삼성전자는 2019년 이들 경쟁자의 부품을 일부 채택해 브로드컴의 시장점유율 및 의존도가 일부 하락하기 시작했다.

〈브로드컴 사건 부품 시장점유율〉
(선적량 기준, 자료: 공정거래위원회)

구 분	2018년	2019년
OMH PAMiD	92.4% (삼성전자 의존도: 99.8%)	77.3% (삼성전자 의존도: 72.7%)
WiFi/BT 콤보	98.0% (삼성전자 의존도: 96.6%)	89.5% (삼성전자 의존도: 99.4%)
독립형 GNSS	67.6% (삼성전자 의존도: 94.9%)	44.0% (삼성전자 의존도: 98.0%)

위기감을 느낀 브로드컴은 2019년 12월 삼성전자가 경쟁사업자와 손을 잡지 못하게 하고 자사의 장기간 매출을 보장받기 위해 'LTA(Long Term Agreement)' 체결 전략을 수립했다. LTA는 말 그대로 삼성전자가 브로드컴으로부터 부품을 장기간 제공받도록 한 것으로 이번 사건 핵심 계약 내용이다.

그러면 혹시 삼성전자 입장에서도 브로드컴과 장기 계약을 할 필요가 있었던 것은 아닐까. 공정위 판단은 "아니다."였다. 공정위에 따르면 삼성전자는 부품 공급선 다원화 정책을 원했고 LTA 체결 의사도 전혀 없었다. 또 기회비용 및 심각한 재정 손실 등을 이유로 브로드컴의 요구를 지속적으로 거부했다. 그러자 브로드컴은 2020년 2월부터 삼성전자에 대한 △부품 구매 주문 승인 중단 △

선적 중단 △기술지원 중단 등 수단을 동원해 LTA 체결을 압박했다. 삼성이 브로드컴 의존도를 낮추고는 싶지만 여전히 브로드컴 부품이 필요한 약점을 이용한 것이다. 부품 공급에 차질을 빚은 삼성전자는 결국 브로드컴의 조건을 들어줬다. 구체적으로 삼성전자는 △2021년부터 3년간 매년 브로드컴의 부품을 최소 7억 6,000만 달러 구매하고 △실제 구매 금액이 7억 6,000만 달러에 미달하는 경우 차액을 배상하는 내용의 LTA에 서명했다.

삼성전자는 LTA 이행을 위해 당초 채택했던 경쟁사 제품을 브로드컴 부품으로 전환했다. 또 구매 대상이 아닌 보급형 모델에도 브로드컴 부품을 탑재하고 다음 연도 물량을 선구매 하는 등 가용 수단을 총동원해 8억 달러의 부품을 구매했다. 삼성전자가 2021년 출시한 스마트폰 갤럭시S21에는 원래 브로드컴의 경쟁사업자 부품을 탑재하기로 했었지만 결국 브로드컴 부품을 선택할 수밖에 없어 부품 공급 다원화 전략을 이어갈 수 없었다. 브로드컴의 부품이 경쟁사업자보다 비싸 단가 인상으로 인한 금전적 불이익도 발생했다. 관련 부품시장 전반으로 보면 브로드컴의 경쟁사업자들은 제품의 가격·성능에 따라 정당하게 경쟁할 기회를 빼앗겼고 장기적으로는 부품 제조사의 투자 유인이 없어져 혁신이 저해되고 소비자에게 피해가 전가될 상황을 초래했다.

공정위가 조사 과정에서 수집한 증거를 보면 해당 거래에서 '갑' 위치에 있는 브로드컴, '을' 위치에 있는 삼성전자의 입장이 그대로 드러난다. 브로드컴은 삼성전자를 압박하기 위해 추진한 '구매 주문 승인 중단'과 '선적 중단' 조치에 대해 스스로 '폭탄 투하', '핵폭

7장 따로 규정된 '불공정거래행위'

'탄'에 비유하고 '기업윤리에 반하는' 삼성전자에 대한 '협박'이라고 생각하고 있었다. 반대로 삼성전자는 당시 상황에 대해 '생산라인에 차질이 우려된다', '가진 카드가 없다' 등으로 표현하고 있었다.

공정위는 2023년 9월 브로드컴에 시정명령과 함께 과징금 191억 원을 부과했다. 이후 브로드컴은 행정소송을 제기하겠다고 밝혔다. 공정위가 이번 사건 결론을 내리기까진 위법 혐의 인지 후 약 3년 3개월이라는 긴 시간이 걸렸다. 공정위는 2020년 6월 브로드컴 위법 혐의를 인지했다. 브로드컴이 삼성전자에 LTA를 맺기 위해 각종 수단을 활용하고 요구를 관철한 시기가 2020년 2~3월(△부품 공급 재검토 통보 △구매 주문 승인 중단 △선적·기술지원·생산 중단 △LTA 서명)인 점을 고려하면 비교적 초기에 위법 혐의를 파악한 것이다.

공정위는 2021년 2월 브로드컴 현장조사를 진행했다. 이듬해 1월 심사보고서(검찰의 공소 장격)를 상정하며 제재 절차를 밟았다. 그러나 같은 해 7월 브로드컴이 동의의결을 신청하며 본사건 처리 절차가 중단됐다. 동의의결은 위법 혐의 기업의 자진시정·피해구제를 전제로 위법 혐의를 확정하지 않고 신속하게 사건을 종결하는 제도다. 어디서 들어본 얘기가 아닌가. 앞서 언급한 퀄컴이 동의의결을 신청했다가 기각을 당한 바 있다.

이번 사건으로 다시 돌아오면 공정위는 2차례 심의를 거쳐 2023년 1월 동의의결 절차 개시를 결정했다. 그러나 브로드컴이 제시한 자진시정안이 미흡하다고 봤고 브로드컴이 개선 요구를 거부하면서 관련 절차가 중단됐다. 공정위가 동의의결 절차를 시작한 후 도중에 기각한 것은 이번이 첫 사례였다(퀄컴 사건의 경우 공정위

가 동의의결 절차를 아예 시작하지 않았지만 브로드컴은 절차 자체는 시작하도록 한
뒤에 도중에 기각한 것이었다). 다만 이 과정에서 사건 처리에 많은 시간이 걸렸기 때문에 "이럴 거면 처음부터 동의의결 신청을 기각했어야 했다."는 지적도 나왔다.

브로드컴이 동의의결제 허점을 악용했다는 지적도 있다. 브로드컴이 공정위 조사 결과를 담은 심사보고서를 받아본 이후 뒤늦게 동의의결을 신청했기 때문이다. 브로드컴이 심사보고서 검토를 거쳐 심의가 자사에 불리하게 진행될 수 있다고 보고 동의의결을 신청했을 가능성이 있다는 의미다. 이런 관행은 다른 사건에서도 종종 발견되는 문제다.

명절마다
힘들었던 직원들

이른바 '거래강제(부당하게 경쟁자의 고객을 자기와 거래하도록 강제하는 행위)'로 분류되는 불공정거래행위도 종종 공정위에 적발된다. 이번에는 거래강제 가운데 '사원판매' 사례를 짧게 살펴본다. 공정거래법 시행령이 규정한 불공정거래행위의 유형으로 보면 '부당하게 자기 또는 계열사의 임직원에게 자기 또는 계열사의 상품이나 용역을 구입 또는 판매하도록 강제하는 행위'가 금지됐다. 대표적으로 공정위가 지난 2020년 1월 제재한 사조산업 사례가 있다. '참치'로 유명한 그 사조산업이다.

이 회사는 2012년부터 2018년까지 매년 설·추석 명절 때마다 그룹 임직원을 대상으로 사조산업 등 6개 계열사의 명절 선물 세트를 구입·판매하도록 강제했다. 복지 차원에서 그룹 직원들에게 자사 선물 세트를 저렴한 가격에 팔기는커녕 오히려 억지로 직원들에게 자사의 선물 세트 처분을 떠넘긴 것이다. 명절마다 사조산업은 계열사별로 목표 금액을 할당하고 계열사들에 목표 금액을 사업부 등에 재할당하도록 지시했다. 2018년 추석 때 일부 계열사 임직원이 재할당받은 목표 금액을 살펴보면 △A사 대표이사 1억 2,000만 원 △B사 부장 5,000만 원 △C사 부장 3,000만 원, 과장 2,000만 원 등이었다. 개인이 명절마다 감당하기에 너무 부담이 큰 금액이다. 사조산업은 일별 실적을 보고받아 집계해 그룹웨어에 공지하는 방식으로 계열회사별 실적을 체계적·주기적으로 관리·비교·점검했다. 공문이나 사장단 회의 등 공식적인 방법을 통해 지속적으로 임직원에게 목표 달성을 지시하고 실적이 부진한 계열사에는 불이익을 언급하는 회장 명의 공문을 보내기도 했다. 공정위는 이런 사실을 적발해 사조산업에 시정명령을 내리고 과징금 총 14억 7,900만 원을 부과했다.

가격을 맘대로
못 정하게 한다… 책은?

　공정거래법상 불공정거래행위에 해당하지는 않지만, 불공정거래행위와 함께 잘 언급되는 위법 행위로 '재판매가격유지행위'가 있다. 현행 공정거래법 45조에 '불공정거래행위'가 규정돼 있고 바로 뒤 46조에 '재판매가격유지행위의 금지'가 명시돼 있다. 재판매가격유지행위는 용어만 봐선 쉽게 이해되지 않는다. 조금 쉽게 풀어 말하면 제조업체가 도·소매 업체에 물건을 넘기면서 "이 가격 아래로(혹은 위로)는 절대 팔면 안 된다."고 강제하는 것을 의미한다. 공정거래법은 '사업자가 상품 또는 용역을 거래할 때 거래 상대방인 사업자 또는 그다음 거래 단계별 사업자에 대해 거래가격을 정해 그 가격대로 판매 또는 제공할 것을 강제하거나 그 가격대로 판매 또는 제공하도록 그 밖의 구속조건을 붙여 거래하는 행위'라고 정의한다.

실제 사례를 보면 쉽게 이해된다. 공정위는 2021년 일동제약의 재판매가격유지행위를 적발해 시정명령을 내렸다. 일동제약은 의약품·건강기능식품 등을 제조·판매하는 회사다. 일반적으로 건강기능식품은 제조·수입→도매상→소매상(전문매장, 약국, 온라인 판매업체 등)→소비자로 판매된다. 일동제약은 2016년 12월부터 2019년 5월까지 약국 유통용 건강기능식품 전 품목에 대해 자사가 직접 '소비자 판매가격'을 정했다. 그리고 약국이 해당 제품을 온라인을 통해 직접 판매하거나 온라인 판매업체를 통해 판매하는 경우 약국이 이런 가격을 지키도록 했다.

일동제약은 온라인에서 건강기능식품이 자사가 정한 소비자 판매가격대로 판매되는지 감시하기 위해 약국이 운영하는 온라인 판매업체나 약국으로부터 건강기능식품을 공급받아 판매하는 온라인 판매업체의 소비자 판매가격을 점검했다. 이보다 낮은 가격으로 판매하는 약국과 온라인 판매업체를 적발해 불이익(건강기능식품 공급 중단)을 줬다.

이처럼 공정거래법은 '부당한 가격 결정 개입'을 금지하고 있다. 그러나 재판매가격유지행위가 적용되지 않는 예외 사례도 있다. 공정거래법은 예외 사유로 △효율성 증대로 인한 소비자 후생 증대 효과가 경쟁 제한으로 인한 폐해보다 큰 경우 등 재판매가격유지행위에 정당한 이유가 있는 경우 △저작권법에 따른 저작물 중 관계 중앙행정기관의 장과 협의를 거쳐 공정위가 고시하는 출판된 저작물(전자출판물 포함)인 경우로 규정하고 있다.

여기에서 어디선가 한 번쯤 들어봤을 '도서정가제'와 관련한 이슈가 나온다. 도서정가제는 서점이 출판사가 정한 책 가격에 임의로 할인율을 적용해 판매하지 못하도록 한 제도다. 도서정가제의 근거 조항은 '출판문화산업 진흥법'에 규정됐다. 이 법률은 "간행물을 판매하는 자는 이를 정가(定價)대로 판매해야 한다."고 규정하고 있다. 여기에서 '정가'는 출판사가 판매를 목적으로 간행물을 발행할 때 소비자에게 판매하는 가격을 의미하는데 '출판사가 결정한다'는 사실이 중요하다. 출판문화산업 진흥법은 '정가 판매'를 규정하는 동시에 "이런 조항에도 불구하고 간행물을 판매하는 자는 독서 진흥과 소비자 보호를 위해 정가의 15% 이내에서 가격 할인과 경제상의 이익을 자유롭게 조합해 판매할 수 있다. 이 경우 가격 할인은 10% 이내로 해야 한다."고 명시하고 있다. 쉽게 말하면 출판사가 아무리 책을 싸게 팔아도 최대 15%까지만 할인할 수 있도록 한 것이다. 책 판매가격을 출판사가 정하는 '정가'대로 팔도록 하고, 아무리 할인을 해도 15%까지만 가능하도록 한 것은 '재판매가격유지행위'가 아니던가. 맞는 얘기다. 원래는 금지해야 할 도서의 재판매가격유지행위를 공정거래법은 예외 사유(저작권법에 따른 저작물 중 관계 중앙행정기관의 장과 협의를 거쳐 공정위가 고시하는 출판된 저작물인 경우)로 두고 허용하고 있다. 이는 저작물의 특성을 고려해서다. 김형배는 "저작물이 일반 상품과 달리 인간의 사상과 감정의 결과물로서 가격 경쟁에 익숙지 않은 문화상품의 속성을 지니고 있으며, 다품종 소량 생산으로 저작물 간 경쟁이 치열하고, 저작물을 출판하고 유통하는 영세한 출판업자와 서적상들을 보호할 필요 때문"[39]이라고 설명한다.

다만 도서정가제를 개선해야 한다는 지적이 꾸준히 제기되면서 2024년 정부가 웹툰·웹 소설에 대해선 제도를 완화하기로 했다. 종이책 기준으로 정해진 도서정가제를 웹 콘텐츠에 그대로 적용하는 것은 문제가 있다는 목소리가 컸다. 웹툰·웹 소설 등은 '무료 보기' 등으로 수요층을 넓혀왔는데 도서정가제 때문에 가격 할인을 활용한 마케팅이 제한되기 때문이다. 또 원래 도서정가제는 '동네 영세서점 보호'라는 목적도 있었는데 웹 콘텐츠는 이런 목적과 사실상 관계가 없다는 지적도 있다. 정부는 도서정가제 자체는 유지하지만 웹툰·웹 소설 등 전자 연재물만 도서정가제 적용 제외 대상으로 규정하기로 했다. 또 영세서점 활성화와 소비자 혜택 확대를 위한 할인율 유연화 방안을 추진하기로 했다.

39) 김형배, 《공정거래법의 이론과 실제》, 도서출판 삼일, 465p.

공정거래법
개정의 역사 - 4

앞서 살펴봤듯 공정거래법 개정은 각종 사회적 논란을 야기한다. 기업 부담을 더하는 내용이든 더는 내용이든 각계에서 찬성과 반대의 목소리가 나온다. 공정거래법의 조항 하나하나가 기업, 특히 대기업집단에 미치는 영향이 크기 때문이다.

이처럼 자주 논란의 중심에 서는 공정거래법을 전면적으로 뜯어고치는 '사건'이 2017년 일어난다. 이른바 '공정거래법 전부 개정' 작업이다. 쉽게 예상하겠지만 공정거래법을 대대적으로 개정하는 과정에서 많은 찬반 논란이 일었고 결과적으로 개정안이 국회를 통과하기까지는 2년이 넘는 시간(입법예고 후 국회 본회의 통과까지)이 걸렸다.

공정거래법 전부 개정은 '재벌저격수'라 불리는 김상조 전 공정위원장(문재인 정부에서 정책실장까지 지낸다. 이하 김 위원장)에서 시작된다. 김 위원장은 재벌개혁 사회운동에 매진해 온 진보 경제학자로 분류된다. 1997년 IMF(국제통화기금) 외환위기 이후부터 참여연대 경제민주화위원회 부위원장을 맡았고, 1999년 참여연대 재벌개혁감시단 단장을 맡은 것을 시작으로 재벌개혁 운동에 앞장섰다. 이 과정에서 '재벌저격수'라는 별명을 얻었다.

2017년 출범한 문재인 정부는 첫 공정위원장으로 김 위원장을 임명한다. 주목할 점은 문재인 정부 출범 일주일 만인 2017년 5월 17일 김 위원장에 대한 지명이 이뤄졌고, 이는 문재인 정부의 첫 장관급 인사였다는 사실이다. 진보적 성향 정부의 첫 장관급 인사가 공정위원장, 더구나 김상조 교수였다는 점에서 재계는 적잖이 충격(?)을 받았다.

김 위원장은 당시 사회적 화두였던 '갑을문제' 해결에 정책 역량을 기울이긴 했지만 재벌저격수의 본성을 결코 잊지 않았다. 공정위가 공개적으로 강조했던 것과 달리 당시 공정위 활동의 중심은 갑을문제보단 재벌개혁에 있었다고 봐도 무방할 정도다. 주요 대기업집단이 줄줄이 공정위의 조사 대상이 됐다. 김 위원장은 2017년 11월 확대 경제관계장관회의에 늦게 도착하면서 "재벌들 혼내주고 오느라."라고 발언한 것이 그의 '초점'을 짐작하게 하는 대표 사례다.

그런 김 위원장이 추진한 공정거래법 전부 개정은 어떤 모습이었을까. 우선 공정위는 2018년 공정거래법 전부 개정을 위한 특별위원회를 출범했다. 당시 언론에 배포한 보도자료에서 개정 추진 배경으로 △법 체계 및 구성 재정비를 통한 정합성 제고 △알고리즘 담합, 데이터 독점 등 신유형 경쟁 제한 행위를 효과적 규율 △상위 대기업집단의 경제력 집중 완화 및 지배 구조 선진화 △위원회 구성·운영의 독립성, 적법 절차 관련 신뢰성 있는 법 집행을 들었다.

그러나 법 개정 추진과 관련한 시장의 가장 큰 관심은 대기업집단 규제가 어떻게 변하냐는 것이었다. 당시 경제계 분위기, 사안의 중요성 등을 종합적으로 고려할 때에도 공정거래법 전부 개정의 중심은 결국 재벌개혁에 있었다고 봐야 한다.

공정위는 민간 전문가로 구성된 특별위원회 논의 결과를 토대로 2018년 8월 공정거래법 전부 개정안 입법예고를 거쳐 11월 국회에 발의했다. 그러나 국회 논의는 지지부진했다. 결국 2020년 4월 공정거래법 개정안이 국회를 통과하지만 이는 '핵심은 다 빠진' 법안이었다. 당시 공정거래법 개정안이 국회를 통과하지 못한 배경을 이해하려면 국회 상황을 살펴볼 필요가 있다. 20대 국회(회기 2016년 5월 30일~2020년 5월 29일)에서 더불어민주당과 새누리당 의석수는 각각 123석과 122석(선거 결과 기준)으로 비슷한 수준이었다. 다수당이 없는 상황에서 공정거래법 전면 개정과 같은 '민감한 법안'이 국회를 통과하긴 사실상 힘든 상황이었다. 결국 '핵심'이라 부를만한 내용을 담은 공정거래법 전부 개정안은 20대 국회 회기 종료와 함께 자동 폐기된다. 하지만 물론 이것이 끝은 아니었다.

8장

대기업의 '지원'은 왜 문제가 됐나

COMPETITION LAW

급식사업에
무슨 문제가?

　2021년 6월 24일 오전 10시 30분. 정부세종청사 2동에 위치한 공정위 기자실은 발 디딜 틈 없이 붐볐다. 이날 공정위는 〈웰스토리에 사내 급식 몰아준 삼성그룹, 부당 지원 행위로 제재〉라는 제목으로 무려 43페이지에 달하는 보도자료를 배포하고 약 50분 동안 브리핑을 진행했다. 이날 공정위는 삼성전자·삼성디스플레이·삼성전기·삼성SDI 등 삼성그룹 4개 계열사가 급식업체 삼성웰스토리를 부당하게 지원했다고 판단하고 과징금 2,349억 원을 부과하는 한편 주요 임원을 고발한다고 밝혔다. 규제 대상이 국내 최대 기업인 삼성이라는 점, 공정위가 부과한 과징금(2,349억 원)이 부당 지원 행위로는 역대 최대이고 이 가운데 삼성전자에 부과된 과징금(1,012억 원)만 보면 단일기업 대상 최대 규모 과징금이라는 점에서 이목이 집중됐다. 결론부터 말하면 삼성은 공정위 처분에 불복해 행정소송을 제기했는데 쟁점이 많은 사안이라 업계와 경쟁법 전문가들은 향후 재판 결과에 주목하고 있다.

공정위에 따르면 이 사건의 시작은 2017년으로 거슬러 올라간다. 문재인 정부 초대 공정위원장이었던 김상조 전 청와대 정책실장은 취임 직후 대대적으로 대기업 조사에 착수했는데 이 과정에서 삼성도 대상에 포함됐다. 공정위는 삼성을 대상으로 2018년 7월 1차 현장조사, 2019년 4월 참고인 조사와 9월 2차 현장조사, 2020년 1월 2차 참고인 조사를 진행했다. 2021년 초 삼성 측에 심사보고서(검찰의 공소장에 해당)를 발송하며 제재 절차에 착수했다. 무려 4년에 걸친 조사 기간만 고려해도 공정위가 이 사건에 얼마나 공을 들였는지 짐작할 수 있다. 공정위가 제재 여부·수준을 확정하는 전원회의(심의)를 열기 직전인 2021년 5월 삼성은 동의의결을 신청했다. 동의의결은 위법 혐의가 있는 기업의 자진시정·피해구제를 조건으로 위법성을 가리지 않고 사건을 조기에 종결하는 제도다. 동의의결이 받아들여지면 기업은 법적 제재를 피할 수 있다. 당시 삼성은 총 2,000억 원 규모 자진시정방안을 제시했다. 그러나 공정위는 삼성의 동의의결 신청을 거부했다. 공정거래법상 '법 위반 행위가 중대·명백해 고발이 필요한 경우'에는 동의의결 개시 대상이 아니라는 규정에 따른 것이다. 공정위 심사관은 동의의결 개시 여부 결정을 위한 전원회의에서 "삼성이 제시한 2,000억 원 규모 자진시정방안이 실제로는 500억 원대에 불과하다."고 주장하기도 했다.

공정위는 삼성전자 등 삼성그룹 4개 계열사가 8년여 동안 삼성웰스토리에 부당하게 단체급식 일감을 '몰아줬다'고 판단했다. 얼핏 보면 이해가 가지 않는다. 삼성 계열 급식업체(웰스토리)가 떡하니 있는데 그럼 삼성 계열사들(삼성전자 등)이 일부러 다른 그룹이 운영하는 급식업체와 거래를 해야 한다는 것인가? 사건 내용을 좀 더 들여다볼 필요가 있다.

공정위 발표에 따르면 삼성전자 등 4개사는 2013년 4월부터 2021년 6월까지 사내 급식 물량 전부를 웰스토리에 수의계약 방식으로 몰아줬다. 수의계약이란 경쟁이나 입찰을 거치지 않고 적정한 상대를 임의로 정해 맺는 방식의 계약이다. 이 과정에서 동종업계에서 찾아보기 힘든 '파격적으로 유리한 거래조건'을 설정해 웰스토리에 높은 수익을 보장했다는 것이 공정위 판단이다.

공정위는 웰스토리에 적용된 △식재료비 마진 보장 △단가제 계약 방식에는 없는 위탁수수료(인건비의 15%) 지급 △소비자 물가 및 최저임금에 연동한 식단가 매년 인상 등 세 가지를 '파격적으로 유리한 거래조건'이라고 봤다. 이런 조건에 따른 사업으로 웰스토리는 2013~2019년 기간 동안 영업이익률 15.5%를 기록했고, 이는 상위 11개 경쟁사업자의 평균 영업이익률(3.1%)보다 훨씬 높은 수준이라고 판단했다.

공정위 판단이 맞으려면 삼성전자 등이 웰스토리에 유리한 계약을 맺은 '이유'가 있어야 한다. 공정위는 삼성 계열사들이 웰스토리에 몰아준 부당 이익이 결과적으로 삼성의 총수 일가에게 돌아갔다고 봤다. 웰스토리의 지배 구조를 보면 삼성 총수 일가→삼성물산→웰스토리 형태로 지분을 갖고 있기 때문에 결과적으로 웰스토리가 수익을 내면 삼성 총수 일가에 이익이 돌아간다는 설명이다. 공정위는 삼성물산이 2015~2019년 기간 웰스토리가 벌어들인 당기순이익(3,574억 원)의 상당 부분을 배당금(총 2,758억 원)으로 받았고 이에 따라 삼성 총수 일가가 지분율에 비례해 배당을 받았다고 설명했다.

공정위는 삼성그룹 계열사의 웰스토리 부당 지원이 급식 시장에도 악영향을 미쳤다고 봤다. 웰스토리는 내부 거래를 통해 이미 많은 수익을 내고 있었기 때문에 외부 입찰에서 이른바 '저가 입찰'로 수주를 따낼 여력이 있었다는 의미다. 구체적으로 웰스토리는 외부 기업 입찰에서 신규 수주는 영업이익률 0%, 재계약은 영업이익률 −3%를 기준으로(사실상 웰스토리가 밑지고 장사를 했다는 의미다) 한 파격적인 수주 전략을 활용해 시장지배력을 확대했고 이에 따라 중소 급식업체는 입찰 기회 자체를 잃었다는 것이 공정위 판단이다.

다만 이 사건은 삼성 측이 공정위 판단에 불복해 행정소송을 제기해 향후 재판 결과를 지켜봐야 한다. 삼성 측은 공정위의 제재 발표 후 입장문에서 "임직원들의 복리후생을 위한 경영 활동이 부당 지원으로 호도됐다."며 "유감스럽게 생각하고 납득하기 어렵다."고 밝혔다. 삼성 측은 또 "부당 지원 지시는 없었다."며 "당시 경영진이 언급한 것은 '최상의 식사를 제공하라', '식사 품질을 향상하라', '직원 불만이 없도록 하라'는 것이었고 회사로서도 양질의 식사를 제공하기 위해 최선을 다해왔다."고 했다.

아들 회사 도와준 게
불법이라고?

웰스토리 사건은 공정위가 공정거래법상 금지된 '부당 지원' 혐의로 제재한 하나의 사례다. 부당 지원이 어떤 형태인지 보다 명확히 알아보기 위해 가상의 사례를 들어본다. 당신은 옷을 만들어 파는 중견기업 A사의 창업주이자 회장이다. 사업이 커지면서 A사는 여러 개의 계열사를 두게 됐고 당신은 그 가운데 유통업을 전담하는 계열사 B사의 사장 자리를 당신의 외동아들에게 맡겼다. 아들이 이 계열사를 성장시켜 경영 능력을 인정받으면 나중엔 본사까지 물려준다는 것이 당신의 생각이다.

그런데 뭐가 문제였는지 B사는 최근 수년째 적자를 거듭했다. 급기야 자본금까지 까먹는 자본잠식이 시작되자 당신은 마음이 조급해졌다. 당신은 본사와 다른 계열사의 돈으로 B사를 돕기 시작했다. 이자를 거의 받지 않고 거액의 자금을 빌려줬고 B사가 필요로 하는 핵심 인력을 본사에서 파견하면서 이들에 대한 인건비는 모두 본사가 부담했다.

그러나 안타깝게도 B사는 이후에도 적자 경영을 거듭했다. 그동안 B사에 거액을 투입해 온 본사와 다른 계열사 경영 상태도 악화해 일부 계열사는 오히려 B사보다 더 위험한 지경에 이르렀다. 엎친 데 덮친 격으로 지난주에는 공정위가 조사관을 A사와 계열사에 보내 현장조사를 벌이기 시작했다.

공정위 조사에 대해 당신은 억울한 마음도 든다. A사는 당신이 만든 회사이고 계열사 B사도 'A사 그룹'의 일부인 계열사다. 아들이 사장을 맡고 있는 계열사를 좀 더 강하게 밀어준 점은 살짝 마음에 걸리지만 결국 B사를 도운 것도 그룹 전체를 위한 일이 아니었던가.

이런 행위는 공정거래법으로 금지하는 전형적인 '부당한 지원 행위(이하 부당 지원)'에 속한다. 공정거래법은 부당하게 회사 주인의 가족 등 특수관계인이나 다른 회사를 지원하는 행위를 금지하고 있다. 구체적으로 △특수관계인 또는 다른 회사에 가지급금·대여금·인력·부동산·유가증권·상품·용역·무체재산권 등을 제공하거나 상당히 유리한 조건으로 거래하는 행위 △다른 사업자와 직접 상품·용역을 거래하면 상당히 유리함에도 불구하고 거래상 실질적인 역할이 없는 특수관계인이나 다른 회사를 매개로 거래하는 행위를 금지한다. A사 사례는 이 가운데 첫 번째에 해당한다. 두 번째 행위는 종종 언론에 등장하는 '통행세'를 생각하면 이해가 쉽다. 예컨대 상품을 제조·판매하는 거래 과정에서 중간에 컨설팅 등 '사실상 역할이 없는' 계열사를 하나 추가해 중간에서 수익만 챙길 수 있도록 하는 경우가 두 번째 사례에 해당한다.

공정거래법으로 부당 지원을 금지하는 이유는 우선 계열사의 동반 부실을 방지하기 위해서다. 앞의 사례처럼 계열사인 B사를 돕느라 A사 그룹 전체가 위험에 빠지지 않도록 하기 위해 법으로 금지하는 것이다. 1997년 IMF 외환위기 때 주요 대기업 부실 계열사의 연쇄도산을 지켜봐야 했던 우리나라는 적극적으로 '계열사 동반 부실'을 막기 위한 정책을 펼쳤다. 공정거래법으로 자산 10조 원 이상 상호출자제한기업집단 소속 계열사 간 채무보증을 금지하는 것도 같은 이유에서다. 예외적으로 채무보증을 허용하는 것은 △조세특례제한법에 따른 합리화 기준에 따라 인수되는 회사의 채무와 관련된 채무보증 △기업의 국제경쟁력 강화를 위해 필요한 경우 등 대통령령으로 정하는 경우에 대한 채무보증뿐이다.

부당 지원 금지는 이른바 '좀비기업'의 퇴출을 위해서도 필요하다. 계열사인 B사는 더 이상 시장에서 살아남기 힘든 상황임에도 그룹의 지원을 통해 생명줄을 이어왔다. B사가 정상적으로 시장에서 퇴출됐다면 기존 경쟁사가 사업 기회를 더 확보하게 되거나 새로운 경쟁사가 생겨날 수 있었을 것이다.

부당 지원을 금지하는 또 다른 이유는 이해관계자의 이익을 침해하지 않기 위해서다. A사의 주인은 창립자인 당신이 아니고 A사에 자본금을 댄 주주들이다. 그럼에도 당신이 향후 경영권 승계까지 고려해 B사를 지원한 것은 주주의 이익에 반하는 행위가 될 수 있다.

이 사례에서 한 가지 더 눈여겨볼 점은 A사 그룹이 대기업이 아닌 중견기업이라는 점이다. 즉 자산총액이 5조 원에 못 미쳐 대기업집단(공시대상기업집단)에 지정되지 않았음에도 공정거래법상 '부당 지원 금지' 조항이 적용된다는 것이다(중소기업도 당연히 제재 대상에 포함되지만 중소기업은 계열사를 거느리는 경우가 많지 않아 보다 현실적인 중견기업을 예시로 들었다). 또한 A사 그룹 사례와 달리 계열사가 아닌 전혀 별개의 회사를 부당하게 도와주는 것도 부당 지원 조항을 적용받을 수 있다. 앞서 언급한 부당 지원에 의한 폐해는 반드시 대기업집단이 속한 시장에서만 발생하는 것이 아니기 때문이다.

공정위는 "부당한 지원 행위는 원칙적으로 모든 사업자를 규제 대상으로 한다."며 "공시대상기업집단 소속 회사만을 규제 대상으로 하는 특수관계인에 대한 부당한 이익제공 행위(뒤에서 살펴볼 대기업의 부당 지원, 즉 사익편취)와 다른 점"[40]이라고 밝힌다.

40) 공정거래위원회, 《2022 공정거래백서》, 공정거래위원회, 363p.

대기업의 부당 지원은
조금 다르다?

앞서 언급했듯 부당 지원 금지 규정은 대기업뿐 아니라 중견·중소기업에도 적용된다. 그러나 현실에서 중견·중소기업이 부당 지원 혐의로 제재를 받는 사례는 드물다. 대부분은 대기업집단에 관계된 얘기다. 대기업집단이 경영권 승계 등을 위해 부당 지원을 할 유인이 크다는 의미로 해석할 수 있다. 한편으론 공정위의 한정된 인력을 고려할 때 시장에 미치는 영향이 큰 대기업을 주요 타깃으로 감시하고 있다는 의미로도 볼 수 있다.

대기업집단은 왜 부당 지원을 할까. 그룹마다 사정이 다르겠지만 이른바 '총수 일가'의 사적인 이득 챙기기, 나아가 '경영권 승계'와 관련이 있다는 것이 일반적인 평가다. 공정거래법은 대기업집단의 부당 지원을 막기 위한 별도의 조항을 규정하고 있다. 언론에서 흔히 '일감 몰아주기' 또는 '사익편취' 금지 규정으로 부르는 공정거래법 조항(현행 제47조 특수관계인에 대한 부당한 이익제공 등 금지 조항)은 지난 2014년 2월 시행됐다. 이 조항을 구체적으로 살펴보면 자산 총액 5조 원 이상의 공시대상기업집단 소속 회사가 '총수 일가 개인(총수 및 총수의 친족)' 그리고 '총수 본인이 단독 또는 다른 특수관계 인과 합해 발행 주식 총수의 20% 이상을 보유한 국내 계열사나 해당 계열사가 단독으로 지분의 50% 초과 보유한 계열사'에 특정 한 행위를 통해 부당한 이익을 주는 행위를 할 수 없도록 했다. 쉽게 말해 총수와 밀접하게 관련된 개인 또는 기업에 부당하게 수익을 몰아줄 수 없도록 한 것이다.

여기에서 부당한 이익을 주기 위한 '특정한 행위'는 △정상적인 거래에서 적용되거나 적용될 것으로 판단되는 조건보다 상당히 유리한 조건으로 거래하는 행위 △회사가 직접 또는 자신이 지배하고 있는 회사를 통해 수행할 경우 회사에 상당한 이익이 될 사업 기회를 제공하는 행위 △특수관계인과 현금이나 그 밖의 금융상품을 상당히 유리한 조건으로 거래하는 행위 △사업 능력, 재무 상태, 신용도, 기술력, 품질, 가격 또는 거래조건 등에 대한 합리적인 고려나 다른 사업자와의 비교 없이 상당한 규모로 거래하는 행위를 의미한다.

한 가지 의문이 생긴다. 앞서 공정거래법상 부당 지원 규정은 기업 규모와 관계없이 모두 적용된다고 했다. 그런데도 왜 대기업에 적용되는 별도의 부당 지원, 즉 사익편취 금지 조항을 굳이 만든 것일까. 결론부터 말하면 종전의 공정거래법 규정만으로는 '잘못인 것 같은데도 규정 미비로 잡아내지 못하는 사례'가 적지 않았기 때문이다.

우선 기존의 규정으로는 총수 일가 각 개인(총수나 총수의 친족)에게 이익이 돌아가는 부당 지원을 제어하기가 쉽지 않았다. 예컨대 한 대기업의 계열사들이 어떤 거래를 통해 총수의 자녀에게 부당하게 많은 이익을 안겨준 사실이 확인돼도 이런 행위가 '특정 시장의 공정거래나 경쟁을 제한했다'는 사실을 입증하기가 어려워 제재를 할 수 없었던 것이다. 설사 공정위 차원에서 제재를 했더라도 기업이 공정위 처분에 불복해 행정소송을 걸 경우 재판 과정에서 공정위가 경쟁 제한성을 입증하지 못해 패소할 가능성도 높았다. 그래서 공정위는 '경쟁 제한성'을 입증하지 않아도 부당 지원에 따른 '경제력 집중'만 입증하면 기업을 제재할 수 있는 규정이 필요했다.

두 번째로 종전의 부당 지원 금지 조항으로는 거래 관행상 합리적인 수준의 가격을 의미하는 '정상가격'을 산정하기 어려운 거래를 잡아내지 못하는 문제가 있었다. 정상가격(正常價格)은 말 그대로 합리적인 수준의 정상적인 가격, 즉 normal price를 의미한다. 경제학 용어로는 생산 가격과 균형을 이루는 표준적인 가격 수준을 말한다.

앞에서 살펴봤듯 공정거래법상 불공정거래행위 중 부당 지원 금지 조항(제45조)을 적용하려면 '정상가격'에서 벗어난 '상당히 유리한 조건'의 거래가 이뤄져야 한다. 그런데 여기에서 말하는 '정상가격'이나 '상당히 유리한 조건'이라는 개념이 상당히 모호한 것이 문제다.

예컨대 시장에서 밀가루 1kg이 평균 1만 원에 거래되고 있다고 해보자. 그런데 어떤 회사가 밀가루 1kg 가격을 7,000원에 납품한다면 밀가루를 납품받는 입장에선 '상당히 유리한 조건'이라고 볼 수 있을까. 그렇게 볼 수도 있고 그러지 않을 수도 있다. 제조업이 아닌 서비스업에서는 정상가격을 산정하기가 더욱 어렵다. 상품의 특성상 다양한 형태의 거래가 존재하지 않아 관행적으로 정상적인 수준의 가격을 추정하기 어려운 경우도 있다. 예를 들어 어떤 기계를 만드는 데 쓰이는 특정 부품을 오직 A사만 만들고 납품받는 업체도 1~2개 정도밖에 없다고 해보자. 이런 작은 시장의 거래에서 형성된 가격을 '정상가격'으로 볼 수 있을까. 공정위 입장에서 보면 어디까지를 '정상가격'으로 보고 얼마나 가격을 깎아야 '상당히 유리한 조건'으로 볼 수 있는지 판단이 어렵다.

이런 '규제 구멍'을 보완할 수 있도록 공정위는 사익편취 금지 규정(제47조)에 "사업 능력, 재무 상태, 신용도, 기술력, 품질, 가격 또는 거래조건 등에 대한 합리적인 고려나 다른 사업자와의 비교 없이 상당한 규모로 거래하는 행위"를 포함했다. 이 조항을 적용하면 정상가격을 별도로 산정하지 않아도 '상당한 규모의 거래'만으로도 사익편취 규제를 적용해 제재할 수 있다(물론 이 경우에도 '상당한 규모의 거래'가 도대체 어느 수준을 의미하는지 쟁점은 남는다).

마지막으로 이유를 살펴보면, 종전의 부당 지원 금지 조항으로는 대기업집단 계열사가 '사업 기회를 일부러 놓쳐' 총수 일가나 총수 일가가 지배하는 회사를 돕는 행위를 제재하기도 어려웠다. 이를 '사업 기회 유용 행위'라고 부른다. 예를 들어 진출하기만 하면 고수익이 보장되는 사업이 있어 대기업집단 계열사가 이를 진지하게 검토했음에도 기회를 일부러 잡지 않아 총수 일가가 사업 기회를 가져가 버리는 경우가 여기에 해당한다. 이런 부당 지원을 막기 위해 "회사가 직접 또는 자신이 지배하고 있는 회사를 통해 수행할 경우 회사에 상당한 이익이 될 사업 기회를 제공하는 행위"를 사익편취 금지 규정으로 새롭게 포함했다.

이렇게 다양한 사례를 고려할 때 대기업집단의 총수 일가(및 총수 일가 보유 회사)에 대한 부당 지원을 단순히 '일감 몰아주기'라고 표현하는 것은 무리가 있어 보인다. 앞에서 살펴본 '상당한 규모의 거래' 등을 제외하면 다른 위법 행위는 총수 일가에 일감을 '몰아주는' 방식이라고 단정하기도 어렵다. 실제로 공정위 내에선 일감 몰아주기보다는 사익편취라는 표현을 자주 사용한다. 형태야 어찌 됐든 결론적으로 이런 위법 행위는 총수 일가 개인의 이익(사익)을 편취(남을 속여 재물이나 이익 따위를 빼앗음)하는 것이기 때문이다.

사익편취 규제와 일반적인 부당 지원 간 또 다른 중요한 차이 중 하나는 규제의 목적이 다르다는 점이다. 앞서 언급했듯 일반적인 부당 지원의 금지 목적은 계열사의 동반 부실 방지 등이다. 그러나 사익편취 규제는 부당한 부(富)의 이전 차단 등 경제력 집중 억제에 주요 목적이 있다. 이재구는 사익편취 규제와 관련해 "특수관계인의 이익 귀속에 초점을 맞춘 이른바 터널링을 통해 기업 간 거래에서 발생한 이익을 총수 및 그 가족에 귀속시키려는 행위를 규제 대상으로 한다."고 했다. 또 "기존의 부당 지원 행위와 유사하지만 일정한 주체에 대한 이익 귀속의 문제가 핵심이 되므로 동 규정의 부당성 판단은 대기업집단의 사익편취를 통한 경제력 집중(소유집중 또는 소유 · 지배 구조의 왜곡)을 억제하기 위한 취지라는 관점에 본질이 있다고 할 수 있다."[41]고 밝힌다.

41) 이재구, 《공정거래법 이론, 해설과 사례(전면개정판 5판)》, 지식과감성, 585p.

맥주캔은 '이 회사'를 거쳐야만 했다

하이트진로는 100년의 역사를 자랑하는 우리나라 대표 주류 업체다. 하이트진로는 1924년 평남 용강에서 진천양조상회 창립과 함께 진로 소주 생산을 시작했다. 1933년 국내 최초의 맥주회사인 조선맥주 주식회사 설립으로 국내 1위 주류기업 하이트진로의 역사가 시작됐다.[42] 2023년 현재 하이트진로의 자산총액은 5조 5,400억 원 수준으로 재계 76위의 공시대상기업집단이다.

공정위는 지난 2018년 하이트진로의 부당 지원(일반 부당 지원과 사익편취가 모두 포함됐다)을 적발해 하이트진로, 하이트진로의 계열사 서영이앤티, 또 다른 대기업집단인 OCI의 계열사 삼광글라스에 과징금 총 107억 원을 부과했다. 결론부터 말하면 하이트진로

---

42) 하이트진로 홈페이지, https://www.hitejinro.com/company/history.asp

는 공정위 처분에 불복해 행정소송을 제기했지만, 최종 패소했다. 2022년 대법원은 공정위 처분이 옳았다고 판단한 서울고등법원의 2020년 2월 판결을 그대로 인정해 공정위 승소로 마무리됐다(다만 법원 판결에 따라 공정위가 하이트진로에 부과한 과징금 규모는 당초 79억 4,700만 원에서 70억6,500만 원으로 재산정됐다).

이번 사건의 주인공은 일반인에게는 다소 생소한 '서영이앤티'라는 회사다. 서영이앤티는 원래 2000년 1월 설립 이후 생맥주 기기를 제조해 하이트진로에 납품하던 중소기업이었다. 하이트진로 총수의 자녀가 2007년 12월 서영이앤티의 지분 73%를 인수해 2008년 2월 하이트진로의 계열사로 편입됐다. 서영이앤티는 하이트진로의 총수 2세가 보유한 아주 중요한 회사가 됐다는 것을 다시 한번 강조해 둔다.

하이트진로의 부당 지원은 서영이앤티 인수 직후 시작된다. 서영이앤티가 하이트진로 계열사로 편입된 후 약 두 달 후인 2008년 4월 하이트진로는 자사의 과장급 인력 2명을 파견하고 급여 일부를 대신 지급했다. 앞에서 잠시 살펴본 '인력 지원 행위'에 속한다. 공정위에 따르면 이들 인력은 하이트진로에서 10년 이상 근무한 전문 인력으로 서영이앤티 본사 핵심 업무(기획·재무·영업 등)를 수행했고 이번 사건 관련 각종 내부 거래를 기획·실행했다.[43]

또한 하이트진로는 삼광글라스라는 회사로부터 직접 구매하던 맥주용 공캔을 서영이앤티를 거쳐 구매하면서 '통행세(공캔 1개당 2원)'

---

43) 공정거래위원회 보도자료, 〈기업집단 '하이트진로'의 부당 내부 거래 엄중 제재〉, 2018.1.15.

를 지급하는 형태로 거래 구조를 전환했다. 종전에는 맥주캔 거래가 '삼광글라스→하이트진로' 형태로 이뤄졌지만 '삼광글라스→서영이앤티→하이트진로' 형태로 바뀐 것이다. 이런 형태는 2012년 말까지 계속됐다. 앞에서 살펴본 '통행세 거래'의 전형적인 사례다.

2013년 1월 하이트진로는 공캔 통행세 거래를 중단했다. 대신 이번에는 삼광글라스가 공캔의 원재료인 알루미늄코일을 구매할 때 중간에 서영이앤티를 끼워 넣고 통행세를 지급하도록 했다. 이런 거래는 2014년 1월 말까지 계속된다.

이런 변화와 관련해 공정위는 "공캔 거래가 계열사 간 거래이기 때문에 법 위반 적발 가능성이 높다고 보고 매출 규모가 비슷하면서 외형상 비(非)계열사 거래로 대체하기 위해 추진된 것"[44]이라고 설명한다.

2014년에는 맥주캔과 무관한 분야에서 서영이앤티가 통행세를 받기 시작했다. 삼광글라스는 일반 소비자에게도 익숙한 밀폐 용기 '글라스락'을 생산해 왔는데 2014년 9월 하이트진로는 삼광글라스가 글라스락 뚜껑(글라스락 캡)을 다른 업체로부터 구매할 때 중간에 서영이앤티를 끼워 넣는 방식으로 통행세를 챙기도록 했다. 공정위는 해당 사건 의결서에서 "서영이앤티는 알루미늄코일 거래가 다시 법 위반으로 적발될 가능성을 이유로 2014년 1월 31일 중단되자 2014년 초부터 알루미늄코일 거래에서의 매출을 대체할

44) 공정거래위원회 보도자료, 〈기업집단 '하이트진로'의 부당 내부 거래 엄중 제재〉, 2018.1.15.

목적으로 삼광글라스에 알루미늄코일 대신 글라스락 캡을 판매하는 사업을 추진했다."[45]고 밝혔다.

여기서 한 가지 의문이 생긴다. 하이트진로 계열사도 아닌 삼광글라스(OCI 계열사)가 굳이 이런 부당 지원에 참여한 이유는 무엇일까. 삼광글라스의 하이트진로에 대한 높은 거래 의존도에서 이유를 짐작할 수 있다. 공정위에 따르면 삼광글라스는 주로 글라스락과 같은 유리 용기 등 제조(2016년 매출액 비중 68%), 공캔 제조(26.7%)를 했는데 공캔 부문에서 하이트진로에 대한 거래 의존도가 약 70%로 높은 수준이었다. 삼광글라스로선 공캔의 핵심 납품처인 하이트진로가 부당한 제안을 하더라도 거절하기 어려웠을 것이란 추측이 가능하다.

공정위는 이런 부당 지원으로 서영이앤티가 자신의 경쟁력과 무관하게 사업 기반을 강화해 중소기업 시장(글라스락 뚜껑시장, 가공식품 수입·도매, 백화점 유통벤더 등)에 침투해 중소기업의 공정한 경쟁 기반을 훼손했다고 밝혔다. 아울러 이런 거래가 총수 2세로의 경영권 승계를 위한 토대를 제공했다고 지적했다.

----

45) 공정거래위원회, 〈공정거래위원회 전원회의 의결 제2018-110호〉, 공정거래위원회, 47p.

김치를 만들어야
했던 골프장

공정위가 사익편취로 제재한 또 다른 사례로 태광그룹 사건이 있다. 이 사건은 앞서 언급한 '합리적 고려나 비교 없는 상당한 규모의 거래' 규정을 처음으로 적용했다는 점에서도 눈여겨볼 필요가 있다.

태광은 △금융(흥국생명, 흥국화재 등) △섬유 · 석유화학(태광산업, 대한화섬 등) △인프라 · 레저 △미디어(티캐스트 등) △육영 · 아트(일주 · 세화학원 등) 등 다양한 사업을 영위하는 대기업집단이다. 2023년 기준 자산총액이 9조 700억 원에 달해 재계 52위를 기록했다.

공정위는 2019년 태광의 사익편취를 적발해 다수 계열사에 과징금 총 20억 원을 부과했다. 태광그룹 계열사들은 공정위 처분에 불복해 행정소송을 제기했다. 서울고등법원은 2022년 공정위의 과징금 처분을 정당하다고 봤지만 태광 총수에게 내린 시정명령은

위법하다고 봤다. 그러나 대법원은 2023년 태광 총수에 대한 공정
위 시정명령이 위법하다는 원심판결을 깨고 사건을 다시 심리 · 판
단하도록 서울고등법원으로 돌려보냈다. 공정위 시정명령과 과징
금 납부 명령을 취소해 달라는 태광그룹 계열사들의 상고도 기각
했다.

　이번 사건에선 태광의 총수 일가가 갖고 있는 3개 기업에 주목
할 필요가 있다. '휘슬링락CC'라는 회원제 골프장, '메르뱅'이라는
와인 소매 유통업체, SI(시스템통합) 등 사업을 영위하면서 당시 기
준 그룹 지배 구조 최상단에 위치한 '티시스'라는 기업이 바로 그
들이다.

　2011년 개장한 휘슬링락CC는 영업 부진에 시달리다가 2013년
5월 티시스에 합병돼 티시스의 사업부로 편입됐다. 휘슬링락CC
의 영업 부진이 총수 일가의 회사인 티시스의 실적 악화로 이어지
자 태광은 대안을 모색하기 시작한다. 골프장 사업자인 휘슬링락
CC는 뜬금없이 김치 회사로 변신한다. 2014년 4월 강원도 홍천군
소재 영농조합에 김치 제조를 위탁해 대량 생산한 김치를 태광 계
열사를 상대로 판매하기 시작했다. 태광 계열사들은 휘슬링락CC
의 김치를 회사 비용(직원 복리후생비, 판촉비)으로 구매해 직원에게 '급
여' 명목으로 지급했다. 태광 계열사 직원들은 10kg 단위로 포장돼
집으로 배송된 김치를 보고 다소 황당했을 것이다. 태광은 2015
년 7월부터는 계열사 운영 온라인 쇼핑몰 내에 직원 전용 사이트
를 구축해 김치 구매만 가능한 포인트를 지급하는 방식을 동원했
다. 2016년 9월 공정위 현장조사를 계기로 김치 생산을 중단하기

까지 법 위반 기간(2014년 상반기부터 2016년 상반기까지) 동안 태광 계열사들은 휘슬링락CC로부터 95억 5,000만 원에 달하는 총 512.6톤의 김치를 구매했다.

태광이 사익편취에 활용한 사업은 김치에 한정되지 않았다. 2008년 태광 총수 일가가 100% 출자해 설립한 메르뱅은 와인 소매 유통 사업을 하는 회사다. 2014년 7월 태광그룹 경영기획실은 이른바 '그룹 시너지 제고'를 위해 계열사 간 내부 거래 확대를 도모하면서 그 일환으로 계열사에 선물을 제공할 일이 있을 때 메르뱅의 와인을 적극 활용하도록 했다. 2014년 8월에는 메르뱅의 와인을 임직원 명절 선물로 지급할 것을 각 계열사에 지시했다. 이에 따라 태광 계열사들은 복리후생비 등 회사 비용으로 메르뱅 와인을 구매해 임직원 등에게 지급했다. 당연하겠지만 태광의 계열사들은 다른 회사의 와인은 전혀 고려하지 않고 메르뱅의 와인을 선택했다. 2016년 9월 공정위 현장조사가 시작되기까지 법 위반 기간(2014년 7월부터 2016년 9월까지) 동안 태광 계열사들이 메르뱅으로부터 구매한 와인은 총 46억 원에 달했다.

태광 계열사들이 회사 비용을 이용해 총수 일가 회사의 김치·와인을 구매함으로써 2년 반 동안 총수 일가에게 돌아간 이익은 최소 33억 원에 달한다는 것이 공정위 설명이다. 이 거래에는 티시스, 메르뱅을 포함한 총 19개의 태광 계열사가 동원됐다. 이에 따라 공정위는 이들 계열사에 각각 과징금을 부과했다. 규모는 총 20억 원 수준이었다.

경쟁법 TIP
공정위 사건 처리는 어떻게 진행될까?

공정위의 조사는 크게 '직권조사'와 '신고사건 조사'로 구분된다. 말 그대로 직권조사는 공정위가 여러 경로를 통해 위법 혐의를 발견해 직권으로 조사에 나서는 것이다. 신고사건 조사는 공정위의 5개 지방사무소(서울·부산·광주·대전·대구)에 접수된 신고 건을 대상으로 한 조사다. 직권조사는 공정위 본부(정부세종청사 소재)가, 신고사건 조사는 각 지방사무소가 각각 수행하는 것이 보통이다. 일반적으로 '대형 사건'은 직권조사가 이뤄지는 경우가 많다. 신고사건이라도 사안이 중대해 보이거나 하나의 기업을 상대로 다수 신고가 접수돼 문제가 커 보이는 경우 등 특이사항이 있으면 본부로 사건을 이관해 처리한다.

사건 처리 절차를 조금 더 상세히 살펴보면 우선 공정위가 위법 혐의를 인지하면 사전심사를 통해 본격적으로 조사할지 여부를 가린다. 예컨대 공정거래법 적용 대상이 아니거나 위법성이 없다고 판단될 경우 심사 절차를 진행하지 않는 '심사불개시'를 결정한다. 이처럼 심사불개시를 결정했을 때에는 결정 후 15일 이내에 신고인, 피조사인 등에게 해당 사실을 통지해야 한다. 공정거래법 위반 혐의가 있다고 보고 심사 절차에 들어갈 경우에는 공정위 직원이 공정위원장에게 '사건심사 착수보고'를 하게 된다. 규정상 공정위는 사건심사 착수보고 후 15일 이내에 피조사인에게 착수 여부를 통지해야 하지만 증거 조작·인멸 등이 우려될 경우에는 하지 않아도 된다.

공정위가 본격적으로 조사에 나서면 각종 자료 검토와 더불어 필요 시 현장조사를 거치게 된다. 현장조사는 사건의 성격·중요도에 따라 다르게 진행되는데 보통은 다수의 조사관이 수일에 걸쳐 위법 혐의 기업을 직접 방문하는 방식이다. 이 과정에서 공정위의 현장조사 사실이 언론 등을 통해 대외적으로 공개되기도 한다.

공정위의 현장조사 과정에서 종종 트러블이 생기기도 한다. 공정위 조사는 자발적 동의를 전제로 하는 임의조사이기 때문에 검찰의 압수 수색과 같은 고강도 조사는 현실적으로 어렵다. 다만 조사를 방해하거나 정당하지 않은 사유로 자료 제출을 거부하는 경우에는 형벌(징역·벌금)이나 과태료를 부과할 수 있다.

조사를 완료했는데 법 위반으로 보기 어렵다고 판단되거나 위반 여부를 확인할 수 없는 경우에는 '심사절차종료', '무혐의' 등으로 판단하게 된다. 법 위반이긴 하지만 정도가 약하다고 보일 때는 경고로 마무리하기도 한다.

공정위 심사관이 재판에 넘겨야 할만한 법 위반이 있다고 판단하게 될 경우 심의를 거치게 된다. 1심 효력이 있는 공정위의 심의는 전원회의와 소회의로 구분된다. 어느 정도 규모가 되는 사건은 전원회의, 그렇지 않은 경우는 소회의를 거친다고 볼 수 있다. 심의는 전원회의든 소회의든 한 번 열리는 것이 보통이지만 중요 사건인 경우 전원회의는 2

번 이상 열리는 경우가 있다. 공정위가 처리해야 할 사건이 항상 쌓여 있기 때문에 '신속한 처리'를 위해 심의를 보통 한 번만 여는 것은 불가피한 측면이 있다. 그러나 위법 혐의가 있는 기업 입장에선 단 한 번의 재판을 통해 강력한 제재를 받는다는 사실에 불만이 생길 수 있다. 그렇기 때문에 사안에 따라 심의를 1회 이상 여는 경우가 생기고 이런 경향은 점차 강해지는 추세라고 볼 수 있다.

새로운 영역, 온라인 플랫폼

COMPETITION LAW

미국에 등장한 '아마존 킬러'…
한국엔 '플랫폼법'

　지난 2021년 미국 바이든 행정부는 32세의 컬럼비아대학교 로스쿨 교수 리나 칸(Lina M. Khan)을 FTC(연방거래위원회) 위원장으로 임명했다. FTC는 우리나라의 공정위와 같은 기관이다. 미국의 경쟁 당국은 FTC와 법무부(DOJ)가 함께 수행하고 있다.

　리나 칸은 1989년 파키스탄계 영국인으로 태어나 2000년 미국으로 이주했다. 월리엄스대학교 정치학과를 거쳐 예일대학교 로스쿨을 졸업하고 2020년 컬럼비아대학교 로스쿨 교수가 된 수재다. 세상이 리나 칸을 주목한 것은 비단 그의 경력이나 '최연소 FTC 위원장'이라는 타이틀 때문만은 아니었다. 리나 칸은 '아마존 킬러'라고 불릴 만큼 빅테크(대형 IT 기업)의 독과점 문제를 집중적으로 연구해 온 것으로 유명했다. 그는 예일대학교 로스쿨 3학년 시절 〈아마존의 반독점 역설(Amazon's Antitrust Paradox)〉이라는 제목의 논문에서 대형 플랫폼의 특성을 고려한 경쟁법 체계가 필요함을 강조했다. 현행 미국의 반독점법 체계는 아마존 등 플랫폼 기반 비즈니스 모델의 반경쟁적 효과를 설명할 수 없다는 것이 그의 주장이었다.

많이 알려졌듯 아마존은 인터넷 서점으로 시작해 미국 최대 온라인 쇼핑몰로 성장한 회사다. 한국에선 쿠팡의 비즈니스 모델이 아마존과 비슷하다. 아마존 창업자 제프 베이조스(Jeff Bezos)는 세계 최고 부자 중 1명으로 꼽힌다. 미국 경제 전문지 포브스의 발표에 따르면 제프 베이조스는 2023년 기준 총 1,723억 달러(약 223조 6,000억 원)의 재산을 갖고 있다.

바이든 행정부가 '아마존 킬러'라고 불리는 리나 칸을 FTC 의장으로 임명했다는 것은 아마존만이 아닌 대형 온라인 플랫폼 전체와의 전쟁을 선언한 것이나 다름없었다. 실제로 2021년 6월 11일 미국 민주당과 공화당 의원들은 아마존, 애플, 페이스북, 구글 등 빅테크 기업 규제를 위한 법안을 다수 발의했다. 결론부터 말하면 해당 법안들은 대부분 국회를 통과하지 못하고 폐기 수순을 밟았다. 기존의 경쟁법과 별도로 플랫폼 제재를 위한 법안이 필요한지에 대한 공감대가 충분히 이뤄지지 않은 것이 근본적인 이유다. 그러나 미국에서 플랫폼 규제 움직임은 여전히 '진행형'이다. 자유경쟁을 무엇보다 중시하는 미국에서조차 이런 상황이라는 점에서 플랫폼 규제는 세계적인 추세라고 볼 수 있다.

EU(유럽연합)는 대형 온라인 플랫폼을 게이트키퍼(gatekeeper)로 지정해 경쟁에 영향을 미칠 수 있는 각종 의무를 부담하는 디지털 시장법(DMA)을 2023년 5월 시행했다. 유예기간을 거쳐 2024년 3

월 시행된 DMA의 규제 대상(게이트키퍼)은 아마존, 애플, 메타, 마이크로소프트, 알파벳(구글의 모회사), 바이트댄스(틱톡의 모회사) 등 여섯 곳이다. 게이트키퍼로 지정된 온라인 플랫폼은 DMA에 따라 총 18개 이행이나 금지 의무를 이행해야 한다. 예컨대 △핵심 플랫폼 서비스에서 수집된 개인정보와 다른 수단을 통해 수집된 개인정보 결합 금지 △상업적 사용자가 게이트키퍼 플랫폼에서 판매하는 조건과 다른 조건으로 제3의 플랫폼 서비스에서 동일한 상품을 판매할 수 있도록 허용 △상업적 사용자가 핵심 플랫폼 서비스를 통해 획득한 최종 소비자에게 게이트키퍼 플랫폼 밖에서 상품을 홍보하고 계약을 체결할 수 있도록 허용 등 의무가 부여된다. EU의 DMA는 규제 대상을 '사전에 지정'해 두고 이들이 해서는 안 되는 별도의 위법 행위를 규정해 감시 · 제재한다는 점에서 상당히 강한 규제라고 볼 수 있다. 한국에만 있는 대기업집단 규제(앞서 언급했듯 한국은 한 기업의 자산총액이 5조 원을 넘었다는 이유만으로 이들을 '대기업집단'으로 지정하고 별도의 제재 규정을 적용한다)와 비슷한 면이 있다.

한국에서도 비슷한 움직임이 일었다. 문재인 정부의 두 번째 공정위원장인 조성욱 위원장은 2019년 취임 초기부터 온라인 플랫폼 관련 문제에 큰 관심을 보였고 공정위는 2021년 1월 '온라인 플랫폼 중개거래의 공정화에 관한 법률안(이하 온플법)'을 발의하기에 이른다.

온플법은 명칭에서 짐작할 수 있듯 규제 대상이 '온라인 플랫폼'에 한정된 법률이다. 연간 매출액이 100억 원 이상인 대형 온라인 플랫폼을 대상으로 금지 행위와 의무를 규정했다(온플법의 핵심 내용은 뒤에서 더 자세히 다룬다).

공정위는 해당 법안을 발의한 이유에 대해 "최근 온라인 플랫폼 거래 시장의 급격한 성장으로 온라인 플랫폼 제공사업자의 경제적 지위가 강화되면서 영세 소상공인이 대부분인 온라인 플랫폼 이용 사업자에 대한 불공정거래행위 등이 지속적으로 발생하고 있다."고 밝혔다. 이어 "현행의 공정거래제도로는 이러한 불공정거래행위 등에 대한 효과적인 대응이 어렵다."며 "온라인 플랫폼 중개거래 계약서 교부 의무, 온라인 플랫폼 중개사업자의 불공정거래행위 기준, 사업자 간 분쟁해결 제도, 위반 행위에 대한 공정위의 조사·처리 및 온라인 플랫폼 중개사업자의 손해배상책임 등에 관한 사항을 정해 공정한 온라인 플랫폼 중개거래 질서를 위한 제도적 기반을 마련하려는 것"[46]이라고 밝혔다.

정부의 온플법 발의 시기를 전후로 국회에선 유사한 법률이 다수 발의됐다. 2020년 7월부터 2023년 4월까지 국회에 발의된 온라인 플랫폼 관련 법안은 총 17건에 달한다. 최근 수년 사이 온라인 플랫폼에 대한 별도의 규제가 필요하다는 인식이 급속히 확산한 것이다.

다만 결과적으로 온플법은 국회를 통과하지 못했다. 온라인 플랫폼 규제 권한을 두고 공정위와 방송통신위원회 간 주도권 싸움이 계속되며 법안 처리 논의가 지지부진했다. 물론 이 과정에서 플랫폼 업계의 반발도 만만치 않았다. 2022년 5월 출범한 윤석열 정부

---

46) 〈온라인 플랫폼 중개거래의 공정화에 관한 법률안〉, 의안번호 7743.

는 온플법과 사실상 반대 입장으로 볼 수 있는 '자율규제'를 원칙으로 삼았다. 이 때문에 온플법은 자연스럽게 논의 대상에서 밀렸다.

그러나 윤석열 정부도 자율규제만으로는 부족하다는 것을 느꼈다. 문재인 정부 때와 방향은 다소 달랐다. 플랫폼의 입점 업체 대상(예를 들어 배달 앱이 입점 업체인 식당을 상대로) 갑질하는 것은 '자율 협약'을 통해 해결하는 것이 바람직하다고 판단했다. 정부는 되도록 개입하지 않을 테니 업계가 스스로 공정한 거래를 약속하고 알아서 잘 지키라는 것이다. 대신 플랫폼과 플랫폼 사이의 거래에 대해선 별도 규제가 필요하다고 판단했다. 대형 플랫폼이 시장지배적 지위를 악용해 다른 플랫폼의 성장을 방해하는 문제 등은 자율 협약 등으로는 해결하기 어렵다고 판단한 것이다.

공정위가 2023년 12월 입법을 추진하겠다고 발표한 '플랫폼 공정 경쟁 촉진법(가칭. 문재인 정부 때 입법을 추진한 '온플법'과 비교하기 위해 이하 '플랫폼법'이라고 명명한다)'은 우선 플랫폼 시장을 좌우할 정도로 힘이 큰 소수의 핵심 플랫폼을 '지배적 플랫폼 사업자'로 지정하도록 했다. 이들 기업에는 △자사 우대(예를 들어 알고리즘 조작으로 자사 상품을 경쟁 상품보다 유리하게 노출하는 것 등) △멀티호밍 제한(자사 플랫폼 이용자에게 타사 플랫폼 이용을 금지하는 것 등) 등 플랫폼 시장에서 자주 나타나는 반칙 행위를 금지하는 내용이 핵심이다. 앞서 언급한 EU의 DMA와 상당히 유사한 법안이다. 다만 공정위는 '지배적 플랫폼 사업자'를 지정하는 과정에서 플랫폼 사업자에 지정 전 의견 제출, 지정 후 이의제기, 행정소송 등 항변 기회를 다양하게 보장한다고 밝혔다. 플랫폼 사업자가 반칙 행위를 했더라도 여기에 '정당한 이유'가 있었다는 사실을 증명하면 금지 대상에서 제외하기로 했다. 플랫폼 법이 플랫폼 업체의 활동을 지나치게 제한할 수 있다는 지적을 고려해 이런 규정을 둔 것으로 보인다.

공정위는 플랫폼법 입법화를 추진하는 이유에 대해 "그간 공정거래법을 통해 독과점 플랫폼의 반칙 행위에 대응해 왔지만 플랫폼 시장의 독과점화 속도에 비해 공정위 조치는 너무 뒤늦게 이뤄져 공정한 시장경쟁 회복에 한계가 있었다."고 밝혔다. 또 "플랫폼법 제정 추진을 통해 플랫폼 시장에서의 반칙 행위에 보다 빠르게 대응할 수 있을 뿐 아니라 사전 예방 효과가 제고될 것으로 기대된다."며 "플랫폼 시장에서 독과점 플랫폼들의 반칙 행위를 차단해 소상공인과 소비자의 경제적 부담을 완화하는 한편 스타트업 등 플랫폼 사업자들의 시장 진입 및 활동이 보다 활성화돼 플랫폼 산업의 혁신과 경쟁력이 강화될 수 있을 것으로 기대된다."[47]고 밝혔다.

공정위가 가장 강조하는 플랫폼법 제정의 장점은 '빠른 사건 처리'다. 변화가 빠른 플랫폼 시장에서 공정위 제재가 너무 늦다는 지적이 종종 나온다. 어떤 대형 플랫폼이 불공정행위를 통해 빠르게 시장점유율을 늘려가고 있다고 해보자. 공정위가 이런 사실을 깨닫고 조사에 착수해 실제 제재까진 최소 1~2년이 걸린다. 공정위의 제재 시점은 이 대형 플랫폼이 이미 시장을 장악한 이후일 가능성이 크다. 공정위가 이 플랫폼 기업에 과징금을 부과하고 시정

47) 공정거래위원회 보도자료, 〈민생 살리는 플랫폼 독과점 정책 추진〉, 2023.12.19.

명령을 내려도 이미 이 시장에는 경쟁자가 발을 붙이지 못할 수준의 독과점 구도가 형성돼 있을 수 있다는 것이다. 플랫폼법이 시행되면 법 적용 대상 대형 플랫폼이 스스로 위법 행위를 자제할 가능성이 크다. 또한 만약 위법 행위가 발생하더라도(플랫폼법 적용 대상과 금지 행위가 명확하게 정해져 있기 때문에) 공정위가 신속하게 제재에 나설 수 있다.

그러나 플랫폼법 역시 온플법과 마찬가지로 입법화에 어려움을 겪고 있다. 플랫폼 업계는 "플랫폼법은 시작일 뿐"이라며 공정위가 플랫폼법 입법화를 계기로 점차 규제 대상과 강도를 높여갈 것이라고 우려한다. 일례로 공정위는 현재 플랫폼법 적용 대상을 국내외 4~5개 기업으로 보고 있지만 나중에는 '어떤 이유'를 들어가며 적용 대상 기업을 10~20개로 늘릴 가능성도 있다는 것이다.

플랫폼이
뭐길래

잠시 근본적인 의문을 해결하고 넘어가자. 플랫폼은 다른 기업과 무엇이 다르길래 미국·EU·한국 등 선진 경쟁당국이 일제히 '별도의 규제'가 필요하다고 외치는 것일까. 왜 기존의 경쟁법으로는 규제가 어려운 것일까.

우선 플랫폼이 무엇인지부터 알아볼 필요가 있다. 플랫폼에 대해 단일하게 내려진 정의는 없다. 다양한 분야에서 다양한 의미로 쓰이고 있다. 다만 우리가 흔히 플랫폼이라고 부르는 기업의 특징을 살펴보면 어느 정도 정의를 추정해 볼 수 있다.

플랫폼은 흔히 기차를 타고 내리는 승강장(昇降場)으로 해석된다. 승강장이 어떤 역할을 하는 존재인지 살펴보면, 업계에서 사용하는 플랫폼의 의미를 파악할 수 있다. 승강장은 기차, 지하철, 혹은 버스 등 교통수단과 승객이 만나는 공간이다. 승객은 돈을 지불하고 운송수단은 승객을 원하는 장소에 데려다준다. 승강장에는 신문이나 잡지, 먹을거리 등을 판매하는 매점이나 자판기가 설치되어 있다. 즉 '사람이 모임으로써 사업이 되는' 특성은 승강장으로서 플랫폼과 업계가 말하는 플랫폼이 공통적이다. 생각해 보라. 우리는 정보 검색을 위해 잠시 구글·네이버에 접속하지만 사업가들은 그곳에서 다양한 제품을 팔고 광고판을 벌인다.

공정위는 〈온라인 플랫폼 사업자의 시장지배적 지위 남용행위에 대한 심사지침(예규)〉에서 플랫폼을 "서로 다른 집단의 이용자들 간의 거래·정보 교환 등 상호작용을 위해 정보통신설비를 이용해 설정된 전자적 시스템"으로 정의했다. 온라인 플랫폼 서비스로는 △온라인 플랫폼 중개서비스(온라인 플랫폼을 통해 서로 다른 집단의 이용자들 간 거래 개시를 중개하는 서비스를 말한다) △온라인 검색 엔진 △온라인 사회 관계망 서비스(SNS, Social Network Service) △동영상 등 디지털 콘텐츠 서비스 △운용체계(OS, Operating System) △온라인 광고 서비스 △그 밖에 서로 다른 집단의 이용자들 간 거래, 정보 교환 등 상호작용을 촉진하는 앞서 열거한 서비스로 규정했다.

플랫폼 시장은 급속도로 성장하고 있다. 일상과 주요 업무가 스마트폰 없이 사실상 불가능할 정도임을 우리는 잘 알고 있다. 과학기술정보통신부에 따르면 2022년 기준 국내 '디지털 플랫폼 사업자'는 전년 대비 651개 증가한 1,729개에 달했다. 디지털 플랫폼 사업자 수는 전체 부가통신 기업(인터넷을 활용해 포털·쇼핑·게임·SNS·금융 등 서비스를 제공하는 사업자를 총칭하는 말)의 39.1%를 차지했다. 플랫폼 사업자의 2022년 플랫폼 서비스 매출은 약 88조

6,000억 원으로 전년(69조 2,000억 원) 대비 19조 4,000억 원(28.1%)가량 증가했다.

가장 흔하게 접하는 플랫폼 카카오와 네이버만 살펴봐도 그렇다. 2010년 출시된 '카카오톡'의 확산을 계기로 급속하게 성장한 카카오는 2016년 처음 대기업(공시대상기업집단)의 반열에 올랐다. 이후 3년 만인 2019년 자산총액이 10조 원을 넘어서며 상호출자제한기업집단으로 지정됐다. 2023년 현재 재계 15위 기업이다.

1999년 설립돼 동명의 국내 최대 포털사이트를 탄생시킨 네이버는 카카오보다 1년 늦은 2017년 처음 공시대상기업집단에 이름을 올렸다. 2021년에는 상호출자제한기업집단으로 지정됐고 2023년 현재 재계 23위 기업이다. 이밖에 넷마블(2023년 기준 41위)·넥슨(43위)·크래프톤(68위)과 같은 게임 기업을 비롯해 쿠팡(45위), 두나무(61위) 등 플랫폼이 대기업으로 지정돼 있다.

온라인 쇼핑몰 거래 규모의 변화도 온라인 플랫폼의 급속한 성장을 짐작하기에 유용한 통계다. 통계청에 따르면 온라인 쇼핑 거래액 규모는 2017년 약 94조 원에서 2022년 210조 원으로 불과 5년 사이 2배 이상 커졌다.

이처럼 온라인 플랫폼이 경제에서 차지하는 비중이 커지면서 동시에 불공정행위도 많이 발생하게 됐다. 처음에 '무료', '편리함'이라는 장점에 이끌려 온라인 플랫폼에 첫발을 들였던 소비자들은 어느 순간 개인정보를 거리낌 없이 내주면서 결제까지 하는 자신을 발견하게 된다. 이렇게 소비자가 약자가 되는 순간 온라인 플랫폼은 우월적 지위를 이용해 소비자로부터 더 많은 정보와 결제를 유도한다. 또한 자신의 시장점유율을 빼앗기지 않도록, 즉 소비자가 다른 플랫폼으로 갈아타지 못하도록 경쟁자가 잡고 올라서려는 사다리를 걷어차 버린다.

다소 냉정하게 표현했지만 이미 벌어지고 있는 현실이다. 이런 일이 가능한 것은 온라인 플랫폼의 몇 가지 특성 때문이다. 우선 온라인 플랫폼 소비자는 특정 서비스에서 이탈해 다른 서비스로 옮겨 타지 않으려는 습성이 있다. 기존 플랫폼 서비스가 익숙한 데다 다른 서비스로 갈아타려면 전환비용이 많이 들기 때문이다. 이를 어려운 말로 '고착 효과(lock-in effect)'라고 한다. 온라인 플랫폼은 고착 효과로 인해 발생하는 '네트워크 효과(network effect)'를 누리게 된다. 네트워크 효과는 특정 플랫폼을 이용하는 소비자가 많아질수록 해당 플랫폼에 입점하려는 업체가 많아지고 이는 다시 소비자 확대로 늘어나는 현상을 의미한다.

간단한 예로 특정 온라인 쇼핑몰 이용자가 늘어나면 여기에 입점해 물건을 팔려는 입점 업체가 많아지고, 이에 따라 해당 플랫폼에서 더 많은 상품 판매가 이뤄져 소비자가 더 늘어나는 현상을 의미한다. 온라인 플랫폼은 이와 같은 고착 효과와 네트워크 효과를 이용해 급속해 성장했다. 그러나 안타깝게도 일부 기업이 이런 현상을 악용하면서 '플랫폼 갑질'이 늘어나고 있다.

일부 온라인 플랫폼 관계자들은 "정경유착과 부정부패를 이용해 성장해 온 과거의 대기업·재벌과 우리를 똑같이 취급하지 말라."고 주장한다. 그러나 이에 대해 적지 않은 공정위 관계자들과 경쟁법 전문가들은 이렇게 반박한다. "표면적으로는 달라 보일지

몰라도 온라인 플랫폼의 불공정행위는 재벌의 그것과 결국 차이가 없다."고 말이다.

실제로 공정위는 공정거래법을 적용해 적지 않은 온라인 플랫폼을 적발·제재해 왔다. 지금도 그런 작업은 진행되고 있다. 그러나 기존의 공정거래법으로는 온라인 플랫폼을 효과적으로 제재하기 힘들다는 것이 공정위의 판단이다. 앞에서 살펴봤듯 세계 주요 글로벌 경쟁당국도 상황은 비슷하다(그렇기 때문에 앞다퉈 새로운 법률의 도입을 검토하는 것이다).

현행 법률로 온라인 플랫폼 규제가 어려운 사례를 구체적으로 살펴보자. 온라인 플랫폼은 자사가 직접 물건을 팔기도 하지만 입점 업체와 소비자를 연결하는 '중개거래'만 하는 경우도 많다. 플랫폼이 판매자와 소비자의 중간에 끼어 있는 형태이기 때문에 기존의 법률, 즉 사업자(전자상거래업체)-소비자 간 문제를 다루는 전자상거래법이나, 사업자(유통업체)-사업자(입점 업체) 간 문제를 다루는 대규모유통업법을 적용해 플랫폼을 제재하기 애매한 상황이 생긴다.

문재인 정부 때 공정위는 플랫폼과 입점 업체 간 거래에서 발생하는 플랫폼의 갑질에 주목했다. 플랫폼과 입점 업체 간 계약 때 가장 기본이 되는 "계약서를 반드시 줘야 한다."라거나 "계약서에는 어떤 내용이 반드시 포함돼야 한다."는 규정조차 없는 것에 주목한 것이다. 상식적으로 잘 이해가 되지 않을 수 있다. 예를 들어 당신이 치킨집 사장님이라면 배달 앱과 계약 때 당연히 주요 내용이 담긴 '계약서'를 요구해야 하지 않겠는가. 그리고 그 계약서에는 자신의 치킨집이 어떤 규정에 따라 어떻게 배달 앱에 노출이 되는지, 수수료는 얼마인지 등 주요 내용이 적혀 있어야 하지 않겠는가. 그런데 실제로는(꼭 배달 앱만의 문제는 아니지만) 이런 계약서조차 제대로 주고받지 않는 사례가 많고, 이를 규제할 법률조차 마땅치 않았다. 그래서 공정위는 앞서 언급한 온플법(법안 정식 명칭은 '온라인 플랫폼 중개거래의 공정화에 관한 법률안')을 제정해 이런 규제 공백을 해소하려 했다. 온플법의 내용은 비교적 간단하다. 플랫폼이 입점 업체와 계약을 할 때 입점 업체에 계약의 기간, 변경·해지 등의 내용이 담긴 계약서를 서면(종이)으로 교부하도록 한 것이 핵심이다. 여기에 플랫폼이 자신의 거래상 지위를 부당하게 이용해 입점 업체에 상품·용역 구입을 강제하거나 경제상 이익을 제공하도록 강요하는 등 별도의 '불공정거래행위' 유형을 구체적으로 정한 정도가 전부다.

어찌 보면 플랫폼에 '당연한 의무'를 규정한 온플법을 제정하는 과정에서도 공정위 고민은 적지 않았다. 자칫 온플법 제정이 과도한 규제로 작용해 이른바 '혁신'을 저해할 수 있다는 우려 때문이다. 그래서 공정위는 온플법 제정 필요성을 역설하면서도 이미 현행 공정거래법으로도 대부분의 플랫폼 갑질을 규제할 수 있다는 사실을 강조했다. 온플법 제정으로 새롭게 추가되는 규제는 플랫폼과 입점 업체 간 계약서 교부 의무 등 일부밖에 없다는 것이 공정위 주장이다.

다만 이를 두고서는 플랫폼 업계에선 적지 않은 반발이 나왔다. 다양한 주장이 있지만, 상당수는 이른바 '미끄러운 경사길 논증(slippery slope argument)'을 근거로 한다. 이는 미끄러운 경사길에서 넘어지면 걷잡을 수 없이 속도가 증가해 멈추거나 방향을 바꾸기 어렵듯 사소한 허용이 의도치 않은 부정적 결과에 이른다고 주장하는 논리다.

즉 온플법 자체로는 큰 부담이 되지 않더라도 이를 계기로 온라인 플랫폼이 주요 감시 대상이 되고 규제가 점차 늘어날 수 있다는 것이다. 결국 온플법은 이런 반대 목소리에 거세게 부딪혔다. 그러나 온플법이 입법화에 실패한 가장 큰 이유는 앞서 언급했듯 '부처 간 힘겨루기' 때문이었다. 공정위와 방송통신위원회는 "어느 부처가 주도적으로 플랫폼을 규제하느냐."를 두고 갈등을 빚었다. 정부 내에서도 이른바 '가르마'를 타지 못한 법률이 국회를 통과할 리 없었다. 온플법은 그대로 잊힌 법안이 됐고 이후 윤석열 정부가 들어서면서 사실상 폐기 수순을 밟았다.

부동산 플랫폼에도
문제가

　이제 실제로 플랫폼이 어떤 불공정행위를 해 공정위로부터 제재를 받았는지 살펴본다. 우선 네이버 사례다. 네이버는 동명의 검색 포털을 기반으로 각종 서비스를 제공하는 국내 대표 빅테크다. 공정위는 네이버 서비스 가운데 쇼핑, 부동산 중개거래 등에서 공정거래법 위반이 있었다고 판단하고 지난 2020년 잇달아 제재 결정을 내렸다.

　미리 밝혀두자면 지금 소개하는 '네이버 사건'과 뒤이어 다룰 '카카오 사건'은 모두 공정거래법을 적용해 제재한 사안이다. 이를 고려하면 "현행 공정거래법으로도 웬만한 온라인 플랫폼의 불공정행위는 규제가 가능하다."고 생각할 수 있다. 틀린 얘기는 아니지만 시각을 바꿔보면 "공정거래법으로 규제가 어려운 온라인 플랫폼 불공정행위는 건드리지도 못했다."는 추정 역시 가능하다. 아무튼 네이버와 카카오 사건은 온라인 플랫폼의 불공정행위 행태가 전통 산업 분야와 상당 부분 다르면서도 비슷하다는 것을 보여주는 사례로 볼 수 있다.

우선 네이버 부동산 관련 사건부터 살펴보자. 네이버는 2003년부터 부동산 매물 정보를 제공하는 서비스를 시작했다. 다만 네이버가 직접 부동산 매물 정보를 갖고 있는 것이 아니기 때문에 CP(Contents Provider)라고 불리는 업체들로부터 정보를 받아 네이버 부동산 서비스 이용자에게 제공하는 역할을 했다. 온라인에서 매물 정보는 보통 매도 · 임대인→공인중개사→CP→이용자 순으로 제공되는데 네이버는 CP와 이용자 사이에서 역할을 했다. 즉 매도 · 임대인→공인중개사→CP→네이버→이용자로 이어지는 형태로 거래가 이뤄졌다. 네이버의 불공정행위는 부동산 매물 정보가 당시의 경쟁사인 카카오로 넘어가지 않도록 CP에 영향력을 행사한 것이었다.

〈네이버의 매물 정보 공급 구조〉
(자료: 공정거래위원회)

카카오는 2015년 CP인 부동산114, 부동산뱅크 등과 매물 정보를 받기 위한 제휴를 추진했다. 이들 CP는 앞서 네이버와 제휴를 맺은 상황이었다. 카카오가 신경 쓰였던 네이버는 CP들에게 향후 자신과 재계약을 할 때 '확인매물정보'를 카카오 등 제삼자에게 제공할 수 없도록 하는 내용의 조항을 계약서에 삽입한다. 확인매물정보는 한국인터넷자율정책기구(KISO, 네이버 등 인터넷 사업자가 만든 기구) 내 부동산매물검증센터 검증을 통해 허위가 아님이 확인된 매물을 의미한다. 2016년 5월에는 CP가 해당 조항을 위반할 경우 계약을 즉시 해지할 수 있다는 내용까지 계약서에 추가한다.

CP 입장에선 네이버든 카카오든, 보다 많은 플랫폼을 통해 매물 정보가 제공되는 것이 유리하다. 그럼에도 제삼자에게 매물 정보를 제공할 수 없도록 한 네이버의 요구를 거절하지 못한 것은 네이버가 시장지배적 지위에 있었기 때문이다. 공정위는 네이버가 당시 기준으로 매물 건수, 조회 수 등 어느 기준에 의해서도 업계 1위라 시장지배적 사업자라고 설명한다(실제로 앞에서 언급한 '시장지배적 지위 남용 금지' 조항 등을 적용해 이번 사건을 처리했다). CP 입장에선 네이버의 요구를 거절할 경우 네이버 부동산을 통해 매물 정보를 제공할 수 없게 되기 때문에 요구를 받아들일 수밖에 없었을 것으로 보인다.

그래도 카카오는 포기하지 않았다. 카카오는 2017년 초 다시 부동산114와 제휴를 시도했다. 부동산114가 다른 CP와 비교해 네이버와 제휴 비중이 크지 않았기 때문이다. 그러자 네이버는 확인 매물 정보뿐 아니라 부동산 매물 검증센터에 검증을 의뢰한 모든 매물에 대해 3개월 동안 제삼자 제공을 금지하겠다고 통보한다. 부동산114는 매물 정보의 제삼자 금지 조항이 불공정하다며 삭제를 요청했지만 네이버는 부동산114를 압박해 카카오와 제휴를 포기시키고 해당 조항이 포함된 계약을 맺는다. 이로써 카카오는 부동산 정보 플랫폼 시장에서 사실상 퇴출됐다. 네이버의 불공정행위가 없었다면 우리는 살 집을 구할 때 '네이버 부동산'뿐 아니라 '카카오 부동산'도 이용하고 있었을지 모른다. 공정위는 2020년 9월 네이버에 과징금 10억 3,200만 원을 부과했다고 발표했다. 다만 네이버는 이후 행정소송을 제기했다.

온라인 쇼핑 검색 결과,
과연 믿을 수 있을까

공정위의 네이버 제재는 여기서 끝이 아니었다. 공정위는 부동산 사건과 사실상 동시에 조사를 진행하고 있던 쇼핑·동영상 관련 사건의 결과를 2020년 10월 발표한다. 해당 사건은 온라인 플랫폼에서 특징적으로 발견되는 위법 행위가 있었다는 점에서 주목할 필요가 있다.

이번 사건을 이해하려면 우선 네이버의 쇼핑 서비스 형태를 알아야 한다. 네이버는 각종 쇼핑몰에서 판매되는 상품 정보를 전문적으로 검색·비교할 수 있는 서비스(네이버 쇼핑)를 제공하고 있다. '다나와' '에누리' 등 비교 쇼핑 서비스 사업자가 경쟁자다.

네이버는 이런 서비스를 제공하는 동시에 판매자와 소비자를 연결하는 오픈마켓(2012년 '샵N'→2014년 '스토어팜'→2018년 '스마트스토어'로 명칭을 변경하며 서비스 형태가 달라졌다. 이 책에서는 '샵N'으로 통일해 표현)을 운영했다. 즉 네이버에 있어 11번가·G마켓·옥션 등 우리가 흔히 인터넷 쇼핑몰이라고 부르는 업체들은 협력자(네이버 쇼핑)이자 경쟁자(샵N)였던 것이다.

공정위에 따르면 네이버는 샵N 출시(2012년 4월) 전후로 경쟁 오픈마켓 상품에 대해 1 미만의 가중치를 부여해 네이버 쇼핑 검색 결과에서 노출 순위를 인위적으로 떨어트렸다. '검색어 연관성' 등을 기준으로 점수를 산정해 노출 순위를 정하는데 경쟁 오픈마켓에 적은 가중치를 줘 순위를 낮게 조정, 결과적으로 네이버 샵N의 상품이 상단에 노출되도록 한 것이다.

2012년 7월에는 샵N 상품에 대해 검색 페이지당 일정 비율 이상 노출을 보장하는 방식을 도입했다. 같은 해 7월 노출 보장 비율을 15%(페이지당 40개 중 6개)로 설정한 후 12월 20%(페이지당 40개 중 8개)로 확대했다. 2013년 1월에는 샵N 상품에 적용되는 판매지수에 대해서만 추가로 가중치(1.5배)를 부여해 상품 노출 비중을 높였다.

이런 행위로 네이버 쇼핑 내 샵N의 노출 점유율은 2015년 3년 12.68%에서 2018년 3월 26.2%로 확대됐다. 네이버 쇼핑에서 샵N의 제품이 상단에 노출된 영향 등으로 샵N의 시장점유율은 2015년 4.97%에서 2018년(1~6월 합산 기준) 21.08%로 확대됐다.

동영상 부문에서도 비슷한 행위가 있었던 것으로 드러났다. 포털사이트 네이버에서 동영상을 검색하면 네이버가 제공하는 '네이버 TV'뿐 아니라 다른 동영상 제공 업체의 동영상도 함께 찾을 수 있다. 검색 결과는 알고리즘에 따라 계산된 '관련도 값'이 높은 동영상부터 위에서 아래로 정렬되는 식이다.

네이버는 2017년 알고리즘을 개편하면서 검색 상위 노출을 위한 핵심 요소로 '키워드'를 포함시켰다. 즉 동영상에 특정 키워드가 입력돼 있어야 검색 시 상단에 노출되도록 한 것이다. 그러나 네이버는 경쟁 동영상 업체에 '키워드'의 중요성은 물론이고 알고리즘 개편 사실 자체도 알리지 않았다. 알고리즘 개편 후 2년이 지난 시점(2019년 6월 기준)에 측정했을 때 경쟁 동영상 업체의 키워드 인입률(네이버 검색 데이터베이스에 존재하는 전체 동영상 중 키워드가 입력된 동영상의 비율)은 대부분 1% 미만이었지만 네이버 TV는 65%에 달했다.

공정위는 네이버 '쇼핑'에 265억 원, '동영상'에 3억 원의 과징금을 각각 부과했다고 발표했다. 이후 네이버는 공정위 처분에 불복해 행정소송을 제기했다. 2022년 서울고등법원은 쇼핑 사건에서 공정위 손을 들어줬고 네이버는 상고했다. 서울고등법원은 2023년 동영상 사건에 대해선 과징금 일부 취소를 판결했다.

네이버의 쇼핑·동영상 사건에서 우리는 '선수심판론'을 떠올리게 된다. 선수이자 심판인 네이버가 자신에게 유리한 규정을 정하고 판정을 내렸다는 것이다. 그러나 여기에서 한 가지 생각해 볼 점이 있다. 네이버를 과연 '심판'이라고 부르는 것이 맞느냐는 의문이다.

모든 사업자는 자신의 이익을 위해 움직인다. 네이버가 국내 1위의 검색 서비스를 만든 것은 세상에 봉사하겠다는 선한 동기에 의한 것이 아니다. 막대한 시간과 자금을 들여 만든 검색 서비스를 기반으로 어떤 이익을 창출할 수 있는지 방안을 모색하는 것은 자연스러운 일이다.

9장 새로운 영역, 온라인 플랫폼

소비자에게 알고리즘 조정 등을 알리지 않은 것은 여러 면에서 문제가 있다고 볼 수 있겠지만, 과연 정부가 네이버에 자사 서비스와 타사 서비스를 '동일하게 취급하라'고 강요할 권한이 있는지에 대해서는 고민해 볼 필요가 있다. 경쟁법 전문가들 사이에선 온라인 플랫폼의 자사 우대를 무조건 위법하게 봐서는 안 되며 경쟁 제한성, 소비자 후생 영향 등을 면밀히 따져야 한다는 목소리가 나온다.

어쩐지
이 택시만 오더라

이번에는 카카오의 위법 혐의가 불거진 사건을 살펴본다. 2022 ~2023년 세간의 관심을 집중시켰던 이른바 '택시 콜 몰아주기' 사건이다.

이 사건을 이해하려면 카카오의 '택시 호출' 사업구조를 알아야 한다. 직접 이용해 본 사람은 알겠지만 애플리케이션 '카카오T'는 이용자가 현 위치와 목적지를 입력하고 택시를 호출하면 이용자 근처에 있는 택시가 배차되는 서비스다. 그런데 우리가 카카오T에 접속해 택시를 부르는 방법에는 '일반호출'과 조금 더 가격이 비싸 지만 즉시 배차가 이뤄지는 '블루호출'이 있다. 이용자가 '블루호출' 을 하면 카카오 소속 회사가 운영하는 이른바 가맹택시만 이 호출 을 받는다. 카카오 가맹택시란 구체적으로 KM솔루션과 DGT모 빌리티가 운영하는 택시를 의미한다. 카카오의 자회사 카카오모빌리티는 2015년 3월부터 '카카오T'를 통해 중형택시를 호출하는 서비스를 제공하고 있다. 이런 서비스를 제공하는 동시에 KM솔루션·DGT모빌리티라는 회사를 통해 가맹택시(브랜드명은 '카카오T블루')를 모집·운영하고 있다. 당시 기준으로 KM솔루션은 카카오모빌리티의 100% 자회사로 대구·경북 외 지역을 담당하고, 카카오모빌리티가 지분을 투자한 DGT모빌리티는 대구·경북 지역을 담당했다.

이용자가 카카오T로 '일반호출'을 하면 가맹택시뿐 아니라 비가맹택시도 이 호출을 받는다. 그런데 일각에서 이용자가 '일반호출'을 했을 때 근처에 비가맹택시가 많이 있는데도 멀리 있는 가맹택시가 호출된다는 의혹이 제기됐다. 카카오가 자신이 운영하는 회사 소속 택시에만 콜을 몰아주고 있다는 의심이다.

공정위 조사 결과 카카오모빌리티는 가맹택시 서비스를 시작한 2019년 3월 20일부터 2020년 4월 중순까지 픽업 시간(ETA, Estimated Time of Arrival)이 가까운 기사에게 배차하는 로직(시스템)을 운영하면서 가맹택시 기사가 일정 픽업 시간 내에 존재하면 이보다 승객과 가까이 있는 비가맹 기사보다 우선 배차했다. 업계가 제기한 '의혹'이 실제로 맞았다는 의미다.

카카오모빌리티는 가맹 기사 우선 배차 로직을 변경해 2020년 4월 중순경부터는 '수락률'이 40% 또는 50% 이상인 기사만을 대상으로 인공지능(AI)이 추천한 기사를 우선 배차했다. 수락률은 택시 기사가 받은 콜 카드(승객이 호출해 기사가 받은 콜 수로 이해하면 된다) 대비 수락한 콜 카드 비율을 의미한다.

AI 추천 기능을 도입한 것은 가맹택시 기사가 비가맹택시 기사보다 더 많은 배차를 받을 수 있도록 하기 위해서였다. 수락률 기준이 비가맹택시 기사에게 구조적으로 불리하게 설계됐기 때문이다. 이런 설계 때문에 평균 수락률이 가맹택시 기사는 약 70~80%, 비가맹택시 기사는 약 10%가 됐다. 비가맹 기사는 원천적으로 콜을 받을 수 있는 기준 수락률(40% 또는 50% 이상)을 넘기 힘들었던 것이다.

또한 카카오모빌리티는 자신의 가맹택시 기사 운임 수익 극대화를 위해 단거리 배차를 기존보다 덜 수행하도록 가맹택시 기사에게 운행 거리 1km 미만 호출의 배차를 제외하거나 축소했다. 구조적으로 가맹택시 기사는 짧은 거리 운행은 안 하도록 했다는 의미다.

카카오모빌리티가 가맹택시 기사에게 유리한 배차로 콜을 몰아줘 가맹택시 기사는 비가맹택시 기사보다 월평균 약 35~321건 호출을 더 수행한 것으로 나타났다(2019년 5월부터 2021년 7월까지 서울·대구·대전·성남 등 주요 지역 기준). 같은 기간 가맹택시 기사의 월평균 운임 수입은 비가맹택시 기사보다 1.04~2.21배 높았다. 이와 같은 가맹택시 기사 '우대 배차'는 가맹택시 기사 호출 수와 운임 수입을 높여 카카오T블루 가맹택시 수를 단시간에 급속도로 증가시켰다. 반대로 주요 경쟁자의 가맹택시 수는 감소하는 추세를 보였다.

주목할 점은 카카오모빌리티의 이런 행위가 단순히 가맹택시 수를 늘리는 데 그치지 않았다는 점이다. 택시 기사 입장에서 생각해 보자. 카카오모빌리티가 이처럼 가맹과 비가맹을 차별하니 가

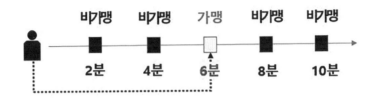

〈카카오의 가맹기사 우선 배차 행위 개요〉
(자료: 공정거래위원회)

맹으로 '갈아타는' 비가맹택시가 점차 늘었다. 이번엔 승객 입장에서 생각해 보자. 카카오 가맹택시가 계속 늘어나니 승객은 어쩔 수 없이 가맹택시를 더 많이 이용하게 됐다(카카오T '일반호출'을 했는데 택시가 안 오거나 워낙 멀리서 와서 결국 비용을 조금 더 지불하고 '블루호출'을 선택했던 경험이 한 번쯤 있었을 것이다!). 카카오모빌리티 가맹택시 수가 늘면서 이른바 '네트워크 효과(사용자가 늘면서 상품·서비스의 가치가 커지는 것)'가 발생한 것이다. 이에 따라 택시 기사와 승객 모두 카카오T 앱에 고착화(lock-in)되는 현상이 나타났다는 것이 공정위 판단이다. 고착화는 명칭 그대로 소비자가 특정 제품·서비스 이용에 '갇혀버리는' 현상을 의미한다. 애플이 자사의 운용체계 iOS를 기반으로 소비자를 아이폰·애플워치·아이패드 등 애플의 제품 세상에 '묶어두는' 것이 대표적인 고착화 현상으로 볼 수 있다.

공정위는 카카오모빌리티에 과징금 257억 원을 부과하고 시정명령을 내렸다. 시정명령에는 △현재 시행 중인 카카오T 앱 일반

호출에서의 차별적인 배차 중지 △시정명령에 대한 이행 상황 보고 △기사, 소비자, 경쟁 택시 가맹 서비스 사업자 대한 시정명령을 받은 사실의 통지 등이 포함됐다.

다만 이런 처분에 대해 카카오모빌리티는 "공정위 심의 과정에서 AI 배차 로직이 승객의 귀가를 도와 소비자 편익을 증진한 효과가 확인됐음에도 결과에 반영되지 않았다."고 밝혔다. 또 "택시 기사 간 기계적 평등 배차 여부만 중요시했고 성실히 콜을 수행한 기사의 노력도 외면한 결정이며 승차 거부 완화 등 효과가 데이터로 증명했는데 반영되지 않아 유감"이라고 했다. 예상할 수 있듯 카카오모빌리티는 공정위 처분에 불복해 행정소송을 제기했다.

마이너 루저 리그로
만들어야?

　이번에는 해외 플랫폼 업체가 국내 게임 업체를 상대로 한 불공정행위를 알아본다. 가해자는 구글이고 피해자는 국내 주요 게임사, 그리고 SK텔레콤 · KT · LG유플러스 등 이동통신 3사와 네이버다.

　스마트폰 사용자라면, 특히 모바일 게임을 좋아하는 사람이라면 구글의 '구글플레이'를 수없이 접속해 봤을 것이다. 구글플레이는 애플 '앱스토어'와 마찬가지로 게임 등 다양한 애플리케이션을 다운로드할 수 있는 앱 마켓이다. 아직 언급하지 않은 또 다른 앱 마켓이 있다. '원스토어'다. 원스토어는 국내 이통3사와 네이버가 합작해 만든 토종 앱 마켓이다. 원래 각 사가 개별 앱 마켓을 출시했었지만 영향력을 키우기 위해 2016년 앱 마켓을 통합해 원스토어를 출시했다. 원스토어 출시에 참여한 사업자 면면만 보면 무척

화려한데 이상하리만큼 앱 마켓 시장에서 영향력이 미미하다. 여기에 어떤 '이유'가 있었다는 것이 공정위 판단이었다.

사건을 자세히 알아보자. 구글은 2016년 원스토어가 등장하면서 자사의 한국 사업 매출에 중대한 타격이 있을 것으로 판단했다. 구글은 매출 감소를 막기 위해 자신의 시장지배력을 이용해 국내 게임사들이 원스토어에 게임을 제대로 출시할 수 없도록 전략을 수립했다. 시장은 좋은 상품이 팔려야 시장으로서 명맥을 유지할 수 있다. 구글은 자신의 시장(구글플레이)을 지키기 위해 경쟁시장(원스토어)의 발전을 제어할 목적으로 상품(게임)의 원활한 공급을 막았다. 앱의 종류는 다양한데 왜 하필이면 '게임'이었을까. 앱 마켓에서 가장 많은 매출을 내는 앱이 바로 게임이었기 때문이다.

우선 구글은 2016년 대형 게임 출시를 앞두고 있던 국내 A 게임사에 "이 게임을 원스토어에는 출시하지 말고 구글플레이에만 독점 출시하면 다양한 지원을 제공하겠다."고 설득했다. 원래 A사는 구글플레이와 원스토어에 동시에 게임을 출시할 계획이었다. 구글이 A사에 제시한 '당근' 중 가장 큰 것으로 평가받는 것은 '피처링'이라고 불리는 것이었다. 피처링은 앱을 구글플레이 화면에 '금주의 추천 게임' 등으로 소비자가 잘 볼 수 있도록 게재하는 것을 말한다. 쉴 새 없이 쏟아지는 게임의 특성상 구글플레이 화면에 얼마나 잘 게재되느냐는 매출과 직결되는 사안이다. 특히 모바일 게임은 수명이 짧고 매출도 출시 직후 단기간에 집중되기 때문에 출시 초기 성공적인 배포가 중요하다. 모바일 게임은 평균적으로 출시 한 달 사이 1년간 다운로드 수의 59.1%, 1년 매출액의

27.9%가 발생할 정도로 '초기 시장'이 중요하다.

아무튼 구글은 A사의 대형 게임을 독점 출시한 성공 경험을 바탕으로 한국 모바일 게임 시장 전체를 대상으로 한 '독점 출시 조건부 지원 전략'을 수립했다. 구글은 매출 비중, 원스토어 동시 출시 가능성 등에 따라 게임사를 등급별로 나눴다. 그리고 등급별로 독점 게임 출시 확보를 위한 대응 전략을 세웠다. 예를 들어 상위 4개 게임사에 대해선 "원스토어 출시 위험을 전면적으로 방어(all out defense)"하며 "게임 독점 출시 조건으로 해외 진출, 공동 마케팅, 피처링 등을 전방위적으로 지원한다."는 식으로 전략을 세웠다. 구글은 이처럼 게임사별 전략을 세우는 한편 신규 출시 게임 중 중요 게임을 선정하고 구글플레이에 독점 출시하도록 특별 관리를 했다.

구글은 원스토어의 성장을 막으려면 '게임 회사별' 관리뿐 아니라 '게임별' 관리도 필요하다고 판단했다. 공정위가 확보한 구글코리아 직원의 메모에는 "(원스토어를) 마이너 루저 리그로 만들어야. (관리 대상을) 회사로 규정하면 가끔 좋은 게임이(원스토어로) 간다."는 내용이 있었다.

공정위는 이런 구글의 전략 수립·실행이 '원스토어 떨궈내기'에 있었다고 판단했다. 공정위 조사 결과 구글은 이런 행위가 공정거래법상 문제가 될 수 있음을 인식해 최대한 은밀한 방식으로 게임사에 게임 독점 출시 조건을 전달했다. 공정위가 확보한 구글코리아 내부 회의록에는 "반경쟁(anti-competition) 관련 정부 측 또는 대외 홍보 측 위험을 야기할 수 있기 때문에 구글이 독점 출시에 대해 지원을 제공할지 말지를 논의 중(영문 자료 번역 내용)"이라는 내용이 담겼다.

구글의 전략이 먹히며 원스토어는 신규 출시 게임 확보에 큰 어려움을 겪었고 정상적 사업 운영이 어려웠다. 대표적으로 △넷마블 '리니지2' △엔씨소프트 '리니지 M' △넥슨 '메이플스토리 M' 등 구글이 중점 관리 대상으로 삼은 게임은 모두 구글플레이에만 독점 출시됐다. 해당 게임을 기다려 온 유저들은 원스토어를 방문할 일이 없어진 셈이다. 여기에서 또 네트워크 효과가 발생한다. 원스토어에 신규 게임이 제대로 출시되지 않자 돈을 내고 게임을 하는 이용자가 감소했고 이런 영향으로 원스토어는 점점 더 게임을 유치하기 어려워진 것이다. 반면 구글플레이는 승승장구했다. 구글플레이의 국내 앱 마켓 점유율은 2016년 80~85%에서 2018년 85~90%로 상승해 독점력이 강화됐다. 반면 원스토어는 같은 기간 점유율이 15~20%에서 10~15%로 떨어졌다.

공정위는 구글에 대해 '시장지배적 지위 남용행위 중 배타 조건부 거래행위'와 '불공정거래행위 중 배타 조건부 거래행위'를 적용해 과징금 421억 원을 부과했다. 또한 게임사에 경쟁 앱 마켓에 게임을 출시하지 않는 조건으로 앱 마켓 피처링, 해외 진출 지원 등을 제공하는 행위를 금지했다.

이런 처분에 구글은 "일부 모바일 운용체계와 달리 안드로이드는 개발자들이 앱을 어떻게 배포할지에 대해 완전한 결정권을 제공한다."며 "구글은 개발자의 성공을 위해 막대한 투자를 하고 있으며 공정위가 내린 결론에 대해 유감스럽게 생각한다."고 밝혔다.

이런 공정위 제재가 앱 마켓 시장에 어떤 영향을 미칠지는 중장기적으로 지켜봐야 할 것이다. 그러나 원스토어가 이미 빼앗긴 앱 마켓 시장점유율을 되찾는 것이 결코 쉽지는 않아 보인다. 공정위 '사후 제재'의 한계가 여기서도 한 번 더 드러난다. 이 사건은 훗날 공정위가 플랫폼법 입법화를 통한 '신속한 제재'의 필요성을 설명할 때 '뒤늦은 제재'의 대표 사례로 언급되기도 했다.

공정거래법
개정의 역사 - 5

　문재인 정부가 추진한 공정거래법 전부 개정은 1차례 실패하지만 21대 국회 지형이 크게 바뀌며 상황도 변한다. 2020년 치러진 21대 국회의원 선거에서 더불어민주당(및 더불어민주당의 비례대표 위성정당인 더불어시민당 포함)이 180석을 차지했다. 국회 의석 총 300석 중 60%에 해당하는 의석을 보유한 명실상부한 다수당이 된 것이다. 여당인 더불어민주당이 다수당이 되면서 정부가 입법화를 추진하는 법률의 국회 처리가 상대적으로 쉬워졌다.

　공정위는 21대 총선 직후인 2020년 6월, 종전에 발의한 법안과 사실상 동일한 내용으로 공정거래법 전부 개정안을 발의했다. 같은 해 12월 국회는 전부 개정안을 처리한다. 이때는 김상조 공정위원장이 청와대 정책실장으로 자리를 옮기고 새롭게 조성욱 공정위원장이 공정위를 이끌던 시기였다. 공정거래법 전부 개정 추진 2년 만에 성과를 거둔 것이다.

　개정된 공정거래법은 2021년 말부터 시행됐다. 핵심 내용을 살펴보면 다음과 같다. 우선 사익편취 규율 대상을 확대했다. 앞서 살펴봤듯 사익편취는 대기업집단 총수가 가족에게 부를 편법 승계하는 것을 막기 위한 규제다. 사익편취 규제는 자산총액 5조 원 이상의 공시대상

기업집단에 속하는 국내 회사(즉 같은 그룹에 속하는 계열사)가 ①총수 일가 개인(총수 및 총수의 친족) 그리고 ②총수 본인이 단독 또는 다른 특수관계인과 합해(즉 총수 일가가 보유한 주식이) 발생주식 전체의 20% 이상을 보유한 국내 계열사를 대상으로 한 거래를 통해 특수관계인에게 부당한 이익이 돌아갔을 때 적용한다. 그런데 이는 수혜 대상 대기업집단 계열사가 비상장사인 경우이고 상장사인 경우에는 '총수 일가 보유 지분율이 30% 이상'이어야 대상이 되기 때문에 규제 사각지대라는 지적이 나왔다. 실제로 총수 일가가 지분율을 29.9% 등으로 교묘하게 낮춰 사익편취 규제를 피하는 일이 발견되면서 지분율 기준을 상장사 · 비상장사 구분 없이 '20% 이상'으로 통일해야 한다는 의견이 나왔다.

2020년 12월 공정거래법 전부 개정에 따라 사익편취 금지 규제 대상은 상장사 · 비상장사 구분 없이 '총수 일가가 20% 이상을 보유한 국내 계열사'가 됐다. 또한 '이들 계열사가 단독으로 지분의 50% 초과 보유한 계열사'까지 추가됐다. 이런 변화에 따라 당시 기준(2020년 5월 1일)으로 규제 대상 대기업 계열사는 종전 210개에서 598개로 3배 가까이 늘었다. 달리 말하면 대기업집단 총수 일가의 '부의 편법 승계'에 활용될 경우 제재할 수 있는 대기업 계열사의 범위를 대폭 확대했다는 의미다.

다만 이런 변화에 대해 "대기업집단이 총수 일가 지분을 19.9%로 낮춰서 규제를 피해 가면 어떻게 하느냐."에 대해선 공정위도 명확한 답을 하지 못하고 있다. 지분율 등 '숫자' 기준으로 규제 대상을 정하는 제도에 있어서 공통적으로 지적되는 한계다.

공정위는 공정거래법 전부 개정으로 순환출자 규제도 강화했다. 앞서 살펴봤듯 자산총액이 10조 원 이상인 상호출자제한기업집단의 계열사들은 서로 신규 순환출자를 할 수 없다. 이는 2014년 개정 시행된 공정거래법에 따른 것이다. 유의할 점은 '새로운 순환출자 형성'을 금지할 뿐 기업 입장에선 기존에 형성된 순환출자까지 없앨 필요는 없다는 사실이다. 공정위는 새롭게 상호출자제한기업집단으로 지정되는 기업이 과거에 가공자본을 활용하기 위해 순환출자를 형성한 것을 규율할 수 없는 문제가 있다고 판단했다. 이에 따라 공정거래법 전부 개정을 통해 새롭게 상호출자제한기업집단으로 지정된 그룹이 지정 이전부터 보유하고 있는 순환출자에 대해 '의결권'을 제한하도록 했다.

공정거래법 전부 개정으로 공정위가 기업에 부과할 수 있는 과징금 상한도 대폭 높였다. 잠시 공정위가 부과하는 과징금을 살펴볼 필요가 있다. 공정위가 공정거래법 위반 기업에 부과하는 대표적인 제재는 시정명령, 과징금, 검찰 고발이 있다. 경우에 따라 다르긴 하지만 시정명령은 사실상 제재로서 큰 의미가 없는 경우가 많다. 시정명령은 해당 사건에서 위법으로 확정된 행위에 대해 "이런 행위를 또 해서는 안 된다."고 하는 수준이기 때문이다(물론 앞서 살펴본 퀄컴 사건에서 부과한 시정명령 은 기업 간 계약 관계에 영향을 미치기 때문에 이런 경우는 예외로 볼 수 있다).

기업이 가장 부담스럽게 여기는 제재는 검찰 고발이다. 특히 공정위 고발 대상이 대기업집단 총수인 경우 가장 크게 부담을 느낀다. 그래서 통상적으로 대기업들은 공정거래법 위법 혐의를 아예 피해갈 수 없다면 총수 고발이라도 면하려고 노력한다.

시정명령과 고발의 중간 수준에 있는 제재가 과징금이다. 과징금은 법 위반 행위와 관련한 매출액(이하 '관련 매출액')에 비례해 부과한다. 앞서 퀄컴 사건에서 살펴봤듯 법 위반 관련 매출액이 크고 위반 기간이 길면

조 원 단위까지 과징금이 부과될 수 있다는 점에서 강력한 제재 수단으로 볼 수 있다. 공정거래법은 보통 '관련 매출액의 몇 %까지 과징금 부과가 가능하다'고 상한을 규정하고 있다. 기존의 공정거래법은 해당 비율을 담합은 10%, 시장지배력 남용은 3%, 불공정거래행위는 2%로 정했다(여담이지만 해당 비율만 봐도 공정거래법이 어떤 위법 행위를 더 크게 문제 삼고 있는지 짐작할 수 있다). 공정위는 공정거래법 전부 개정으로 해당 비율을 일제히 2배 높였다. 이에 따라 담합은 20%, 시장지배력 남용은 6%, 불공정거래행위는 4%로 정해졌다.

공정거래법 전부 개정이 기업의 부담만 키운 것은 아니다. 공정위는 형벌 부과 필요성이 낮고 그동안 형벌 부과 사례도 없었던 △기업결합 △거래 거절 △차별 취급 △경쟁사업자 배제 등 행위에 대해 형벌 규정을 삭제했다. 적지 않은 경쟁법 전문가들은 공정거래법에 형벌 규정이 지나치게 많이 포함돼 있다고 공통적으로 지적한다. 경제 활동 과정에서 발생한 위법 행위에 행정벌이 아닌 형벌을 접목하는 것은 제재가 과도하고 법 위반 억제에 있어서도 비효율적이란 주장이다. 공정위도 이런 지적을 고려해 공정거래법 전부 개정을 통해 형벌 규정을 일부 정비했다(공정거래법에 대한 형벌 적용 문제는 뒤에서 더 자세히 다루게 된다).

앞서 언급했듯 공정거래법은 기업 간 '정보 교환'도 담합의 한 유형으로 보고 있는데 이를 규정한 것도 공정거래법 전부 개정을 통해서였다. 구체적으로 가격·생산량 등 경쟁 제한적인 정보 교환 행위도 규율될 수 있도록 금지 행위 유형에 포함하고, 가격의 공동인상 등 외형상 일치와 정보 교환이 확인되는 경우 법률상 합의가 추정되도록 했다.

10장

소비자 보호, 전자상거래법과 약관법

COMPETITION LAW

공정위가 소비자정책
주무 부처라고?

공정위 정책 운용의 세 가지 큰 틀은 △경쟁정책 △소비자정책 △기업거래정책이다. 이 가운데 경쟁정책에 관한 법률이 공정거래법이다. 앞서 계속 다뤘듯 기업의 불공정거래가 시장의 경쟁을 제한하는 것을 막기 위한 법이다. 그러면 도대체 '기업거래정책'은 무엇인가. 명칭만 보면 역시 기업의 불공정거래를 다루는 것 같다. 맞다. 그러나 기업거래정책은 소위 말하는 '갑을관계'를 다룬다는 점에서 공정거래법과 차이가 있다. 즉(국민경제 전반을 고려하지 않는 것은 아니지만) 상대적으로 '약자 기업 보호'에 초점을 맞춘 정책이라고 볼 수 있다. 그러면 '소비자정책'은 무엇일까. 명칭에서 짐작할 수 있듯 소비자 보호에 초점을 맞춘 정책이다.

앞선 장에서 공정거래법상 주요 위법 행위 유형과 실제 사례를 살펴봤다. 10장과 11장에선 각각 소비자정책과 기업거래정책의 주요 위법 행위 유형과 실제 사례를 살펴본다. 해당 영역을 '경쟁정책'으로 구분하긴 어렵지만 이 부분을 모르고서는 우리나라 공정위 역할을 제대로 이해하기 어렵기 때문이다. 또한 기업거래정책과 소비자정책도 결국은 '공정한 거래 장려'라는 큰 틀 안에 있는 정책이라고 볼 수 있다.

공정위는 '소비자정책' 관련 주무 부처다. 그러나 이런 사실을 모르는 사람들이 많다. 그도 그럴 것이, 앞서 살펴본 공정거래법상 위법 행위는 모두 '기업 사이의 문제'와 관련한 것이다. 그렇기 때문에 기업→소비자로 이어지는 부분의 문제를 공정위가 다룬다는 것을 쉽게 이해하기 어려운 게 사실이다. 그러나 우리가 구매하는 제품을 꼼꼼히 들여다본 사람들은 잘 안다. 뒷면 혹은 후면에 '공정거래위원회'라는 이름이 예외 없이 쓰여 있다는 사실을. 이런 문구다. "본 제품은 공정거래위원회 소비자분쟁해결 기준에 의거해 교환 또는 보상받을 수 있습니다(지금 당장 아무 제품이나 집어서 살펴봐도 좋다)." 또한 앞서 수차례 언급한 경쟁정책의 핵심 목표가 결국 '소비자 후생 제고'라는 점에서 공정위가 소비자정책을 맡는 것은 어찌 보면 자연스러운 일이다.

정부의 소비자정책 출발점은 1980년 소비자기본법(당시는 소비자보호법) 제정으로 볼 수 있다. 이전에도 소비자 보호와 관련된 법규가 있었다. 그러나 해당 법규는 소비자 보호에 간접적으로 관련될 뿐만 아니라, 산업의 조성 내지 육성법적 성격과 규제법적 성격을 함께 갖고 있어서 전반적으로 볼 때 소비자 보호 자체를 위한 관계 법령은 여전히 미흡한 실정이었다.[48] 우리 경제가 발전하고 사

---

48) 한국소비자원, 《소비자정책, 과거, 현재 그리고 미래》, 한국소비자원, 19p.

회의식이 성장하면서 자연스럽게 소비자 보호를 위한 기본법 제정 요구 목소리가 커졌다. 경제기획원(지금의 기획재정부)은 1977년 경제 법령정비위원회에서 △소비자 권리와 기업 의무 명시 △경제기획 원장관의 자문기관으로 소비자보호위원회 설치 △불매운동 등 소 비자 운동의 전개를 제도적으로 지원 등을 담은 소비자보호기본법 안을 심의·의결했다. 해당 법안은 1979년 11월 의원입법 형태로 발의됐고 같은 해 12월 국회 본회의를 통과한다. 1980년 1월 소비 자보호법이 공포되면서 체계적인 소비자 보호 정책이 추진됐다.

소비자정책이 급변한 것은 2000년대 들어서다. 우선 사회·환 경적으로 소비자 관련 정책이 '보호'의 틀에서 벗어나야 한다는 의 식이 강해졌다. 소비자 보호 위주의 정책에서 벗어나 소비자 안 전·교육 등을 강화해 소비자 권익을 증진하고 나아가 소비자 주 권을 찾아야 한다는 분위기가 형성됐다. 2003년 출범한 노무현 정 부는 대통령 소속기관으로 '정부혁신지방분권위원회'를 설립해 명 칭 그대로 '정부혁신'과 '지방분권' 작업을 본격화하는데, 이런 과정 에서 소비자정책 변화가 맞물리게 된다.

정부는 2004년 9월부터 정부혁신지방분권위원회를 중심으로 범정부 차원의 소비자정책 추진체계 개편 과제를 검토하기 시작했 다. 재정경제부와 공정위 등 관계부처 협의를 거쳐 2005년 6월 확 정한 정부안은 재정경제부 산하에 있던 소비자보호원(지금의 한국소 비자원)을 공정위 산하로 이관하고 공정위가 소비자정책 전반을 관 장하는 것을 주요 내용으로 했다. 후속 조치로 '소비자보호법'을 지 금의 '소비자기본법'으로 명칭을 변경하는 내용 등을 담은 법률 개정안이 2007년 3월 발효됐다. 개정 법률은 소비자 교육 정보 제공 등 소비자정책의 주요 기능과 한국소비자원에 대한 관할권을 공정위에 이관하도록 했다. 그러나 소비자 관련 법령의 제·개정, 소비자정책위원회 운영, 장단기 계획 수립·평가 등 종합적인 기능은 계속 재정경제부가 수행하도록 해 '역할 이원화' 논란이 꾸준히 제기됐다. 공정위는 이 상황에 대해 "상위 차원의 조정(재정경제부)과 하위차원의 조정(공정위)을 분리한다는 것은 운영상 현실적으로 불가능하다."며 "실질적인 정책수행을 담당하는 공정위는 정책 경험을 제도 개선 및 기본계획 수립에 반영시킬 수 있는 수단을 갖지 못했다."고 밝힌다. 또 "법령 제·개정권 및 장단기 계획수립 권한을 보유한 재정경제부는 정작 정책 실무와 유리돼 현실성 있는 제도 운용에 한계를 갖게 됐다."[49]고 평가했다.

2008년 출범한 이명박 정부는 정부 조직을 개편하면서 이원화된 소비자정책 추진체계를 공정위로 일원화했다. 미국, 영국, 호주 등처럼 '소비자 후생 증대'를 궁극적 목표로 하는 하나의 기관이 경쟁정책과 소비자정책을 함께 담당하는 추세를 감안한 것으로 볼 수 있다. 2008년에는 기획재정부(2008년 재정경제부와 기획예산처를 통합해 기획재정부로 개편함)가 갖고 있던 소비자정책위원회 운영 권한과 소비자기본법 관할이 공정위로 이관되면서 공정위는 현재의 모습과 같은 소비자정책 총괄·조정 부처가 됐다.

49) 공정거래위원회, 《공정거래위원회 30년사》, 공정거래위원회, 619p.

아무리 현질해도
나오지 않던 '게임 아이템'

지금은 '플랫폼'이란 단어를 익숙하게 사용하지만 이 단어는 수년 전만 해도 일반적으로 통용되는 것은 아니었다. 이보다는 온라인 쇼핑, 인터넷 쇼핑 등이 체감상 더 소비자와 가까운 단어였다 (물론 플랫폼이 이보다 훨씬 넓은 개념의 단어다). 당시 해당 부문에서 소비자 보호 규율을 담당한 법률이 '전자상거래 등에서의 소비자보호에 관한 법률(이하 전자상거래법)'이다. 전자상거래법은 법의 목적을 "전자 상거래 및 통신판매 등에 의한 재화 또는 용역의 공정한 거래에 관한 사항을 규정함으로써 소비자의 권익을 보호하고 시장의 신뢰도를 높여 국민경제의 건전한 발전에 이바지함"이라고 명시했다.

주요 사건을 통해 전자상거래법이 구체적으로 어떤 법률인지 살펴본다. 게임에 관심이 없는 독자라면 내용이 다소 어렵게 느껴질 수 있지만 '위법성'에 초점을 맞춰 차근차근 알아보자. 2021년 넥슨의 게임 '메이플스토리' 유저 사이에서 게임 무료 아이템 '환생의 불꽃'이 논란이 됐다. 원래 게임 장비 아이템에는 기본 옵션(공격력·방어력 등)이 있는데 해당 옵션을 강화해 공격력·방어력 등을 높이는 것이 추가 옵션이다. 당시 넥슨은 '환생의 불꽃' 아이템의 추가 옵션이 '무작위'로 나온다고 공지했다. 게임 유저들은 자연스럽게 이를 '균등 확률'로 부여된다는 취지로 이해하고 있었다. 즉 추가 옵션에는 공격력·방어력·마력·HP 등 다양한 종류가 있는데 이들 추가 옵션이 모두 비슷한 확률로 나올 것으로 예상했다는 것이다. 그러나 넥슨이 2012년 2월 공지를 통해 실제로는 '가중치'가 적용된 확률이었다는 사실을 밝혔다. 특정 추가 옵션의 경우 상당히 낮은 확률이 산정되는 가중치가 적용돼 사실상 게임 유저가 구경조차 힘들었다는 의미다. 게임 유저들은 이런 공지에 황당함을 느끼며 게임 전반의 확률 공개를 요구했다.

공정위는 이 사태를 계기로 넥슨을 상대로 조사에 착수했다. 공정위가 문제 삼은 메이플스토리의 아이템은 게임 캐릭터의 보유 장비 능력을 높여주는 '큐브'라는 것이었다. 메이플스토리 유저들은 이른바 '스펙 경쟁'에서 이기기 위해 유료로 구매하는 확률형 아이템 '큐브'를 구매하고 있었다. '큐브'는 메이플스토리 전체 매출액 비중 평균 28%를 차지하는, 넥슨에 있어 이른바 효자 상품이었다. 공정위 자료에 따르면 큐브 구입을 가장 많이 한 상위 10명 각 개인은 연간 수천만 원에서 2억 원이 넘는 금액을 지불했다. 자세한 내역은 아래 표를 참고하면 된다.

〈큐브 아이템 구입 상위 10명 연간 구입 금액〉

(자료: 공정거래위원회)

순위	2019	2020	2021	2022(~6월 현재)
1	3,610만	1억 6,448만	2억 7,950만	2억 3,198만
2	3,586만	1억 6,444만	2억 5,850만	9,710만
3	3,367만	1억 1,021만	2억 3,260만	9,701만
4	3,318만	9,891만	2억 1,841만	9,601만
5	3,306만	8,909만	1억 7,306만	9,456만
6	2,882만	8,724만	1억 6,845만	9,041만
7	2,721만	8,420만	1억 4,997만	8,921만
8	2,556만	7,723만	1억 3,142만	8,506만
9	2,489만	7,720만	1억 3,049만	7,969만
10	2,419만	7,673만	1억 2,040만	7,903만

(단위: 원, 만 원 단위 이상만 표기)

공정위 조사 결과 넥슨은 큐브의 확률 구조나 내용을 게임 유저에게 불리하게 지속 변경하고도 이를 알리지 않거나 거짓으로 공지한 것으로 나타났다. 넥슨은 2010년 5월 큐브를 처음 도입할 때에는 큐브 사용 시 나오는 옵션의 출현 확률을 균등하게 설정했다. 그러나 같은 해 9월부터 큐브 사용 시 게임 유저 관심이 집중되는 인기 옵션은 덜 나오도록 확률 구조를 변경했다. 그러면서도 이를 게임 유저에게 알리지 않았다. 넥슨은 또 2011~2021년 기간 게임 유저가 큐브를 사용할 때 선호도가 높은 특정 중복 옵션 등을 아예 나오지 않도록 확률 구조를 변경하고도 그 사실을 게임 유저에게 알리지 않았다.

넥슨은 2013년 7월부터는 장비의 최상위 등급(레전더리)을 만들고 해당 등급으로 상승이 가능한 '블랙큐브'를 출시했다. 처음에는 등급 상승 확률을 1.8%로 설정했다가 2013년 7~12월 1.4%까지 매일 조금씩 낮추고 2016년 1월에는 확률을 1%로 낮췄다. 그 사실도 게임 유저에게 알리지 않았다.

공정위는 넥슨의 또 다른 게임 '버블파이터'에 대해서도 비슷한 위법 행위가 있었음을 발견했다. 넥슨은 버블파이터 게임 내에서 '올 빙고 이벤트'를 진행하면서 처음에는 '매직바늘'을 사용하면 언제나 '골든 숫자 카드'가 나올 수 있도록 확률을 부여했다(이벤트의 빙고 판 숫자는 일반숫자 22개와 골든 숫자 3개로 구성된다. 일반 숫자 카드는 게임 내 미션 완료 시 획득할 수 있지만 골든 숫자 카드는 확률형 아이템인 매직바늘을 사용해야만 얻을 수 있다). 넥슨은 10차 이벤트부터 29차 이벤트까지 '매직바늘'을 5개 사용할 때까지는 골든 숫자 카드 출현 확률을 0%로 설정했다. 6개 이상 '매직바늘'을 사용하는 경우에만 일정 확률로 골든 숫자 카드 획득이 가능하도록 한 것이다. 그러나 넥슨은 이런 사실을 게임 유저에게 알리지 않았다. 오히려 올 빙고 이벤트 관련 공지에서 '매직바늘 사용 시 골든 숫자가 획득된다'고 알렸다.

공정위는 이처럼 소비자의 선택 결정에 있어 중요한 사항(아이템의 확률)을 제대로 알리지 않거나 거짓으로 알리는 것은 전자상거래법 위반이라고 판단했다. 전자상거래법은 "거짓 또는 과장된 사실을 알리거나 기만적 방법을 사용해 소비자를 유인 또는 소비자와 거래하거나 청약 철회 등 또는 계약의 해지를 방해하는 행위"를 금지하고 있는데 해당 조항을 위반했다는 것이다. 공정위는 2024년 1월 넥슨에 과징금 총 116억 원을 부과했다. 이 사건은 2002년 7월 전자상거래법 시행 이후 최초의 전원회의 심의 사건(그동안 다른 전자상거래법 위반 사건은 모두 상대적으로 사안이 경미해 '소회의'에서 심의했다)이자, 전자상거래법 위반 역대 최대 과징금으로 기록됐다. 다만 넥슨은 공정위 처분이 부당하다며 행정소송을 제기해 향후 법원의 판단을 지켜봐야 한다.

한편 게임 유저들의 확률형 아이템 확률 공개 요구는 점차 거세졌다. 이에 따라 2023년 3월 게임사 등의 확률형 아이템 종류 및 종류별 공급 확률 정보 표시 등을 의무화한 개정 게임산업진흥에 관한 법률이 국회를 통과해 2024년 3월 22일 시행됐다.

넥슨 사건의 결과를 보고 고개가 갸웃할 독자도 있을 것이다. 전자상거래법 위반 '역대 최대 과징금'이라는 116억 원이 상대적으로 작게 느껴질 수 있어서다(앞서 공정거래법 위반으로 1조 원이 넘는 퀄컴 사건도 접하지 않았던가). 그만큼 전자상거래법 부문은 '대형 사건'이 많지 않다. 전자상거래법은 위반 사례 자체는 많지만 상당수는 '환불 방해·거절'과 같은 중·소형 규모 사건이 주를 이룬다. 다음 소개하는 OTT(Over The Top) 사건이 하나의 사례다.

공정위는 2022년 구글, 넷플릭스, KT, LG유플러스, 웨이브 등 5개 OTT 기업의 전자상거래법 위반을 적발해 과태료 1,950만 원을 부과했다(눈치 빠른 독자라면 눈치를 챘을 것이다. 공정위가 '과징금'이 아닌 '과태료'를 부과했다는 점에서 사안의 중대성이 그리 크지 않음을 짐작할 수 있다).

전자상거래법에 따르면 원래 소비자는 온라인 동영상 등 디지털 콘텐츠를 구매하고 이를 시청하지 않은 경우 구매일로부터 7일 이내에는 청약을 철회하고 전액을 환불받을 수 있다. 구글 등 5개 OTT 업체는 이 같은 소비자의 정당한 환불권을 방해한 사실이 적발됐다.

구체적으로 구글은 '유튜브 프리미엄' 서비스를 제공하면서 "남은 결제 기간에 대해서는 환불이나 크레딧이 제공되지 않는다.", "멤버십을 취소하는 시점과 멤버십이 공식적으로 종료되는 시점 사이의 기간에 대해서는 환불되지 않는다."고 안내했다.

다른 기업들도 비슷한 형태로 소비자의 정당한 환불을 방해했다. 넷플릭스는 "한 달을 채우지 않고 해지하는 경우 남은 기간에 대한 금액은 환불해 주지 않는다."고 알렸다. KT는 '올레tv모바일' 동영상 이용권을 판매하면서 구매일로부터 6일 이내에 콘텐츠에 문제가 있는 경우에만 환불해 준다고 안내했다. LG유플러스는 '단건형 상품'을 판매하면서 멤버십 포인트 사용 시 결제 취소가 안 된다고 안내했다. 또 '구독형 상품'에 대해서도 가입 첫 달은 해지가 안 된다고 알렸다. 웨이브는 "모든 상품은 선불 결제 상품이므로 결제 취소 및 환불이 되지 않는다."고 했다. 아울러 KT, LG유플러스, 웨이브는 멤버십 가입 등 계약 체결은 온라인으로 간편하게 할 수 있게 하면서 계약의 해지·해제·변경 등은 온라인으로 할 수 없도록 했다.

공정위는 이런 OTT 기업들의 '청약 철회권 제약'이 소비자 피해로 이어졌다고 판단해 과태료를 부과했다.

고치지 못한
'낡은' 전자상거래법

전자상거래법은 '통신판매업자'의 거래 단계별(영업 전 →청약(계약) 유인→청약→영업→청약 이후) 의무 · 금지 사항을 규정해 소비자를 보호하는 법률이다. 아울러 직접 인터넷을 활용해 상품 · 서비스를 판매하는 통신판매업자 외에도 중간에서 중개만 하는 '통신판매중개업자'의 책임도 함께 규정해 소비자를 보호하고 있다. 통신판매중개라는 것은 직접 상품 · 서비스를 판매하지 않고 '거래의 장만 열어주는' 것을 의미한다. 통신판매중개업자의 대표 사례로 쿠팡 · 11번가 · 지마켓과 같은 오픈마켓이 있다. 다만 통신판매업과 통신판매중개업의 경계가 사라지고 있다는 점(일례로 과거엔 오픈마켓으로서 중개만 했지만 지금은 PB 상품 등 자사 브랜드 제품을 직접 파는 등 거래의 형태가 다양해지고 있다)에서 전자상거래법을 정비할 필요성이 제기된다.

지난 2021년 공정위는 전자상거래법이 전통적인 '통신판매(전화 ·

우편과 같은 형태가 전통적인 통신판매 방식이다' 방식을 기초로 설계돼 변화된 시장에 효과적으로 대응하기 어렵다고 판단하고 전자상거래법 전부 개정을 추진했다. 이 작업은 앞서 설명한 온플법 제정과 동시에 추진했다. 즉 플랫폼과 관련해 △온플법 제정을 통한 갑을관계 규율(플랫폼–입점 업체 간 문제) △전자상거래법 개정을 통한 소비자 보호(플랫폼–소비자 간 문제)라는 두 축의 개편을 동시에 추진한 것이다.

결과부터 말하면 전자상거래법 전부 개정은 부처 간 협의 난항, 업계 반대 등에 막혀 실패했다. 앞서 설명했지만 온플법 역시 비슷한 이유로 입법화에 실패했다. 첨언 하자면 공정위는 전자상거래법 전부 개정안을 입법예고(국회 발의를 위해 정부안을 확정하기 위해 가안을 공개하고 업계 의견을 듣는 절차)까지만 진행하고 국회 발의 단계까지 가지 못한다.

그러나 당시 공정위가 추진했던 개정안은 눈여겨볼 만하다. 업계와 의견이 충돌하는 부분이 있었지만 2002년 제정된 전자상거래법의 '20년 만의 현대화'라는 점에서 큰 의미가 있었기 때문이다. 이런 작업은 훗날에도 다시 필요성이 제기될 것으로 보인다.

당시 공정위는 우선 복잡한 용어부터 정비하려 했다. 전자상거래법은 이 법을 적용받는 사업자를 통신판매업자, 통신판매중개업자, 사이버몰 운영자(온라인 쇼핑몰), 전자게시판 서비스 제공자(블로그나 SNS 운영자) 등 10여 개로 분류해 각각 상이한 규율을 적용하고 있었다. 공정위는 이를 △온라인 플랫폼 '운영'사업자 △온라인 플랫폼 '이용'사업자 △자체 인터넷 사이트 사업자로 비교적 단순 명료하게 구분·정의하고자 했다. 상세한 구분은 아래와 같다.

〈전자상거래법 전부 개정안 중 적용 대상 사업자 구분〉

(자료: 공정거래위원회)

구분		대표 유형
온라인 플랫폼 운영사업자	정보 교환 매개	SNS, C2C 중고마켓 등
	연결수단 제공	가격비교사이트, SNS 쇼핑 등
	거래 중개	열린장터, 숙박 앱, 배달 앱, 앱 장터 등
온라인 판매 사업자	온라인 플랫폼 이용사업자	열린장터 입점사업자, 블로그 · 카페 등 SNS 플랫폼 이용 판매사업자
	자체인터넷 사이트 사업자	홈쇼핑, 종합쇼핑몰, 개인쇼핑몰, 온라인 동영상 서비스(OTT) 등

이런 용어 정비에 따라 공정위는 입점 업체-플랫폼-소비자 간에 이뤄지는 전자상거래에서는 '온라인 플랫폼 운영사업자' 및 '이용사업자'가 법 적용 대상이 되도록 했다. 자체 인터넷 사이트 사업자-소비자 간의 거래에서는 '자체 인터넷 사이트 사업자'가 법 적용 대상이 되도록 했다. 아래 표를 참고하면 조금 더 명확히 이해가 될 것이다.

소비자 입장에서는 사실 용어 정비나 법 적용 대상 명확화는 관심 밖 사안일 수 있다. 소비자에게 가장 중요한 사안은 피해 없이 안전하게 온라인 쇼핑을 즐기는 것이다. 공정위는 이런 부분도 고려해 대대적인 개편을 추진했다.

〈전자상거래법 전부 개정안 중 적용 대상 사업자 간 관계〉

(자료: 공정거래위원회)

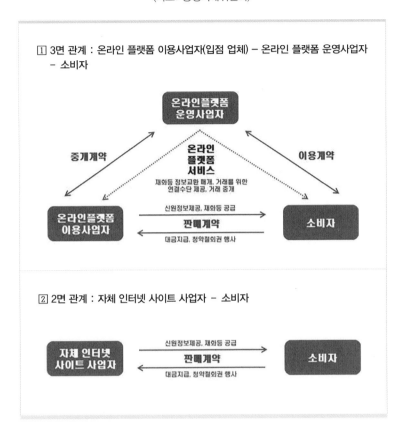

① 3면 관계 : 온라인 플랫폼 이용사업자(입점 업체) – 온라인 플랫폼 운영사업자
  – 소비자

온라인플랫폼 운영사업자

온라인 플랫폼 서비스
재화등 정보교환 매개, 거래를 위한 연결수단 제공, 거래 중개

중개계약

이용계약

온라인플랫폼 이용사업자

신원정보제공, 재화등 공급
판매계약
대금지급, 청약철회권 행사

소비자

② 2면 관계 : 자체 인터넷 사이트 사업자 – 소비자

자체 인터넷 사이트 사업자

신원정보제공, 재화등 공급
판매계약
대금지급, 청약철회권 행사

소비자

우선 전자상거래업체의 광고를 순수한 검색 결과로 오인해 구매하는 것을 막기 위해 '광고 여부'를 표시하도록 했다. 검색·노출 순위를 결정하는 주요 기준도 표시하도록 했다. 또한 소비자가 '거

짓 이용 후기'에 속지 않도록 전자상거래업체에 이용 후기 수집·처리 관련 정보를 공개하도록 했다. 소비자의 기호·연령·소비습관 등을 반영한 광고를 인기 상품으로 오인하지 않도록 '맞춤형 광고'라는 사실도 표시하고, 소비자가 맞춤형 광고를 원하지 않으면 일반광고를 선택할 수 있도록 했다.

전자상거래 과정에서 자주 문제가 발생했던 '책임 회피'를 막기 위한 장치도 마련했다. 소비자 입장에선 자신이 방문한 쇼핑몰을 믿고 주문을 한다(소비자 입장에선 이 쇼핑몰이 직접 물건을 파는 곳인지, 중개만 하는 곳인지는 중요하지 않다). 그런데 소비자 피해가 발생했을 때 일부 업체가 "우리는 직접판매를 하는 게 아니라 중개만 하고 있다. 문제가 있다면 판매처에 직접 문의하든 해라."는 식으로 책임을 회피해 문제가 됐다. 공정위는 전자상거래업체에 직접판매 상품과 중개거래 상품을 각각 구분·표시하도록 했다. 거래 과정에서 수행하는 청약접수·대금 수령·결제·배송 등 업무 내용도 표시하도록 했다. 이를 위반해 소비자 오인을 유발할 경우 배상책임을 명확히 하는 방안도 담았다.

당근마켓[50]처럼 소비자 간 거래를 중개하는 C2C(Customer to Customer) 플랫폼은 연락 두절, 환불 거부 등 소비자 피해가 발생하면 피해자에게 거래 상대방 신원정보를 확인·제공하도록 했다. C2C 플랫폼에는 '결제대금예치제도(에스크로)' 활용을 권고하기

....

50) 당근마켓은 중고 제품을 파려는 소비자와 사려는 소비자를 연결시켜 주는 플랫폼이다.

로 했다. 에스크로는 거래 시 구매자가 낸 돈을 우선 금융기관 등 제삼자에게 예치한 후 배송이 확인된 다음에 판매자에게 지급하는 거래 안전장치를 의미한다.

이런 전자상거래법 전부 개정 과정에서 예상치 않게 가장 논란이 된 부분이 C2C 관련 규제 부분이었다. 공정위가 C2C 거래 과정에서 문제가 발생할 경우 피해자에게 판매자 신원정보를 확인 · 제공하도록 플랫폼에 의무를 지운 것은 분명히 이유가 있었다. 개인 판매자가 돈만 챙기고 상품을 배송하지 않거나, 정당한 환불을 거부하는 등 다양한 피해가 발생했지만 일부 플랫폼은 '나 몰라라' 하는 경우가 있었기 때문이다. 그러나 공정위 정책 방향을 두고 업계는 크게 반발했다. 관련 분쟁 중재 조치를 이미 취하고 있다는 주장이 나왔다. 또한 분쟁 발생을 이유로 구매자가 판매자 개인정보를 플랫폼에서 받을 경우 스토킹 같은 범죄에 악용될 우려가 있다는 지적도 있었다. 이런 논란이 해소되지 않는 가운데 공정위와 다른 관계부처 간 협의마저 원활하게 이뤄지지 않으며 전자상거래법 전부 개정은 결국 실패한다.

전자상거래법 전부 개정 추진 과정에서 불거진 공정위의 미흡한 판단 · 대응은 분명 아쉬운 부분이다. 그러나 전자상거래법을 현대화하고 소비자 보호를 강화한다는 취지에서 전부 개정은 옳은 방향이며, 추후라도 반드시 재추진해야 할 사안으로 보인다. 물론 이는 플랫폼 관련 법 제정과 연계해 전체적인 규제가 조화를 이뤄야 할 것이다. 전부 개정 추진 과정에서 불거진 각종 논란을 해소하는 것 역시 선결 과제다.

깨알 같은 약관,
다 읽으시나요?

　인터넷 뱅킹, 온라인 쇼핑몰 등 각종 온라인 서비스를 이용하기 위해 회원가입을 하다 보면 여러 번 클릭하게 되는 것이 '약관(約款) 동의'다. 깨알같이 쓰여 있는 약관을 꼼꼼하게 읽어보는 경우는 드물다. 그러나 약관은 일종의 '계약서'이기 때문에 제대로 확인을 하지 않아 낭패를 보는 경우가 적지 않다.

　약관이 존재하는 것은 소비자 구매가 이뤄질 때마다 판매자와 매번 '계약'을 맺기 어려운 현실 때문이다. 공정위는 이렇게 설명한다. "계약이란 일정한 거래조건에 대해 계약의 두 당사자가 자유롭게 서로 상대방에 대해 일치하는 내용의 의사표시를 함으로써 성립되는 법률행위를 의미한다. 이러한 계약은 계약 내용 형성, 계약 체결(거래 상대방 선택) 및 계약 체결 방식의 자유를 내용으로 하는 사적 자치(계약자유)의 원칙에 따라 성립되는 것이 원칙이다. 그러나 대량거래가 이뤄지는 현대사회에서 사업자와 고객이 개별적으로 계약 조건을 협의해 계약을 체결한다는 것은 사실상 불가능하다. 이에 번거로운 개별 교섭을 피하면서 신속하고 정확한 거래를 하기 위해, 사업자가 일정한 형식으로 미리 작성한 약관을 이용하여 계약을 체결하는 것이 보편화되고 있다."[51]

'약관의 규제에 관한 법률(이하 약관법)'은 불공정 약관에 따른 소비자 피해를 예방하기 위해 제정한 법률이다. 약관법은 법의 목적을 "사업자가 그 거래상의 지위를 남용해 불공정한 내용의 약관을 작성해 거래에 사용하는 것을 방지하고 불공정한 내용의 약관을 규제함으로써 건전한 거래 질서를 확립하고, 이를 통해 소비자를 보호하고 국민 생활을 균형 있게 향상시키는 것을 목적으로 한다."고 적고 있다. 약관법이 제정된 것이 1987년이니 꽤 역사가 길다. 편의를 위해 만든 약관이 거래 과정에서 사업자에게 상대적으로 유리(반대로 말하면 소비자에게 불리)하게 이용될 수 있다는 우려가 이미 오래전부터 제기됐다는 의미로 볼 수 있다. 예나 지금이나 깨알 같은 약관을 제대로 읽는 소비자는 별로 많지 않다.

약관법의 특징 중 하나는 위법이 적발돼도 제재가 상대적으로 강하지 않다는 점이다. 공정거래법은 위반 사실을 확정하면 과징금·고발 등 강한 제재가 따라붙는다. 그러나 약관법은 불공정 약관 조항을 발견했을 때 일단 해당 부분의 '삭제·수정'을 권고하는 수준에 그친다. 이 과정에서 상당수 사업자는 스스로 불공정 약관

51) 공정거래위원회, 《2023년판 공정거래백서》, 공정거래위원회, 416p.

조항을 고친다. 사업자의 자진시정이 이뤄지지 않는 경우 공정위는(그제서야) 시정명령을 내릴 수 있다. 이마저 지키지 않는 경우에만 2년 이하의 징역 또는 1억 원 이하의 벌금 부과가 가능하다. 위반유형에 따라 최대 5,000만 원 이하의 과태료 부과도 가능하다. 다만 과징금은 없다. 현실에선 시정명령 단계까지 가는 경우가 많지 않고 징역·벌금까지 가는 경우는 더더욱 드물다. 공정거래법도 마찬가지이지만 약관법 역시 위반으로 결론이 났다고 해서 해당 불공정 조항으로 피해를 입은 사람까지 공정위가 구제해 주는 것도 아니다.

왜 약관법은 이렇게 제재가 약한 것일까. 이는 '계약자유의 원칙'이라고도 불리는 '사적 자치의 원칙(principle of private autonomy)'을 존중한 결과로 보인다. 이는 사법상(私法上) 법률관계는 개인의 자유로운 의사에 따라 본인 책임하에서 규율하며 국가는 이에 간섭하지 않는다는 근대 사법의 원칙이다. 우리나라 민법의 기본원리이기도 하다. 약관도 일종이 '계약'이기 때문에 정부가 지나치게 간섭하면 이런 원리에 어긋날 수 있다. 따라서 약관법을 통해 불공정약관을 수정해 소비자 피해 '확산'은 막되 제한적으로 사업자를 제재해 사적 자치의 원칙을 되도록 지키려고 한 것으로 보인다.

불공정 약관의 유형은 크게 두 가지로 나뉜다. 우선 상대방의 신뢰에 반하지 않도록 성의 있게 행동할 것을 요구하는 '신의성실의 원칙' 위반이 첫 번째 유형이다. 소비자가 예상할 수 없는 수준의 조항, 소비자에게 부당하게 불리한 조항 등이 대표적이다. 약관법은 사업자가 일방적으로 책임을 회피할 수 있도록 한다든지, 소

10장 소비자 보호, 전자상거래법과 약관법

비자가 정당하게 받아야 할 환불을 어렵게 해 계약을 강제로 유지
시키는 등의 '개별 금지 조항의 위반'을 또 다른 불공정 약관 유형
으로 규정하고 있다.

고발까지 당한
이 회사

앞서 밝혔듯 약관법 위반 사건은 대부분 자진시정 수준으로 종결된다. 그런데 이례적으로 공정위의 검찰 고발까지 있었던 사건이 있다. 숙박 공유 플랫폼 '에어비앤비' 관련 사건이다. 에어비앤비는 동명의 숙박 공유 플랫폼을 운영하는 미국 회사다.

2016년 공정위는 에어비앤비의 환불 정책에 문제가 있다며 불공정 약관 조항을 고치라고 시정명령을 내린다. 시정명령 단계까지 갔다는 것은 공정위의 시정 권고에 따른 자진시정이 이뤄지지 않았다는 의미다. 어떤 부분이 문제가 됐는지 공정위가 실제 사례를 바탕으로 재구성한 예시를 살펴보자.

A 씨는 가족과 함께 내년 여름 프랑스 파리로 휴가를 가기 위한 준비를 하고 있었다. A 씨는 일찌감치 숙소를 예약하려 했다. 실제 숙박 예정일이 6개월 이상 기간이 남은 시점에 에어비앤비를 통해

1박에 20만 원짜리 아파트를 10일간 예약했다. A 씨가 선택한 숙소는 A 씨 요청 즉시 예약이 이뤄지는 '즉시 예약 확정 방식'이었다. 여기에서 잠시 '즉시 예약 확정 방식'이 무엇인지 살펴볼 필요가 있다. 에어비앤비를 통한 숙소 예약은 예약 신청 이전에는 소비자(이하 게스트)가 숙소 제공자(이하 호스트)와 연락할 수 없도록 하고 있다. 즉 게스트는 예약 신청 후에야 호스트와 연락할 수 있어 숙소에 대한 보다 자세한 정보를 얻을 수 있다. '즉시 예약 확정 방식' 숙소는 예약 신청과 동시에 예약이 확정되기 때문에 추후 게스트가 호스트와 연락을 거쳐 숙소에 대한 추가적인 정보를 얻게 된 후 마음이 바뀌더라도 위약금 및 서비스 수수료 부담이 생긴다. 에어비앤비에 게시된 숙소 중 약 30%가 이런 '즉시 예약 확정 방식'을 따르고 있다.

A 씨는 숙소 예약 확정 이후 호스트로부터 연락을 받고 깜짝 놀라게 된다. 해당 숙소가 우범지대에 있기 때문에 총기를 소지해서는 안 되고 밤에는 반드시 커튼을 치고 자야 한다는 얘기를 호스트로부터 들었기 때문이다. A 씨는 아내, 아이들과 함께하는 여행이 위험해서는 안 된다고 판단했기 때문에 당장 예약을 취소하려 했다. 그런데 에어비앤비는 전체 숙박 대금 200만 원의 50%인 100만 원을 위약금으로 부담해야 한다고 했다. 또한 전체 숙박 대금의 12%인 24만 원을 에어비앤비에 서비스 수수료로 내야 한다고 했다. A 씨는 아직 여행을 가려면 한참 남았는데도 위약금을 100만 원이나 떼어 간다는 사실이 황당했다. 또한 해당 숙소가 우범지대에 있다는 중요 정보를 미리 제공하지 않은 에어비앤비가 손해 배

상을 해주기는커녕 24만 원의 서비스 수수료를 가져간다는 사실에 분통이 터졌다.

A 씨 사례에서 공정위가 문제라고 본 불공정 약관 조항 사례가 모두 나온다. 우선 에어비앤비는 이용자가 숙소 예정일에서 7일 이상 남겨둔 상태에서 예약을 취소해도 숙박 대금의 50%를 위약 금으로 부과했다. 그래서 A 씨는 숙박 예정일이 한참 남은 상태에서 예약을 취소하려 했음에도 절반을 위약금으로 물어야 했다. 심지어 에어비앤비는 숙박 예정일이 7일 미만으로 남아 있는 경우에는 숙박료 전액을 위약금으로 내도록 했다. 공정위는 예약 취소일로부터 숙박 예정일까지 충분한 기간이 남아 있는 경우 재판매가 가능하기 때문에 에어비앤비에 손실이 발생하지 않는다고 판단했다. 그런데도 숙박 대금의 절반 또는 전체를 위약금으로 가져가는 것은 소비자에게 과도한 손해 배상 의무를 부담하게 하는 조항이라 무효라고 봤다.

공정위가 문제라고 본 또 다른 불공정 약관 조항은 '서비스 수수료 환불 불가 조항'이었다. 에어비앤비는 숙박 대금의 6~12%를 서비스 수수료로 받고 있었다. 에어비앤비가 제공하는 숙소 검색 · 중개, 숙박 대금 결제 및 환불 대행, 호스트와 분쟁 발생 시 개입 등을 포함한 다양한 서비스를 제공하는 데 대해서 수수료를 내도록 한 것이다. 공정위는 '숙박 예약이 취소되는 경우'를 '실제 숙박이 이뤄지는 경우'와 구별하지 않고 일률적으로 이미 받은 서비스 수수료를 전액 환불하지 않는 것은 부당하다고 봤다. 또 숙박 예약 취소가 에어비앤비의 고의 · 과실 때문인지와 관계없이 모든 서비스 수수료를 환불하지 않는 것도 소비자에게 부당하게 불리하다고 봤다.

자진시정을 거부했던 에어비앤비는 공정위의 시정명령에도 불복해 이의신청을 제기했다. 그러나 2017년 3월 이의신청을 취하하면서 시정명령은 확정됐다.

그러나 사건은 이게 끝이 아니었다. 에어비앤비의 '꼼수'가 시작됐기 때문이다. 에어비앤비는 2017년 6월 일부 약관을 변경한다. 그러나 수정한 약관에 문제가 있었다. 모든 호스트·게스트를 상대로 약관을 수정한 것이 아니라 '한국 게스트'만을 대상으로 '숙박 예정일이 30일 이상 남은 시점 취소 시 100% 환불, 30일 미만 남은 경우에도 50% 환불'이라는 조항을 적용했다. 호스트에게는 여전히 '체크인 7일 전까지 예약 취소 시 50% 환불'이란 조항을 적용했다. 이와 관련해 공정위는 "호스트에게는 기존 약관을 사용하고 한국 게스트에게만 호스트가 동의하는 경우에 한해 제한적으로 수정된 엄격 환불 조항을 적용하도록 했다."며 "공정위 시정명령을 제대로 이행한 것으로 볼 수 없다."고 밝혔다. 또 "에어비앤비의 일부 약관 변경 행위는 시정명령에서 지적한 위법성에 여전히 저촉되며 공정위와 협의도 이뤄진 바 없다."고 했다.

수정한 서비스 수수료 조항에도 문제가 있었다. 에어비앤비는 숙박 전 예약 취소 시 자사가 받은 서비스 수수료를 환불해 주기로 했다. 그러나 '단서 조항'을 달아 연간 3회를 초과해 취소하거나 중복 예약 후 취소하는 경우에는 전혀 환불하지 않는다는 내용으로 약관을 변경했다. 공정위는 이에 대해서도 "단서 조항은 시정명령을 제대로 이행한 것으로 볼 수 없다."며 "이와 관련해 공정위와 협의도 이뤄진 바 없다."고 밝혔다.

공정위는 소비자 피해를 야기하는 불공정 약관 조항을 사용하고 시정명령을 받고도 불이행하는 등 가벌성(可罰性, 어떤 행위에 대해 벌을 줄 수 있는 성질)이 현저하다고 판단, 에어비앤비 법인과 대표자를 모두 검찰에 고발했다. 약관법 집행 역사에 있어 공정위가 외국 사업자의 시정명령 불이행 행위를 검찰에 고발한 사례는 당시가 처음이었다.

공정거래법
개정의 역사 - 6

정부가 공정거래법 전부 개정안에 담았지만 국회 심의 과정에서 제외된 주요 사안 중 하나로 '전속고발제 폐지'가 있다. 좀 더 정확히 말하면 공정위는 모든 부문에서 전속고발제를 폐지하는 것은 아니고 가격·입찰 담합과 같은 경성(硬性)담합, 다른 말로 하드코어 카르텔(hard core cartel)에 대한 전속고발제 폐지를 개정안에 담았다. 경성담합은 명칭에서 짐작할 수 있듯 상대적으로 중대한 담합을 의미한다. 경성담합과 대비되는 개념으로 법적으로 일부 허용하는 비교적 가벼운 담합인 연성담합(soft cartel)도 있다. 경쟁 제한성이 있지만 효율 증대 효과도 있는 공동 구매·판매·R&D(연구개발) 등이 대표적이다. 담합이란 이유만으로 기업의 비용 절감이 가능한 공동 구매·판매, 리스크 분산과 시너지를 기대할 수 있는 공동 R&D까지 금지하는 건 안 된다는 판단에서다. 물론 이런 연성담합도 공정거래법 위반이 되는 경우도 있다.

다시 전속고발제 이슈로 돌아가 보자. 전속고발제는 공정위 고발이 있어야만 검찰 기소가 가능하도록 한 제도다. 이런 점에서 공정거래법 위반은 친고죄(범죄 피해자나 기타 법률로 정한 자의 고소·고발이 있어야 공소할 수 있도록 한 범죄)의 성격을 갖는다고 볼 수 있다.

전속고발제가 적용되는 공정위 소관 법률은 공정거래법, 하도급법, 가맹사업법, 대리점법, 표시광고법, 대규모유통업법 등 6개다. 공정위는 해당 6개 법률을 위반한 기업을 적발할 경우 직접 검찰 고발 여부를 결정하게 된다. 다시 말하면 공정위가 해당 기업을 고발하지 않으면 검찰이 기소할 수 없다는 의미다.

공정위에 이런 '엄청난 권한'을 부여한 이유는 무엇일까. 공정위 부위원장을 지낸 지철호는 그의 저서에서 이유를 두 가지로 밝힌다. 첫째, 공정거래법은 경제 활동에 적용되는데 무분별하게 형사처벌 대상으로 하는 것이 부적절하다는 것이다. 이는 법 적용의 대상과 관련된 문제이다. 둘째, 공정거래법은 행위의 외형만으로 위법성이 판단되는 일반 형사사건과 다르다는 것이다. 이는 법 집행의 방법과 관련된 문제다.[52]

이유를 조금 더 자세히 살펴보면 이렇다. '무분별한 형사처벌 대상의 부적절성'에 대해 지철호는 "운동 경기 중에 심판이 지나치게 엄격하게 작은 반칙에도 호루라기를 불어대며 경고나 퇴장을 남발하면 선수들이 위축돼 자기 기량을 충분히 발휘하지 못하여 경기가 재미없게 진행되는 것에 비유할 수 있다. 그러므로 비록 법 위반에 대해 행정적인 제재로 충분한 경우까지 과도한 형사제재를 하면 경제 자체를 위축시키거나 어렵게 한다는 것이다."라고 설명한다.

또한 '외형만으로 위법성이 판단되는 일반 형사사건과 다르다'는 것에 대해서는 "예컨대 '부당한 거래 거절' 위반의 경우 '거래 거절'이라는

---

52) 지철호, 《전속고발 수난시대》, 홀리데이북스, 77p.

외형만으로 위법하다고 인정하는 것이 아니라는 것이다. 경제 분석을 통해 어떤 상황에서 거래 거절이 발생했고, 이런 행위가 시장에 미치는 악영향을 고려하여 부당하다고 판단해야 한다는 것이다. 이처럼 공정거래 사건은 전문적인 집행기관에서 법 집행이 이뤄지기 때문에 전속고발이 필요하다는 것이다."[53]라고 설명한다.

공정위 차원에서 보면 전속고발권은 막강한 권한이지만 반대로 검찰에 있어서는 '눈엣가시'다. 검찰 자체 수사와 기소에 있어 걸림돌이 되는 존재이기 때문이다. 이 때문에 그동안 검찰과 공정위는 전속고발권 유지 · 폐지 문제를 두고 적잖은 갈등을 빚었다. 검찰은 2018년 대대적으로 공정위 퇴직자 재취업 비리 수사에 나섰고, 이를 두고 일각에선 이런 검찰의 움직임이 '전속고발제 폐지 압박용'이라고 분석했다. 물론 공정위가 전속고발권을 갖고도 기업을 적극적으로 고발하지 않아 대기업을 봐주고 있다는 지적도 각계에서 그동안 꾸준히 제기된 상황이었다.

이에 따라 공정위는 전속고발제 폐지를 공정거래법 전부 개정안에 담았다. 해당 내용을 담은 개정안을 발의(2018년 8월)하기 전인 2018년 8월 김상조 당시 공정위원장과 박상기 당시 법무부 장관은 '공정거래법 전속고발제 폐지 합의안'에 서명했다.

당시 법무부 · 공정위는 합동 보도자료에서 "공정거래법상 전속고발제 폐지 범위와 관련해 공정거래법상 민사, 행정, 형사 등의 법체계를

53) 지철호, 《전속고발 수난시대》, 홀리데이북스, 78~79p.

종합적으로 감안해 가격, 공급 제한, 시장 분할, 입찰 담합 등 네 가지 유형의 담합 행위만 전속고발제를 폐지하기로 결정했다."고 했다. 또 "가격이나 입찰 담합 등 중대한 담합은 신규 사업자들의 시장 진입 기회 자체를 박탈해 공정한 경쟁을 저해하며 그로 인한 비효율을 소비자에게 그대로 전가하는 행위로 형사제재 필요성이 높다. 양 기관은 중대한 담합에 대해서는 전속고발제 폐지를 통해 적극적인 형사제재를 해 담합 행위를 근절할 필요가 있다는 것에 공감했다."[54]고 밝혔다.

이런 합의를 두고 당시 공정위 내에선 적지 않은 비판의 목소리가 나왔다. 그러나 대세는 거스를 수 없었다. 공정위는 법무부와 합의안을 반영한 공정거래법 전부 개정안을 국회에 발의했다. 그러나 앞서 언급했듯 20대 국회는 핵심 내용을 모두 제외한 공정거래법 개정안만 2020년 4월 처리했고 전속고발권 폐지를 포함한 다른 주요 사안은 21대 국회의 과제로 남겨졌다.

21대 국회에서 전속고발권 폐지는 사실상 확정된 사안처럼 보였다. 이미 관계 기관인 검찰과 공정위 간 합의가 마무리된 상황이었다. 전속고발제 폐지는 문재인 정부의 공약이었는데 2020년 4월 치러진 총선에서 당시 여당인 더불어민주당이 과반 의석을 차지해 사실상 법 개정을 좌우할 수 있게 됐다.

그러나 이후 국회에서 전속고발권 폐지 사안은 드라마틱한 반전을

---

54) 법무부 · 공정거래위원회 보도자료, 〈중대한 담합 행위에 대한 공정위 전속고발제 폐지〉, 2018.8.21.

거치게 된다. 당시 문재인 정부는 '검찰개혁'에 대대적으로 힘을 싣고 있는 상황이었다. 그래서 "검찰의 힘을 키우는 전속고발제 폐지가 과연 적절하냐."는 목소리가 여당(더불어민주당) 내에서 불거진 것이다. 결국 더불어민주당은 전속고발제를 유지하는 것으로 결론을 내렸다. 이에 따라 공정거래법 전부 개정안은 '전속고발제 폐지' 부분이 제외된 채 2020년 12월 9일 국회 본회의를 통과했다.

전속고발제 관련 논란은 현재도 진행형이다. 정치·경제 상황 변화 등에 따라 언제든 다시 추진될 가능성이 있다. 다만 폐지나 존치가 아닌 '보완'도 하나의 방법이다. 사실 현재 운용되는 전속고발제도 일정 부분 보완이 이뤄진 것이다. '의무고발 요청제'라는 제도가 함께 운용되고 있기 때문이다. 공정거래법은 "검찰총장은 고발 요건에 해당하는 사실이 있음을 공정위에 통보해 고발을 요청할 수 있다."고 규정했다. 또 "공정위가 고발 요건에 해당하지 않는다고 결정해도 감사원장, 중소벤처기업부장관, 조달청장은 사회적 파급효과, 국가재정에 끼친 영향, 중소기업에 미친 피해 정도 등 다른 사정을 이유로 공정위에 고발을 요청할 수 있다."고 했다. 이처럼 검찰총장·감사원장·중소벤처기업부장관·조달청장이 공정위에 고발을 요청하면 공정위가 반드시 검찰에 고발하도록 했다. '고발 권한'을 사실상 분산한 셈이다. 다만 이런 의무고발 요청제에도 허점이 있다. 소위 '깜'이 안 되는 사안에 대해 고발 요청이 남발되거나 반대로 지나치게 고발 요청에 소극적인 경우가 있기 때문이다.

11장

한국은
'갑질 공화국'?

COMPETITION LAW

못 받은
하도급대금

우리나라에서 '갑질 근절'이 사회적 화두로 떠오른 때가 있었다. 갑질은 상대적으로 유리한 위치에 있는 기업 또는 사람이 이런 지위를 이용해 상대방에게 횡포를 부리는 것을 의미한다. 어원은 10간인 갑(甲), 을(乙), 병(丙), 정(丁), 무(戊), 기(己), 경(庚), 신(辛), 임(壬), 계(癸)에서 비롯된 것으로 보인다. 우리는 보통 누군가에게 일을 시키는 계약을 맺을 때 일을 맡기는 사람을 '갑'으로 맡는 사람을 '을'로 표기해 계약서를 작성한다. 이처럼 이때 '갑'의 위치에 있는 자의 '을'에 대한 부당한 대우를 갑질로 흔히 표현한다.

2017년 문재인 정부 출범을 전후로 갑질이 사회적 문제로 불거지면서 공정위가 전면에 나서게 됐다. 공정위가 이른바 갑을문제를 해결하기 위한 '기업거래정책'을 운용하고 있어서다. 주요 수단은 공정위가 운용하는 △하도급거래 공정화에 관한 법률(하도급법)

△가맹사업거래의 공정화에 관한 법률(가맹사업법) △대규모유통업에서의 거래 공정화에 관한 법률(대규모유통업법) △대리점거래의 공정화에 관한 법률(대리점법) 등이다.

이처럼 지금은 별도의 법률로 갑을문제를 규율하고 있지만 원래는 관련 사안들이 공정거래법에 규정돼 있었다(물론 일부 내용만 공정거래법에 규정돼 있었다는 의미다. 공정거래법 내 규정이 미흡한 점, 경제·사회 변화를 고려해 정부와 국회가 갑을문제를 규율할 새로운 법률을 차례로 제정한 것으로 볼 수 있다). 공정위에 따르면 경제기획원(현재의 기획재정부)은 1980년대 초부터 하도급 거래에 있어 원사업자의 우월적 지위를 이용한 관행화된 불공정거래행위를 시정하기 위해 다양한 노력을 기울였다. 당초에는 독립된 법률이 아니라 공정거래법 시행령 제21조에 근거한 하도급 고시에 근거를 뒀다. 그러나 해당 고시가 시행된 이후 하도급 거래와 관련한 사건 수가 대폭 증가하면서 공정거래법상 불공정거래행위 규정에 근거를 둔 고시 체계보다는 독립적인 법률로 운영해야 할 필요성이 대두됐다. 이에 따라 종전 고시의 미비점을 보완해 하도급거래 공정화 정책의 준거로서 지위를 가지는 하도급법을 별도로 제정해 1985년 4월 1일부터 시행하게 됐다.[55] 하도급법 제정 이후에 탄생한 다른 갑을문제 관련 법률(가맹사업법, 대규모유통업법, 대리점법)도 하도급법과 마찬가지로 시간이 지나면서 특정 거래 분야에서 문제가 불거지면서 새롭게 제정된 것이다.

하도급법 위반 사례를 살펴보기 전에 이 법이 적용되는 대상부

---

55) 공정거래위원회, 《공정거래위원회 30년사》, 공정거래위원회, 24p.

터 정리하고 가자. 하도급법의 감시 대상은 '원사업자'이고 보호 대상은 '수급사업자'다. 원사업자는 일을 맡기는 기업이고 수급사업자는 일정한 대가를 받고 해당 업무를 수행하는 기업이다. 2장에서 잠시 언급했듯 하도급법은 원사업자의 범위를 명시적으로 규정하고 있다. 기본적으로 제조 · 수리 · 건설 등을 맡기는 대기업이나 중견기업은 원사업자가 될 수 있다. 그런데 꼭 이렇게 큰 기업만 다른 기업에 사업을 맡기는 것은 아니다. 중소기업도 원사업자가 될 수 있다. 다만 하도급법은 일을 맡기는 중소기업이 수급사업자보다 규모가 클 때에만(보통 매출액이 큰 기업을 규모가 큰 기업으로 본다) 원사업자로 인정한다. 즉 매출액이 더 작은 중소기업이 매출액이 큰 중소기업에 일을 맡기는 과정에서 발생한 갈등에 대해선 하도급법 적용이 어렵다는 의미다. 이는 '경제적 약자인 수급사업자를 보호한다'는 하도급법의 취지를 반영한 것으로 볼 수 있다. 이런 취지를 반영해 수급사업자의 범위도 제한하고 있다. 자산총액 10조 원 이상의 상호출자제한기업집단, 즉 대기업집단의 계열사는 아무리 규모가 작아도 수급사업자로 인정하지 않는다. 총수의 아들이 보유한 대기업집단 계열 벤처회사가 다른 중소기업이 맡긴 업무를 수행하면서 "중소기업으로부터 갑질을 당했다."고 주장하는 것은 일반적인 상식으로 이해가 되지 않듯이 하도급법도 적용하지 않는 것이다.

이제 하도급법이 어떤 위법 행위를 금지하는지 살펴보자. 가장 전형적인 하도급법 위반 행위는 '하도급대금 미지급'이다. 수급사업자에게 일을 맡기면서 원래 주기로 했던 대금을 적게 또는 늦게 주거나 원래 계약에 없었던 업무를 추가로 시키면서 관련한 대금은 안 주는 형태 등을 의미한다. 대표 사례를 통해 위법 유형을 알아본다.

2019년 말 공정위는 현대중공업의 하도급법 위반을 적발해 과징금 208억 원을 부과하고 현대중공업 지주회사인 한국조선해양을 고발한다고 밝혔다. 현대중공업은 2019년 6월 사명을 한국조선해양으로 변경해 지주회사가 됐고, 분할 신설 회사로 동일한 이름의 현대중공업을 설립했다. 공정위가 과징금을 부과한 대상은 분할 신설회사 현대중공업이다(현재는 HD현대중공업, HD한국조선해양 등으로 사명을 바꿨다). 뒤에서 다시 한번 설명하겠지만 결론부터 말하면 고등법원은 이 사건에서 공정위 제재 결정이 상당 부분 잘못됐다는 판단을 내려 과징금 규모가 크게 줄어들었다. 이런 점을 고려하면서 사건을 살펴보자.

공정위 조사에 따르면 현대중공업은 2015년 12월 선박 엔진 부품을 납품하는 사외 하도급업체를 대상으로 간담회를 열어 2016년 상반기 일률적으로 10% 단가 인하를 해줄 것을 요청했다. 하지만 이는 요청보다는 강압에 가까웠다. 요청에 협조하지 않으면 '강제적 구조조정' 대상이 될 수 있다고 압박했다. 현대중공업은 이후 단가계약 갱신 과정에서 하도급업체의 단가를 10% 낮췄다. 2016년 상반기 9만여 건 발주 내역에서 48개 하도급업체를 대상으로 51억 원 하도급대금을 깎았다.

현대중공업은 2016~2018년에는 사내하도급업체에 줄 하도급대금을 결정하지 않은 채 1,785건 추가공사 작업을 맡겼다. 작업이 진행된 후 사내하도급업체의 제조원가보다 낮은 수준으로 하도급대금을 결정했다. 작업 현장에서 추가 공사가 필요하면 사내 하도급업체에 직접 작업을 지시하고 확인하는 현대중공업 생산부서가 실제 작업에 소요되는 공수(MAN-HOUR, 작업 물량을 노동시간 단위로 변환한 것)를 바탕으로 추가 공수를 산정해 예산부서에 예산을 요청했다. 예산부서는 합리적 · 객관적 근거 없이 생산부서가 요청한 공수를 삭감했다. 이 과정에서 사내하도급업체와 협의 절차는 없었다.

현대중공업은 2014~2018년에는 207개 사내하도급업체에 4만 8,529건 선박, 해양플랜트 제조 작업을 위탁하면서 작업 내용, 하도급대금 등 주요 사항을 기재한 계약서를 작업이 시작된 후 발급한 사실도 적발됐다.

당시 공정위가 현대중공업에 부과한 과징금은 공정위가 행정소송에서 최종 패소한 대우조선해양 사건(과징금 267억 4,700만 원 부과)을 제외하면 하도급법 위반 관련 '역대 최대 과징금' 사건이었다(행정소송에서 과징금이 크게 줄었기 때문에 사실 이런 기록은 현재로선 큰 의미가 없다).

당시 이 사건이 더 주목받았던 것은 공정위 조사를 방해한 사실까지 적발됐기 때문이다. 공정위는 현대중공업에 208억 원 과징금을 부과하면서 '현장조사 방해' 혐의로 과태료를 함께 부과했다. 현대중공업 직원들이 조직적으로 PC, 하드디스크드라이브(HDD)를 교체 · 은닉해 증거를 감춘 후 자신만만하게 공정위 현장조사를 기다리고 있었던 사실이 밝혀졌다.

2018년 10월 공정위는 현대중공업 울산 본사 현장을 급습했지만 현대중공업은 나름대로 만반의 준비를 하고 있었다. 당시 현대중공업은 273개 HDD와 101대 PC를 이미 교체하고 중요 자료를 사내망 공유 폴더와 외장 HDD에 은닉해 둔 상태였다. 공정위는 현대중공업 해양사업부의 PC가 최근 유달리 많이 교체된 사실을 파악하고 사내 메신저 대화 내용 파악에 나섰다. 그 결과 메신저를 통해 직원들이 조직적으로 증거를 은닉·폐기한 정황이 포착됐다. 공정위는 사내 CCTV 영상을 요구했다. 이 정도 PC 교체면 분명히 PC를 대거 이동시키는 영상이 어딘가 찍혔을 것으로 예상했기 때문이다. 현대중공업 직원들은 CCTV 영상 제출을 거부했지만 끝까지 버티진 못했다. 현대중공업이 제출한 CCTV 영상에는 직원 4명이 엘리베이터를 통해 PC 등을 옮기는 장면이 담겨 있었다. 당시 공정위가 확보한 현대중공업 직원 간 메신저에는 "공정위 조사 언제 나오는지 아느냐.", "내일까진 가상데스크톱(VDI) 작업이 완료돼야 할 텐데.", "위에서 많이 쪼고 계신다." 등의 대화가 오갔다. 공정위 조사를 이미 예상하고 미리 준비하고 있었다는 추측이 가능하다.

다만 공정위의 현대중공업 제재는 행정소송 과정에서 상당 부분 뒤집힌다. 참여연대는 "2024년 1월 11일 서울고등법원 제3행정부는 공정위가 구 현대중공업에 조선 하도급업체에 대한 납품단가 후려치기 사건으로 약 208억 원의 과징금 처분한 것과 관련해 구 현대중공업의 갑질·불공정행위 전부를 인정하면서도 공정위가 과징금 결정에 재량권을 일탈·남용했다는 이유로 무려 203억 7,500만 원의 과징금을 취소하고 단 4억 3,200만 원만을 인정하는 판결을 내렸다."고 밝혔다. 참여연대는 또 "앞서 법원은 공정위 조사 전 업무용 컴퓨터 100여 대를 조직적으로 교체해 증거인멸에 나선 현대중공업 임직원들에 대해서 '증거인멸이라는 결과가 발생할 수 있다는 가능성을 인식했음에도' 고의는 없었다며 무죄를 선고한 바도 있다."[56]며 공정위가 항소할 것을 주장했다.

56) 참여연대, https://www.peoplepower21.org/economy/1955544

핵심 기술 빼앗기는
중소기업들

하도급 대금 미지급, 계약서 미발급·지연발급 등은 비교적 적발이 많이 되는 전형적인 하도급법 위반 사례다. 반면 '기술 탈취'는 하도급 시장에선 만연한 것으로 평가되지만 정작 적발 사례는 많지 않은 하도급법 위반 형태다.

공정위는 기술 탈취를 보통 '기술 유용(流用. 남의 것을 빼돌려 다른 곳에 씀)'이라고 부른다. 그러나 이 책에선 더 친숙한 용어인 기술 탈취로 적는다. 하도급법에 규정된 기술 탈취 금지 조항은 다음과 같다. "원사업자는 수급사업자의 기술자료를 본인 또는 제삼자에게 제공하도록 요구해서는 안 된다. 다만 원사업자가 정당한 사유를 입증한 경우에는 요구할 수 있다." 여기에서 '기술자료'란 "비밀로 관리되는 제조·수리·시공 또는 용역수행 방법에 관한 자료, 그 밖에 영업활동에 유용하고 독립된 경제적 가치를 가지는 것으로서 대통령령^(시행령)으로 정하는 자료"를 의미한다.

이런 규정만으로는 기술 탈취가 무엇인지 쉽게 이해되진 않는 다. 뒤에서 실제 사례를 살펴보겠지만 이해를 돕기 위해 공정위가 제시한 대표적인 기술 탈취 사례를 살펴본다.

〈대표적인 중소기업 기술 탈취 사례〉

(출처: 공정거래위원회)

[사례1] 기술의 제삼자 유출	대기업이 협력사인 중소기업의 '공정 프로세스 및 설명서, 제품 설계도' 등 관련 기술자료 일체를 요구하고, 관련 자료를 타사에 제공하여 동일한 부품을 제조토록 하는 방법으로 납품업체를 다원화하고 단가를 지속적으로 인하
[사례2] 경영정보 요구	대기업이 수급사업자의 세부 원가 내역서 등 경영정보를 요구하고 최소한의 영업이익(1~2% 내외)만 보장하는 수준에서 계속 단가 책정
[사례3] 거래전 기술유용	대기업이 수급사업자를 선정하는 과정에서 제조방법·도면 등 기술자료를 제출토록 요구해서 기술자료만 획득한 후, 하도급계약은 체결하지 않고 동 기술자료를 유용해 유사제품을 제조
[사례4] 공동특허 출원요구	대기업의 자금출연 등 도움 없이 중소기업이 독자적으로 개발한 기술에 대해 대기업이 공동 특허출원을 요구하여 특허권을 대기업과 공유

기술 탈취 적발 사례를 살펴보자. 공정위는 2018년 두산인프라코어(현 HD현대인프라코어)의 기술 탈취를 적발해 과징금 3억 7,900만 원을 부과했다. 사건의 개요는 이렇다. 두산인프라코어는 2010년부터 이노코퍼레이션이란 수급사업자로부터 굴삭기에 장착하는 에어컴프레셔를 연간 3,000대 납품받았다. 에어컴프레셔는 압축공기를 분출해 굴삭기나 작업자 옷에 묻은 흙·먼지를 제거하는 장비다. 두산인프라코어는 2015년 에어컴프레셔 납품 가격을 18% 낮춰줄 것을 요구했지만 이노코퍼레이션이 이를 거절했다. 그러자 두산인프라코어는 이노코퍼레이션의 에어컴프레셔 제작 도면 31장을 새로운 공급처로 점찍어 둔 제3의 업체에 2016~2017년 기간 총 5차례에 걸쳐 전달해 해당 업체가 에어컴프레셔를 개발하도록 했다. 두산인프라코어는 이노코퍼레이션과 거래 관계에 있었기 때문에 이런 제작 도면을 어렵지 않게 획득할 수 있었다. 제3업체는 두산인프라코어로부터 전달받은 제작 도면을 활용해 에어컴프레셔를 개발했다. 그리고 2016년 7월부터 두산인프라코어에 납품을 시작했다. 제3업체로부터 상대적으로 낮은 가격에 에어컴프레셔를 공급받게 된 두산인프라코어는 2017년 8월 이후 이노코퍼레이션과 에어컴프레셔 공급 거래를 끊었다.

두산인프라코어의 기술자료 탈취는 여기서 끝이 아니었다. 이회사는 또 다른 수급사업자 코스모이엔지로부터 굴삭기 부품인 냉각수 저장탱크를 납품받는 과정에서도 비슷한 위법 행위를 했다. 두산인프라코어는 코스모이엔지로부터 굴삭기 부품인 냉각수 저장탱크를 납품받아 왔다. 그런데 코스모이엔지가 납품 가격 인상을 요청하자 두산인프라코어는 이를 거절한 후 코스모이엔지의 냉각수 저장탱크 제작 도면 38장을 다른 5개 기업에 전달했다. 코스모이엔지 대신 냉각수 저장탱크를 만들어 두산인프라코어에 공급할 수 있는지 확인하기 위해서였다. 두산인프라코어와 도면을 전달받은 5개 기업 간에는 거래조건을 두고 합의가 이뤄지지 않아 결국 거래가 성사되지 않았다. 그러나 공정위는 도면 전달 자체가 궁극적으로 두산인프라코어가 부품 납품 가격을 낮추려는 목적으로 이뤄진 것으로 보고 하도급법 위반이라고 판단했다.

다만 두산인프라코어 사건 역시 법원에서 일부 내용이 뒤집힌다. 지난 2020년 서울고등법원 행정6부는 두산인프라코어가 공정위 처분에 불복해 제기한 행정소송에서 공정위가 부과한 과징금 대부분을 취소하는 판결을 내렸다. 재판부는 두산인프라코어의 기술 탈취는 인정하면서도 공정위의 과징금 처분은 대부분 부당하다고 봤다.

기술 탈취는 내용만 살펴보면 다른 하도급법 위반 사건과 크게 다른 점이 없어 보인다. 그러나 기술 탈취는 공정위가 다루는 사건 중에서도 가장 적발이 어려운 유형에 속한다. 우선 수급사업자의 신고 자체가 적다. 대기업에 제품을 납품하는 중소기업은 매출의 상당 부분을 해당 거래에 의존하는 경우가 많다. 이 경우 설사 일부 자신의 기술이 대기업에 부당하게 흘러갔더라도 "더 이상은 안 되겠다. 이 대기업과 아예 거래를 끊어야겠다."는 정도의 판단이 서지 않는 한 신고를 하지 않게 된다. 공정위가 직접 문제를 인식해 직권조사에 나서도 피해 중소기업이 정보 제공을 꺼릴 수밖에 없다. 기술 탈취 사건이 까다로운 또 다른 이유는 '기술자료'가 맞는지에 대한 판단이 어렵기 때문이다. 앞서 언급했듯 하도급법으로 유용을 금지하는 행위는 '모든 자료'가 아닌 '기술자료'다. 그런데 어떤 자료를 '기술자료'로 볼 것인지를 두고는 전혀 다른 판단이 나오기도 한다. 기술자료의 법적 정의는 앞에서 살펴봤듯 '비밀로 관리되는 제조 · 수리 · 시공 또는 용역수행 방법에 관한 자료, 그 밖에 영업활동에 유용하고 독립된 경제적 가치를 가지는 것'이다. 정의가 다소 모호하다. 하도급법 시행령으로는 △특허권, 실용신안권, 디자인권, 저작권 등의 지식재산권과 관련된 정보 △시공 또는 제품개발 등을 위한 연구자료, 연구개발보고서 등 수급사업자의 생산 · 영업활동에 기술적으로 유용하고 독립된 경제적 가치가 있는 정보라고 규정하고 있다. 구체적으로 정의가 규정된 것이긴 하지만 모호하기는 마찬가지다. 따라서 각 사건마다 기술자료 해당 여부를 두고 다툼이 많다. 당연히 원사업자는 기술자료 탈취 논란이 불거지면 보통 "업계 사람이라면 누구나 쉽게 구할 수 있는 평범한 자료"라고 반박한다. 수급사업자는 "단순해 보이는 자료지만 우리의 노하우가 담긴 소중한 정보"라고 주장한다. 그래서 공정위 심의 과정에서 문제가 된 자료의 기술자료 해당 여부를 두고 치열한 공방이 오간다. 이런 경우 공정위가 다양한 기술에 대한 전문지식이 있는 것이 아니기 때문에 교수 등 전문가 의뢰를 맡기곤 한다. 그러면 대기업도 맞대응 차원에서 교수 등 전문가를 불러 '기술자료가 아님'을 입증하기 위해 노력한다.

이렇게 기술 탈취 사건은 처리가 까다롭기 때문에 공정위 적발

실적도 많지 않은 게 사실이다. 그럼에도 적게라도 적발 사례가 나오는 것은 그동안 관련 규제 강화, 조직 보강 등이 이뤄졌기 때문이다. 그만큼 정부가 기술 탈취 문제를 심각하게 보고 있다는 의미다. 과거 공정위는 기술 탈취 관련 사건을 전담하는 '기술유용감시팀'을 한시 조직으로 운영했다. 그러다 2022년 12월 기술유용감시팀을 기술유용감시과로 정규 직제화하고 인력을 확충하는 내용을 담은 '공정거래위원회와 그 소속기관 직제 개정안'이 국무회의를 통과하면서 기술 탈취 문제를 다루는 전담 정규 조직이 생긴다. 당시 공정위는 기술유용감시과에 대해 "변리사, 변호사, 회계사, 이공계 전공자, 특허청 인사 교류 직원 등 11명의 전문 인력으로 구성된다."고 밝혔다. 또 "각 분야별 기술전문가로 구성된 '기술심사자문위원회'를 통해 외부 전문성도 적극적으로 활용해 중소기업 기술 유용 사건을 전담 처리하게 된다."고 밝혔다. 기술 탈취 사건 처리에 있어 분야별 전문성이 얼마나 중요한지 짐작할 수 있는 대목이다.

눈물의 삼겹살 데이, 그리고 온라인 쇼핑몰

　우리는 종종 백화점 · 대형마트 · 홈쇼핑 · 인터넷 쇼핑몰 등 대형 유통업체의 갑질이 적발됐다는 기사를 접한다. 이처럼 대형 유통업체의 납품업체 및 매장임차인 대상 갑질을 제재하는 것이 '대규모유통업에서의 거래 공정화에 관한 법률(대규모유통업법)'이다. 거래 주체(유통업체와 납품업체 · 매장임차인 간 거래)와 분야(대형 유통 시장)가 달라졌을 뿐 기본적으로는 하도급법과 마찬가지로 '을'을 보호하기 위한 법률이다. 대규모유통업법은 2012년 제정 · 시행돼 상대적으로 역사가 짧다. 2000년대 들어 대형마트가 유통의 대세로 자리잡고 뒤이어 홈쇼핑 · 인터넷 쇼핑몰 · 오픈마켓이 급속하게 성장한 것을 반영했다. 대형 유통업체의 영향력이 커지면서 이들에게 제품을 납품하는 중소업체의 보호 필요성이 대두됐기 때문이다.

　이른바 '삼겹살 데이 사건'을 통해 대규모유통업법상 위법 행위를 살펴본다. 공정위는 2019년 롯데쇼핑에 과징금 411억 8,500만 원을 부과했다고 밝혔다. 롯데쇼핑은 백화점·마트·슈퍼 부문 등의 사업을 하고 있는데 이번 사건은 '마트'와 관련된 부분이라 '롯데마트'로 통일해 표기한다.

공정위 조사 결과 롯데마트는 2012년 7월부터 2015년 9월까지 '삼겹살 데이' 가격 할인행사 등 92건의 판매 촉진 행사를 하면서 가격 할인에 따른 비용을 납품업체에 떠넘겼다. 또 2012년 9월부터 2015년 4월까지 오픈 가격 할인행사(인천 계양점, 전주 남원점, 경기 판교점 등 12개 신규 점포 오픈 행사) 12건의 판매 촉진 행사를 하면서 할인에 따른 비용도 납품업체에 전가했다.

위법 행위는 이뿐만이 아니었다. 롯데마트는 2012~2015년 돈육 납품업체 종업원 총 2,782명을 파견받아 일을 시켰다. 대규모 유통업법상 파견받은 종업원은 해당 납품업자가 납품하는 상품의 판매·관리 업무만 할 수 있다. 그러나 파견 종업원 일부는 상품 판매·관리 외에도 세절(細切)·포장 등 업무를 했고 파견 종업원 인건비도 모두 돈육 납품업체가 부담했다. 또한 롯데마트는 납품업체에 종업원 파견 요청 공문을 보내면서 법정 기재사항을 누락했다. 종업원 파견을 요청할 경우 파견에 따른 예상 이익과 비용 내역, 산출 근거를 객관적이고 구체적으로 작성한 서면을 제공해야 하지만 이런 내용을 누락했다.

롯데마트는 납품업체에 PB(Private Brand) 상품 개발 컨설팅 비용, 세절 비용을 떠넘긴 사실도 적발됐다. 또한 2012~2015년 가격 할인행사 종료 후에도 행사 시 할인 가격을 그대로 유지하거나, 합의한 납품단가보다 낮은 수준으로 납품하게 하는 방식으로 납품업체에 불이익을 줬다.

롯데마트 사례와 같은 판촉 비용 떠넘기기, 정당한 사유 없는 대금 감액이나 납품업체 종업원 사용 등이 전형적인 대형 유통업체의 위법 유형이다.

여기에서 한 가지 궁금한 점이 생긴다. 이미 쇼핑의 '대세'가 된 온라인 부문에선 혹시 상황이 다르지 않을까. 결론부터 말하면 쇼핑의 '공간'만 바뀌었을 뿐 오프라인에서든 온라인에서든 비슷한 유형의 갑질이 발생하고 있다. 물론 온라인 쇼핑에서만 나타나는 특징이 일부 있긴 하지만 갑질의 본질은 바뀌지 않았다는 것이 업계의 일반적인 평가다. 쿠팡의 사례를 통해 온라인 쇼핑의 불공정 행위 유형을 알아본다.

지난 2021년 공정위는 쿠팡의 공정거래법 및 대규모유통업법 위반을 적발해 과징금 총 32억 9,700만 원을 부과했다. 다만 쿠팡이 이런 처분에 불복해 행정소송을 제기했고 고등법원은 쿠팡의 손을 들어줬다. 아직 대법원 판결이 남았지만 현재로서는 공정위 판단이 잘못된 것으로 결론이 난 것이다. 이런 점을 고려해 위법 여부보다는 공정위의 온라인 쇼핑에 대한 '문제의식'이 무엇인지에 집중해 이번 사건을 살펴본다.

우선 이번 사건에서 문제가 된 쿠팡의 '최저가 매칭 가격정책'을 살펴보자. 쿠팡은 온라인 시장에서 자신의 경쟁사(이마트, 11번가, G마켓 등)가 판매가격을 낮추면 곧바로 자신의 판매가격도 최저가에 맞춰 판매하는 최저가 매칭 가격정책을 운영했다. 그런데 공정위는 쿠팡이 이런 정책을 위해 납품업체를 압박했다고 판단했다. 2017~2020년 기간 쿠팡은 경쟁사들이 일시적 할인 판매 등을 시행할 때 납품업체에 이 경쟁사 온라인 쇼핑몰에서 판매가격을 높일 것을 요구했다. 쿠팡의 판매가격을 낮추는 것이 아니라 납품업체를 압박해 경쟁 온라인 쇼핑몰에서 판매가격을 높이는 식으로 '최저가 매칭 가격정책'을 이행했다는 것이 공정위 판단이다. 이에 대해 공정위는 공정거래법상 거래상 지위 남용 금지 규정을 적용했다. 납품업체와 경쟁 온라인 쇼핑몰 간 거래 내용을 제한하거나 영향력을 행사해 납품업체 의사결정의 자유를 침해하고 경영 활동에 부당하게 관여한 경영간섭 행위에 속한다는 것이다.

이제 대규모유통업법 위반 혐의를 살펴보자. 쿠팡은 2017~2019년 기간 총 128개 납품업체에 총 397개 상품에 대해 최저가 매칭 가격정책에 따른 마진 손실을 보전받기 위해 총 213건 광고를 구매하도록 요구했다. 납품업체가 내는 광고비를 기반으로 최저가 매칭 가격정책을 유지한 셈이다. 쿠팡은 또 2018~2019년 소비자에게 다운로드 쿠폰 등 할인 혜택을 제공하는 방식으로 행사를 하면서 이 행사에 참여한 납품업체에 할인 비용 약 57억 원을 전액 부담하도록 했다. 대규모유통업법은 대형 유통업체가 납품업체에 판촉 비용을 분담하도록 하더라도 50%를 초과하지 못하게 했는데, 이 규정을 어긴 것이다. 쿠팡은 2017~2019년에는 직매입 거래(대형 유통업체가 상품을 사들인 후 판매되지 않은 부분에 대해서도 책임을 떠안는, 즉 반품하지 않는 형태)를 하고 있는 총 330개 납품업체로부터 판매장려금 약 104억 원을 받았다. 판매장려금은 직매입 거래에서 납품업체가 "우리 상품 좀 잘 팔아주세요."라며 대형 유통업체에 지급하는 돈 등을 말한다. 대규모유통업법은 대형 유통업체가 납품업체로부터 판매장려금을 받으려면 판매장려금 지급 금액·횟수 등 시행령이 정하는 사항을 '연간 거래 기본계약'으로 약정하도록 했다. 그런데 쿠팡이 이런 약정 없이 판매장려금을 받았기 때문에 대규모유통업법을 위반했다는 것이 공정위 판단이었다.

그런데 이 사건이 주목받은 것은 위법 행위 유형 때문이 아니었다. "쿠팡 때문에 피해를 봤다."는 납품업체에 주요 대기업이 포함되면서 이목을 끌었다. 공정위는 온라인 유통 거래에서 쿠팡이 주요 대기업보다 거래상 우월적 지위가 있다고 봤다. 이 사건 보도자료에서 "특히 본 건은 온라인 유통업자도 오프라인 유통업자(백화점, 마트 등)와 마찬가지로 대기업(또는 인기 상품을 보유한) 제조업체에 대해 거래상 우월적 지위가 인정되었다는 점에서 의의가 크다."[57]고 밝히기도 했다. 그러나 이런 판단은 행정소송에서 공정위 발목을 잡게 된다.

서울고등법원 행정7부는 2024년 초 쿠팡이 공정위를 상대로 낸 시정명령 및 과징금 부과 처분 취소 소송에서 원고(쿠팡) 승소 판결을 내렸다. 재판부는 "거래 당사자 사이에 모든 조건이 동등한 경우는 오히려 이례적"이라며 "행위자가 거래 상대방에 비해 사업 능력 면에서 다소 우위를 점하고 있다는 사정만으로 쉽사리 거래

---

57) 공정거래위원회 보도자료, 〈쿠팡(주)의 경영간섭, 판촉비 전가 등 불공정 행위 엄중 제재〉, 2021.8.19.

상 지위를 인정해서는 안 된다."고 판단했다. 재판부는 또 "피고(공정위)가 제출한 증거들만으로는 쿠팡의 판매가격 인상 요구 행위가 단순한 제안을 넘어 최소한의 강제성을 가진 행위로서 정상적인 거래 관행을 벗어난 것이라고 인정하기 어렵다."고 했다. 광고 강매 혐의에 대해선 "광고 구매를 요구한 것만으로는 강매가 성립하지 않는다."고 봤다. 재판부는 '할인 비용 전가'에 대해선 "쿠팡이 1차례 행사에서 5,000여만 원을 부당하게 전가했다고 인정한 부분을 제외하고는 인정하기가 어렵다."고 밝혔다. 이처럼 쿠팡 사건은 공정위 패소로 일단락됐다.

기업거래 업무가
외면받는 현실

기업거래정책, 즉 '을'의 보호는 공정위 본연의 중요한 역할로 자연스럽게 이해된다. 그러나 정작 공정위 직원들은 기업거래 업무를 그다지 선호하지 않는다. 공정위 내에서 기업거래 관련 업무는 "사회적으로 주목은 많이 못 받고 일은 힘들다."는 인식이 있다. 실제로 공정위의 기업거래정책이 주목받은 시기는 '갑을문제'가 이슈였던 문재인 정부 때를 제외하곤 별로 없다. 그런데 피해를 호소하는 '을'은 워낙 많기 때문에 업무 자체는 상당히 고되다.

공정위 업무에 있어서도 기업거래정책은 고민이 많은 영역이다. 2017년 김상조 당시 공정위원장이 취임사에서 한 말이 이런 고민을 그대로 보여준다.

김 위원장은 취임사에서 "공정위가 시대적 책무를 수행하는 데 많은 제약 요인이 가로놓여 있다는 것 역시 부정할 수 없는 현실"

이라며 '가장 근본적인 제약 요인'의 하나를 다음과 같이 소개한다. 그는 "'경쟁법의 목적은 경쟁을 보호하는 것이지 경쟁자를 보호하는 것이 아니다'라는 법언이 있다."며 "경쟁법과 관련된 일을 하는 분이라면 누구나 알고 있는 유명한 명제"라고 했다.

김 위원장은 이 명제가 공정위의 궁극적 목적은 시장의 경쟁구조를 유지·강화해 소비자 후생을 증진하는 것이지 경쟁자, 특히 경제 사회적 약자를 보호하는 것 자체를 목적으로 삼아서는 안 된다는 것을 의미한다고 설명한다. 그의 설명을 그대로 빌리면 1970년대 이후 미국에서 주류적 흐름으로 자리 잡은 이 명제가 우리나라의 경쟁법 및 그 집행 체계 전반의 근저를 이루고 있다. 문제는 사회가 공정위에 요구하는 바는 상당히 다르다는 점이다. 김 위원장은 "(사회의 요구는) 거칠게 요약하자면 경쟁자, 특히 경제 사회적 약자를 보호해달라는 것"이라며 "대규모기업집단의 경제력 오남용을 막고 하도급 중소기업, 가맹점주, 대리점 사업자, 골목상권 등 '을의 눈물'을 닦아달라는 것"이라고 했다.

김 위원장은 을의 눈물을 닦는 것이 문재인 정부의 핵심 공약이라고 설명하면서도 "문제는 공정위가 서 있는 법 제도적 기반('경쟁' 보호를 통한 소비자 후생 증진)과 공정위에 대한 사회적 요구('경쟁자' 보호를 통한 경제사회적 약자 권익 증진)가 꼭 양립하는 것은 아니라는 데 있다."고 설명한다. 아울러 "솔직히 말씀드리면 그 양자 사이의 괴리가 상당히 크다."며 "공정위에 대한 기대가 큰 만큼 실망도 크고 질책도 크다고 저는 생각한다. 이 괴리가 계속된다면 공정위에 부여된 시대적 책무를 다하기 어렵다."고 설명했다.

이런 고민은 아직 해결되지 않고 있다. 시간이 흐르면서 공정위는 다시 자연스럽게 '본연의 역할'인 '경쟁 보호'에 집중하게 됐다. 물론 갑을문제 해결에 있어 공정위가 손을 놓았다는 의미는 아니다. 다만 갑을문제가 이슈가 됐던 당시와 비교해 현재의 공정위가 을의 눈물을 닦는 데 얼마나 많은 정책 역량을 쏟고 있는지는 의문이다. 인력 부족이란 고질적 문제가 있긴 하지만 개선의 여지가 크다고 본다. 공정위가 경쟁당국 본연의 역할이란 명제에 얽매여, 그리고 '일은 고되고 주목은 못 받는' 현실 때문에 기업거래정책을 소홀히 한다면 사회의 수많은 '을'들은 과연 어디서 희망을 찾을 수 있을까. 정권의 판단에 따라 혹은 정치적 이유로 갑을문제 해결에 금방 불이 붙었다가 금세 사그라지는 형태의 정책 운용으로는 문제를 해결할 수 없다. 을의 눈물을 닦아주는 것도 공정위 본연의 역할이라는 기본자세, 그리고 이를 뒷받침하는 정책적 지원이 뒷받침돼야 한다.

12장

강한 처벌이 능사는 아니다

COMPETITION LAW

알아서 고치면
제재하지 않겠다?

공정위가 공정거래법 등 위반 기업을 제재하는 것을 두고 불거지는 논란 중 하나는 "정작 불공정행위로 피해를 입은 기업은 구제받지 못한다."는 것이다. 앞서 언급했듯 공정거래법 위반 기업에 대한 제재의 주요 세 가지 축은 시정명령, 과징금, 검찰 고발이다. 이는 모두 공정거래법 위반 기업에 대한 제재의 일환이며 피해 기업에 대한 직접적 구제로서 의미는 사실상 없다. 법 위반 기업이 낸 과징금은 피해 기업에게 돌아가는 것이 아니라 국고로 귀속된다. 피해 기업이 보상을 받으려면 별도 민사소송을 제기해야 한다. 공정위가 내린 제재 결정이 소송에 도움이 되긴 하지만 만약 위법 기업이 공정위 처분에 불복해 행정소송을 제기한 상태라면 큰 도움이 안 될 수 있다. 대법원에서 최종 행정소송 결과가 나올 때까지 민사소송을 끌고 갈 만큼 자금·시간 여유가 있는 피해 기업은 그리 많지 않을 것이다.

이런 차원에서 '대체적 분쟁해결 제도'가 주목받고 있다. 제도 중 하나인 동의의결은 위법 기업에 대한 제재보다 피해 기업의 신속한 구제에 초점을 맞춘 제도다. 동의의결제는 공정거래법 등 위반 혐의 기업이 스스로 위법성을 시정하고 피해구제 등을 약속하면 공정위가 위법 여부를 판단하지 않고 사건을 신속하게 종료하는 제도다.

공정거래법은 "공정위 조사나 심의를 받고 있는 사업자 또는 사업자단체는 해당 조사나 심의의 대상이 되는 행위로 인한 경쟁 제한 상태 등의 자발적 해소, 소비자 피해구제, 거래 질서의 개선 등을 위해 동의의결을 해줄 것을 공정위에 신청할 수 있다."고 규정하고 있다.

동의의결제는 한국만의 독특한 제도는 아니다. 동의의결제는 1915년 미국에서 처음 도입됐다. 김형배에 따르면 미국의 경우 FTC가 법원의 승인을 거치지 않고 피심인과 합의하는 '동의명령(consent order)'과 법무부 반독점국과 피고 간 합의에 대해 법원이 승인하는 '동의판결(consent decree)'이 있다. 동의명령은 FTC가 의견 수렴을 거쳐 자체적으로 결정하는 반면 동의판결은 법원에서 판사가 허용 여부를 결정한다.[58] 이밖에 일본은 동의심결제도, EU는 화해 결정(commitment decision)이라는 비슷한 제도를 운용하고 있다.

공정위는 신속한 피해구제 등을 위해 2005년부터 동의의결제

....

58) 김형배, 《공정거래법의 이론과 실제》, 도서출판 삼일, 1,006p.

도입을 추진했다. 그러나 2007년 당시 법무부가 "동의의결은 위법성 여부를 판단하지 않는다."는 점을 지적하며 법 집행의 형해화(形骸化) 우려를 제기했다. 이에 따라 중대·명백한 위법 행위, 담합에 대해선 동의의결을 적용할 수 없도록 하는 방향으로 합의가 이뤄졌다. 이런 내용을 담은 공정거래법 개정안이 2008년 7월 국회에 제출됐다. 그러나 일부 국회의원이 동의의결제 도입을 반대하면서 공정거래법 개정안은 국회를 통과하지 못했다.

이후 논의가 지지부진하던 동의의결은 2012년 발효된 한미 자유무역협정(FTA)을 계기로 도입됐다. 당시 미국 정부가 우리나라에 동의의결제 도입을 요구했다. 앞서 마이크로소프트(MS) 등 미국 기업에 대한 공정위 제재 사례가 있었다는 점에 비춰볼 때 미국 입장에선 한국에서 동의의결제를 도입하는 것이 미국 기업에 유리하다고 판단한 것으로 보인다. 동의의결제 도입을 위한 공정거래법 개정안은 한미 FTA 부속 법안 중 하나로 2011년 7월 국회에 다시 발의됐고 같은 해 11월 국회를 통과해 12월 2일부터 시행됐다.

동의의결 절차는 위법 혐의 기업의 신청이 있어야 시작된다. 공정위는 신청서를 접수해 동의의결 절차를 시작할지를 결정한 후, 절차 개시가 확정되면 해당 기업과 함께 '잠정 동의의결안'을 작성한다. 이후 잠정 동의의결안을 두고 이해관계자 등과 의견을 교환해 '최종 동의의결안'을 마련해 공정위 심의에 상정하게 된다. 일반 사건과 마찬가지로 공정위 소회의 또는 전원회의를 거친다는 의미다. 이 심의에서 동의의결안을 확정할 경우 해당 사건은 그대로 종결되고 대신해 동의의결 절차가 시작된다.

〈동의의결 절차〉

(자료: 공정거래위원회)

절차 개요

| 사업자의 동의의결 신청 (심의일 전까지) | → | 절차 개시 여부 결정 (동의의결 신청 보고 후 14일 이내 위원회 심의) | 개시 결정 (심의절차 중단) → | 잠정동의의결안 작성 (30일 이내) | → |

| 위원장 보고 후 잠정안 결정 | → | 의견 수렴 절차
• 이해관계인, 관계행정기관
• 검찰총장과 서면 협의
(30일 이상 60일 이하) | → | 최종동의의결안 상정 (14일 이내) | → | 동의 의결 확정 |

동의의결
첫 사례는

동의의결제는 2011년 12월 시행됐지만 이 제도를 적용한 첫 사례는 2014년에 나온다. 사건의 개요는 이렇다. 당시 포털사이트 '네이버'와 '다음'에서 상품·서비스 등을 검색한 결과가 '일반 검색 결과'인지 '광고'인지 잘 구분이 되지 않는다는 논란이 있었다. 공정위는 직권조사를 실시해 네이버와 다음이 시장지배력을 남용했다고 판단하고 양사에 심사보고서(검찰의 공소장에 해당)를 송부했다. 네이버와 다음은 심의를 앞둔 2013년 11월 잇달아 공정위에 동의의결을 신청했다. 2014년 3월 공정위가 최종 동의의결을 확정하면서 국내 첫 동의의결 적용 사례가 탄생한다.

현재 우리가 네이버·다음에서 보는 검색 결과는 당시 동의의결을 반영해 개선된 것이다. 이때 수정된 사안을 몇 개만 살펴보면 우선 '서비스 명칭'에 회사명 표기가 적용됐다. 일례로 과거에는 네이버에서 특정 아파트를 검색하면 서비스 명칭에 '부동산'이라고만 표기됐는데 이것이 '네이버 부동산'으로 바뀌었다. 또한 과거에는 네이버·다음 이용자가 특정 상품이나 서비스를 검색할 때 원래는 일반 검색 결과인지, 광고인지 명확히 구분하기가 어려웠는데 동의의결을 거쳐 광고인 경우 '노란색 음영'을 채워 넣도록 했다. 현재 우리가 네이버와 다음에서 '일반 검색 결과'와 '광고'를 비교적 명확히 구분할 수 있게 된 것은 공정위 동의의결 덕분이다. 현재는 광고 여부를 구분하는 방식이 당시의 '노란색 음영'과는 다소 달라졌다. 2024년 현재 스마트폰을 이용해 네이버 애플리케이션에서 '스마트폰'을 검색하면 상단에 '파워링크'와 '스마트폰 관련 광고'라는 문구가 나온다.

네이버와 다음은 이런 조치와 별개로 총 1,040억 원(네이버 1,000억원, 다음 40억 원) 규모의 소비자·중소사업자 지원 계획을 내놨다. 동의의결의 전제 조건이 경쟁 제한 상태 등의 자발적 해소와 더불어 △소비자 피해구제 △거래 질서의 개선 등이기 때문에 '위법 혐의 시정'만으로는 조치가 부족했기 때문이다. 당시 네이버가 내놓은 피해구제 방안은 △공익법인 설립 및 기금 출연(3년간 200억 원) △소비자 후생 제고와 상생 지원 사업 집행(3년간 300억 원) △중소상공인 희망재단 연계 운용(500억 원) 등이었다. 다음은 △피해구제 기금 출연(2년간 10억 원) △온라인 생태계 지원 사업 집행(3년간 30억 원)을 약속했다.

당시 네이버가 약속한 '공익법인 설립'에 따라 만들어진 기관이 현재의 한국인터넷광고재단이다. 한국인터넷광고재단은 설립 목적을 '인터넷 광고 시장의 소비자·중소사업자 보호 및 공정경쟁질서 확립'으로 명시하고 있다. 주로 인터넷 부당 광고 감시 및 조사, 인터넷 광고 피해 지원, 정책연구, 인터넷 광고 교육 등을 수행한다.

동의의결은
면죄부?

위법 혐의를 받는 기업 입장에서 동의의결은 아주 유용한 제도다. 우선 공정위의 정식 사건 처리와 비교해 신속하게 사건을 마무리시킬 수 있다(공정위 조사부터 심의, 행정소송에 걸리는 수년의 기간은 기업에 큰 부담이다). 과징금, 검찰 고발 등 제재가 확정될 경우 치러야 할 각종 비용(평판 훼손 등 사회적 비용까지 포함)도 완화할 수 있다. 동의의결 이행에 따라 당장 치러야 할 금전적 비용이 많을 수는 있지만 공정위 제재 확정 후 진행될 행정소송 비용과 패소 가능성 등을 감안하면 오히려 경제적으로 유리할 수 있다.

위법 행위로 피해를 입은 기업이나 소비자 입장에선 비교적 신속하게 실질적 구제를 받는다는 것이 큰 장점이다. 공정위 입장에선 신속한 사건 처리로 행정력 낭비를 줄일 수 있다. 공정위 대형 사건은 조사에 보통 수년이 걸리고 이를 위해 다양한 내부 · 외부 전문가가 투입된다. 동의의결로 사건을 마무리할 경우 위법성을 따로 입증할 필요가 없기 때문에 여기에 드는 시간·비용을 아낄 수 있다.

다만 최종 동의의결안이 나오기까지 공정위도 적지 않은 노력을 기울인다. 공정위 내에선 "차라리 정식 사건으로 처리하는 것이 낫다."는 목소리도 나온다. 적절한 동의의결안을 찾을 때까지 위법 혐의 기업, 이해관계자 등과 논의하는 과정이 결코 단순하지 않다는 이유에서다. 그러나 사실 공정위가 가장 신경을 쓰는 부분은 동의의결로 사건을 종결할 경우 어김없이 나오는 '면죄부'에 대한 비판이다. 뒤에서 살펴볼 애플코리아 사례처럼 일부 기업은 공정위 심의가 진행되는 과정을 지켜보다가 결론이 불리할 것으로 전망될 때 동의의결을 신청하는 경우도 있다. 이때 공정위가 동의의결을 수용하면 면죄부 비판은 더욱 거세진다. 명시적으로 밝히진 않지만 검찰 입장에서도 동의의결은 껄끄러운 제도다. 동의의결은 공정위 선에서 사건을 그대로 종결시켜 버리는 것이기 때문에 검찰이 추가 조사할 여지가 사실상 사라지기 때문이다.

동의의결의 면죄부 논란을 피하려면 동의의결 절차 개시 여부 결정 및 확정에 있어 '엄격한 기준'을 도입하는 노력이 필요하다. 현행 공정거래법은 동의의결 절차 개시 여부를 결정할 때 신속한 조치의 필요성, 소비자 피해의 직접 보상 필요성 등을 종합적으로 고려하도록 규정하고 있다. 또한 '동의의결제도 운영 및 절차 등에 관한 규칙(공정위 고시)'은 동의의결 개시 절차를 시작할지 말지를 판단할 때 해당 사건을 동의의결로 처리하는 것이 △해당 행위의 중대성, 증거의 명백성 여부 등 사건의 성격과 시간적 상황에 비춰 적절한 것인지 여부 △소비자 보호 등 공익에의 부합성을 고려하도록 하고 있다. 그러나 이런 현행 기준만으로 동의의결의 신뢰성을 담보할 수 있는지는 고민해 볼 문제다.

공정위가 동의의결을 진행하기로 결정했다면 위법 혐의 기업이 자신이 약속한 일들을 제대로 지켜가고 있는지 철저히 관리하는 것도 중요하다. 원래 동의의결 사후관리는 공정위가 직접 담당했는데 관리 부실 논란이 있었다. 동의의결 절차는 보통 수년에 걸쳐 진행되는데 공정위는 행정 조직이라 그동안 인사이동이 있을 수밖에 없고 이 과정에서 인수인계가 제대로 되지 않는 일이 있었기 때문이다. 국회는 2020년 공정거래법을 개정해 공정위의 동의의결 사후관리 업무를 공정위 산하기관인 한국공정거래조정원에 맡겼다. 공정거래조정원의 '동의의결이행관리 운영지침'에 따르면 공정거래조정원은 동의의결 이행 기업으로부터 분기마다 보고서를 제출받아 이행 실적을 점검·평가하고 있다. 이를 바탕으로 작성한 분기별 결과보고서는 공정위에 보고하고 있다.

결국 적용한 동의의결,
과연 적절했나

공정위가 애플코리아(이하 애플)의 동의의결을 최종 수용하면서 논란이 된 적이 있었다.

애플은 국내 이동통신사들을 대상으로 갑질을 한 혐의로 공정위 조사를 받았다. 아직 기억하는 사람이 있겠지만 애플의 스마트폰 '아이폰' TV 광고 중 국내 이통사의 로고가 아주 짧게 나오는 것이 있었다. 전체 약 15초 분량 광고 중 국내 이통사의 로고는 말미에 1초 정도 나오는 식이었다. 이처럼 사실상 '아이폰 광고'를 하는데 관련한 비용을 애플이 아닌 이통사가 전액 부담하고 있어 부당하다는 논란이 일었다. 국내 이통사들의 피해는 이뿐만이 아니었다. 애플이 △이통사로부터 보증 수리 촉진 비용을 받고 △이통사에 특허권 무상 허가 조건과 일방적인 계약 해지 조항을 설정하고 △이통사의 단말기 소매 가격 결정과 광고 활동에 관여한 혐의가 불거졌다. 이런 계약이 가능했다는 점에 비춰 볼 때 국내에서 대기업이자 독과점 사업자라는 이통3사도 스마트폰 시장에서 고유의 영향력을 가진 애플 앞에서는 '을'의 위치였음을 짐작할 수 있다. 공정위는 애플의 공정거래법 위반 혐의(앞에서 살펴본 '거래상 지위 남용' 혐의다)를 포착해 조사를 진행했고 2019년 심의 단계에 이르렀다.

그러나 애플은 공정위 심의가 진행되는 과정이었던 2019년 6월 갑자기 동의의결을 신청했다. 공정위는 2차례의 심의를 거쳐 동의의결 절차를 개시했다.

애플은 문제로 지적됐던 관행을 대거 시정하기로 했다. 구체적으로 이통사에 수리비를 떠넘기는 수단이었던 '보증 수리 촉진 비용'을 없애기로 했다. 이통사와 '어떤 사유로든 또는 아무런 사유 없이도' 계약을 끊을 수 있었던 계약 조항도 삭제하기로 했다. '광고기금'을 조성해 이통사에 광고비를 떠넘겼던 문제도 해결하기로 했다. 광고기금 적용 대상 일부를 제외하고 기금 협의·집행 절차를 투명하고 공정하게 개선하기로 한 것이다.

또한 애플은 소비자 후생 제고와 중소기업과의 상생을 위해 총 1,000억 원 규모의 상생지원기금을 신설하기로 했다. 구체적으로 △400억 원은 제조 분야 중소기업을 위한 '제조업 연구개발(R&D) 지원센터' 설립 △250억 원은 교육 프로그램 제공을 위한 '디벨로퍼(developer) 아카데미' 설립 △100억 원은 디지털 교육에 투입한다. 나머지 250억 원은 아이폰 사용자 지원에 투입한다. 아이폰 사용자 유상 수리 비용 10% 할인, 애플케어플러스(AppleCare+) 서비스 10% 할인 등이 주요 내용이다.

애플의 동의의결 신청부터 이런 최종안을 확정하기까지 무려 1년 6개월이 걸렸다. 그만큼 공정위가 판단에 신중을 기했다는 의미로 볼 수 있다. 그럼에도 면죄부 논란이 적잖이 일었다.

가장 큰 논란은 애플이 약속한 상생지원금액 1,000억 원의 '규모'였다. 공정거래법은 동의의결에 따른 기업의 시정방안에 대해 '법을 위반한 것으로 판단될 경우 예상되는 시정조치, 그 밖의 제재와 균형'을 이루도록 하고 있다. 이에 따라 동의의결로 인한 상생 지원 규모는 공정위가 조사를 거쳐 사건으로 처리할 때 부과할 과징금 등과 비슷한 수준이 돼야 한다는 것이 일반적인 평가다.

업계에선 애플의 상생지원액 1,000억 원이 부족하다는 지적이 나왔다. 우선 1,000억 원은 공정위가 이번 사안 이해관계자 등으로부터 의견을 수렴하기 이전인 2020년 8월 이미 공개했던 수준이다. 약 5개월 동안의 의견 수렴에도 애플의 상생지원 규모에는 변화가 없었던 것이다. 이 의견 수렴과정에서 과학기술정보통신부는 애플의 지원액을 2,000억 원으로 늘려야 한다고 주장했다. 당시 김영식 국민의힘 의원은 광고업계가 추정한 광고비 떠넘기기 규모가 1,800억~2,700억 원이라며 지원 규모를 늘릴 것을 주장했다. 그러나 공정위는 이를 반영하지 않았다.

당시 애플은 공정위 결정을 두고 "이번 동의의결 최종 승인에 대해 기쁘게 생각한다."며 "앞으로 기존 투자를 확대하고 가속화하는 한편 새로운 투자를 통해 국내 공급 및 제조업체, 중소기업과 창업자 및 교육 부문에 더 크게 기여하겠다."고 밝혔다.

조성욱 당시 공정위원장은 언론 브리핑에서 애플에 대한 '면죄부' 지적에 대해 "동의의결은 원칙상 엄격한 요건과 절차에 따라서 이뤄지는 것이기 때문에 어떤 기업을 봐준다는 것은 사실상 불가능하다."고 했다. 또 "(동의의결 결정 과정에서) 이해관계인에게 의견 제출 기회를 부여하고 관계 행정기관에 의견을 수렴하는 절차를 거쳤다."며 "이런 의견 수렴 절차 중에는 검찰총장과 협의도 있었는데 검찰총장은 '이견이 없다'고 전했고 이해관계 당사자들도 이 부분에 대해 '동의한다'고 얘기했다."고 밝혔다.

〈애플 동의의결 절차 진행경과〉

(자료: 공정거래위원회)

2019년 6월 4일	동의의결 신청
2019년 9월~	동의의결절차 개시 심의
2020년 6월 17일	동의의결절차 개시
2020년 8월 25일~10월 23일	이해관계자 · 관계부처 의견 수렴 및 검찰 협의
2020년 11월 24일	최종 동의의결안 상정
2021년 1월 27일	최종 동의의결 확정

동의의결이라는 제도의 특성상 면죄부 논란은 앞으로도 계속될 것으로 보인다. 지속적인 제도 개선이 필요하다. 다만 동의의결을 무조건 면죄부라고 지적하는 것은 옳지 않다. 사안에 따라 법 위반 기업에 강한 제재를 내리기보다 동의의결로 자진시정 및 피해구제를 유도하는 것이 합리적인 경우가 분명히 있을 것이기 때문이다.

사건까지 갈 필요야, 제가 조정할게요

　공정위의 정식 사건으로 처리하지 않는 '대체적 분쟁해결 제도'
로는 동의의결 외에도 '분쟁조정 제도'가 있다. 법률 용어로서 '조
정'과 '중재'의 차이를 알면 분쟁조정 제도를 보다 쉽게 이해할 수
있다. 우선 조정은 중립의 조정자가 분쟁 당사자 사이에서 타협안
을 제시해 당사자가 모두 이를 수락하는 경우 절차가 마무리되는
방식이다. 중재는 당사자가 중재기관의 결정을 거부할 수 없다는
점에서 조정과 차이가 있다.

　공정거래와 관련한 분쟁조정 제도 운용은 공정위 산하기관인
공정거래조정원이 맡고 있다. 공정거래조정원의 설립 근거와 역할
은 모두 공정거래법에 규정돼 있다. 분쟁을 실제로 조정하는 것은
공정거래조정원 내 분쟁조정협의회가 맡는다. 분쟁조정협의회는
위원장 1명(공정거래조정원장이 겸임)과 7명 이내의 위원으로 구성된다.

상대 기업의 공정거래법 등 위반으로 피해를 입었다고 판단되는 사업자는 분쟁조정협의회에 신청서를 제출할 수 있다. 그러나 공정거래법상 모든 행위가 조정 신청 대상은 아니다. 구체적으로 공정거래법 45조 1항인 '불공정거래행위'에 해당해야 한다. 구체적으로 △단독의 거래 거절 △차별적 취급 △경쟁사업자 배제 △부당한 고객 유인 △거래강제 △거래상 지위 남용 △구속조건부거래 △사업 활동 방해 등이 여기에 해당한다.

공정거래법 외에도 가맹사업법, 하도급법, 대규모유통업법, 약관법, 대리점법 등과 관련한 분쟁에 대해서도 조정 절차를 진행할 수 있다.

분쟁조정협의회는 조정이 성립된 경우 '조정조서'를 작성하게 되는데 이는 재판상 화해와 동일한 효력을 갖는다. 즉 분쟁 당사자가 모두 합의한 조정조서가 작성됐음에도 한쪽이 조정 내용을 이행하지 않으면 법원을 통해 강제 집행할 수 있다.

분쟁조정 제도의 가장 큰 장점은 '신속한 해결'이다. 공정위로선 정식 사건으로 처리하는 '업무 부담'을 덜 수 있다는 장점이 있다. 그렇기 때문에 공정위는 사건이 접수될 경우 우선 조정부터 의뢰하는 경향이 있다.

분쟁조정이 실제로 어떻게 이뤄지는지 공정거래조정원이 제시한 사례를 통해 간단히 알아본다. A 씨는 2018년 초 편의점 가맹본부(본사) B사와 가맹계약을 해 가맹점 두 곳을 운영하기로 했다. 이 과정에서 B사로부터 매장 개설을 지원받고 별도의 지원금을 받았다. 이후 A 씨는 성실하게 자신의 가맹점들을 운영했지만 상권 변화 등 외부 요인으로 매출 부진을 겪었다. 이에 A 씨는 2023년 4월 B사에 계약 해지를 요구했다. 그러자 B사는 A 씨에게 계약 해지에 따른 지원금 및 매장 개설비 환수를 목적으로 1억 원에 가까운 돈을 폐점 비용으로 청구했다. A 씨는 B사를 상대로 계약 해지에 따른 폐점 비용을 감액해 줄 것을 요청하는 내용의 조정을 신청했다. B사는 A 씨와 체결한 가맹계약 내용에 따라 정당하게 폐점 비용을 청구했다고 주장했다. 반면 A 씨는 외부 요인에 의한 매출 부진으로 부득이하게 계약 해지를 요구한 것으로 폐점 비용이 과다해 부당하다고 주장했다. 공정거래조정원 내 가맹사업거래분쟁조정협의회는 B사가 A 씨에게 청구한 폐점 비용이 당사자가 체결한 가맹계약에 따라 청구한 것이라 가맹사업법 위반 여부를 단정하기 어렵다고 봤다. 그러나 A 씨가 △오랜 기간 복수의 가맹점을 성실히 운영했고 △계약 중도 해지 이유가 외부 요인에 따른 것이라 A 씨 귀책이 크지 않고 △B사가 A 씨에게 매장시설 잔존가액 등을 청구해 손해를 상당 부분 보전할 수 있다는 점 등을 고려해 A씨가 B사에 반환해야 할 폐점 비용 중 반환지원금 일부를 절반으로 감액(700만 원 상당)하라는 내용의 조정안을 제시했다. 이후 A 씨와 B사 모두 이 조정안을 수락해 조정이 성립됐다.

　이 같은 분쟁조정 사례는 매년 늘어나는 추세다. 공정거래조정원에 따르면 2023년 전체 분쟁조정 처리(조정 성립·불성립·종결을 모두 포함한 개념) 건수는 3,151건으로 전년(2,868건) 대비 10% 증가했다. 분야별 처리 현황을 살펴보면 일반 불공정거래 분야가 1,267건으로 가장 많았다. 이어 하도급거래 분야 929건, 가맹사업거래 분야

575건, 약관 분야 278건 등 순이었다. 2023년 조정이 성립된 사건만 보면 총 1,278건으로 이에 따른 직접 피해구제액은 1,229억 원에 달했다. 절약된 소송비용을 포함할 경우 직·간접적 피해구제액은 1,309억 원으로 전년도(947억 원) 대비 38% 증가했다. 직·간접적 피해구제액은 조정 성립 사건의 조정금액(직접 피해구제액)에 절약된 소송비용(간접 피해구제액, 인지대, 송달료, 변호사 수임료 등)을 더한 것을 의미한다.[59]

59) 한국공정거래조정원, 〈2023년 분쟁조정 현황 발표〉, 2024.2.5.

경쟁법 TIP
강력한 EU의 제재

    미국, 한국을 포함해 EU는 경쟁정책이 가장 발달한 국가 중 하나로 평가받는다. 물론 EU는 하나의 국가가 아닌 27개 회원국으로 구성된 경제 연합체. EU의 핵심 기구는 △EU 이사회 △EU 집행위원회 △유럽의회(EP) △유럽사법재판소(CJEU) △유럽회계감사원(ECA) 등 5개다. 이 가운데 EU 집행위원회(European Commission)가 한국의 공정위 역할을 하는 경쟁당국이다. 다만 집행위원회를 단순히 'EU의 공정위'라고 부르기보단 'EU의 행정부'라고 부른 것이 적절하다. 그만큼 다양한 역할을 하기 때문이다. 외교부는 EU 집행위원회를 '유럽통합 관련 조약을 수호하고 EU의 행정부 역할을 담당하며 각종 정책을 입안하고 EU의 이익을 수호하는 유럽통합의 중심 기구'라고 소개한다.[60] 김문식에 따르면 EU 집행위원회 산하의 여러 부처를 총국(Directorate-General)이라 하고 줄여서 DG로 쓴다. 집행위원회 내에는 34개의 총국이 있는데, 이 중 EU 경쟁법을 담당하는 부처는 EU 경쟁총국이며 줄여서 DG Comp로 쓴다. EU 경쟁총국이 조사한 사건에 대한 최종 결정은 EU 집행위원

---

60) 외교부, https://www.mofa.go.kr/www/wpge/m_3854/contents.do

회에서 이뤄지기 때문에 EU 경쟁총국과 EU 집행위원회를 혼용해 사용하기도 한다.[61]

EU 경쟁총국장은 EU 경쟁 담당 집행위원의 지휘를 받는다. EU 경쟁법 위반 사건에 대한 과징금, 시정조치 부과 등 최종 결정은 경쟁 집행위원이 단독으로 하는 것이 아니라, 27명의 집행위원으로 구성된 집행위원단 회의에서 EU 집행위원회의 다수결 방식으로 채택된다. 그러나 실제로는 준사법절차가 적용되는 조사 업무의 성격, 경쟁당국의 전문성 등을 존중해서 경쟁 집행위원의 의견이 그대로 EU 집행위원회의 결정으로 이어지는 것이 일반적이다.[62]

EU 집행위원회가 가끔 천문학적인 규모의 과징금 부과를 발표해 세간을 놀라게 하는 때가 있다. 특히 미국의 빅테크인 구글, 애플 등에 대한 강한 제재가 두드러진다. 대표적으로 2024년 3월 EU 집행위원회는 홈페이지를 통해 애플이 반독점법을 위반해 과징금 18억 유로(약 2조 6,000억 원) 이상을 부과한다고 발표했다. 스웨덴 음원 스트리밍 회사인 스포티파이는 2019년 애플이 수수료를 수취할 목적으로 자사 결제 시스템(인앱 결제) 이용을 강제했다며 애플을 EU에 제소했다. 애플은 스포티파이 등 외부 앱 개발사가 인앱 결제가 아닌 다른 결제 방식이 있다는 사실을 이용자에게 알리는 것도 금지했다는 혐의도 받았다. 이와 관련해 EU 집행위원회는 시장지배적 지위를 남용했다며 애플에 대규모

---

61) 김문식, 《EU경쟁법의 이해》, 박영사, 20p.
62) 김문식, 《EU경쟁법의 이해》, 박영사, 21~25p.

과징금을 부과했다. EU 집행위원회는 "애플이 개발자에게 부과한 높은 수수료 때문에 많은 iOS(애플의 운용체계) 사용자가 음악 스트리밍 구독에 대해 훨씬 더 높은 가격을 지불하도록 이끌었다."며 "애플 앱스토어에서 동일한 서비스에 대해 더 높은 구독료의 형태로(비용이) 소비자에게 전가되었을 수 있다."고 했다. 또 "애플의 안티스티어링 조항(anti-steering provisions, 다른 결제 방식 홍보 제한 규정)은 사용자 경험 저하의 형태로 비금전적 피해를 초래했다."며 "iOS 사용자들은 앱 밖에서 관련 제안을 찾기 전에 번거로운 검색을 해야 했고 혹은 스스로 적절한 서비스를 찾지 못해 어떤 서비스에도 가입하지 않았다."고 밝혔다.[63] 애플은 EU 집행위원회의 결정에 불복해 향후 소송 결과를 기다려 봐야 한다. 다만 이 사례를 통해 EU 집행위원회가 얼마나 강력하게 경쟁법을 집행하고 있는지 짐작할 수 있다.

---

63) EU 집행위원회 홈페이지,
   https://ec.europa.eu/commission/presscorner/detail/en/ip_24_1161

공정위가 나아가야 할 길

COMPETITION LAW

'집중 감시' 대상 기업이
3,000개가 넘는다고?

공정위 업무와 관련해 조금 현실적인 얘기를 해보자. 공정위 직원은 약 650명에 달한다. 중앙 부처 중에서도 작은 규모다. 이들이 전국에서 벌어지는 모든 불공정행위를 감시하기란 애초에 불가능하다. 국민신문고(민원 신청, 제안 등이 가능한 국민권익위원회가 운영하는 온라인 국민참여포털) 등을 통해 공정위에 접수되는 민원만 연간 4만~5만 건 수준이다. 공정위는 기회가 있을 때마다 "인력난에 허덕인다."고 호소하지만(다른 부처와 마찬가지로) 직원을 원하는 만큼 늘리는 것은 쉽지 않다.

다른 기업은 제쳐놓고 대기업집단만 생각해 보자. 공정거래법으로 대기업집단을 지정하는 것은 이들이 위법 행위를 했을 경우 경제에 미치는 영향이 크기 때문에 '특별 관리'가 필요하다고 판단했기 때문이다. 문제는 공정위가 특별 관리할 대기업집단이 너무

많다는 점이다. 앞서 언급했듯 2023년 기준 대기업집단은 총 82개로 이들의 계열사는 총 3,076개다. 2024년에는 대기업집단이 88개, 계열사가 3,318개로 전년 대비 각각 6개, 242개 늘었다. 극단적인 가정이지만 이렇게 많은 대기업집단 계열사가 일제히 "공정거래법을 어기겠다."고 마음을 먹고 치밀하게 움직인다면 공정위가 과연 대응할 수 있을까.

일각에서 제기되는 "대기업집단의 범위를 좁혀야 한다."는 주장의 이유로 "공정위가 이들을 모두 감시하기 힘들다."는 현실적 이유가 거론되곤 한다. 물론 재계에서 대기업집단 범위를 줄이자고 주장하는 대표적인 이유는 우리 경제 규모의 변화 반영이다. 우리나라 경제 규모는 매년 커지는데 대기업집단을 지정하는 자산총액 기준이 고정돼 있어 경제 규모 대비 지나치게 많은 기업이 대기업집단에 포함돼 불합리하다는 목소리가 있다.

실제로 대기업집단 지정기준은 꾸준히 변해왔고 앞으로도 그럴 것이다. 현재의 자산총액 5조 원 이상(공시대상기업집단) 및 10조 원 이상(상호출자제한기업집단) 기준이 적용된 것은 2017년부터다. 대기업집단 지정제도가 처음 도입된 1987년에는 '자산총액 4,000억 원 이상'이 기준이었다. 이것이 1993~2001년에는 '자산총액 순위 기준 30대 기업'으로 바뀌었다. 1등부터 30등까지만 집중 감시 대상이 됐단 의미다. 2002~2008년에는 대기업집단 지정기준이 '자산총액 2조 원 이상'으로, 2009~2016년에는 '자산총액 5조 원 이상'으로 계속 바뀌었다. '순위 기준'이 적용된 시기를 제외하면 자산총액 기준이 4,000억 원→2조 원→5조 원→5조 원 및 10조 원으로

계속 상향된 것이다.

해당 기준은(정부 판단에 따라 고칠 수 있는) 시행령이 아닌(국회가 개정 여부를 결정하는) 법률에 근거한 것이기 때문에 수정하려면 공정거래법 개정이라는 어려운 절차를 거쳐야 했다. 그 과정에서 많은 논란이 야기됐다. 그래서 공정위는 우리나라 경제 성장이 대기업집단 지정에 자동으로 반영되도록 하는 'GDP(국내총생산) 연동'을 시행했다. 전부 개정을 통해 2021년 12월 30일 시행된 공정거래법에 따라 자산총액이 명목 GDP의 0.5% 이상인 경우 상호출자제한기업집단으로 지정하기로 한 것이다. 다만 이런 기준을 적용하는 것은 '한국의 연간 명목 GDP가 2,000조 원을 초과하는 연도의 다음 해'로 규정했다. 그런데 한국은행이 발표하는 연간 GDP 확정치는 해당 연도에서 거의 2년이 지난 후에 나오기 때문에 처음 이런 기준이 도입된 것은 2024년이다. 명목 GDP가 2021년 처음으로 2,000조 원을 초과(2,071조 6,580억 원)했고 이런 수치가 2023년에 확정됐기 때문에 이듬해인 2024년부터 바뀐 기준이 적용된 것이다. 2024년부터 상호출자제한기업집단 지정기준이 GDP의 0.5% 이상으로 변경되면서 자산총액 기준은 종전보다 높은 10조 4,000억 원이 됐다. 이런 영향으로 2024년 자산총액이 10조 3,800억 원인 한국앤컴퍼니그룹은 '200억 원 차이'로 상호출자제한기업집단이 아닌 공시대상기업집단으로 지정됐다.

공정위는 공시대상기업집단 지정기준에 대해서도 앞으로 GDP 연동 방식을 적용할 예정이다. 공정위는 '2024년 주요 업무 추진 계획'을 발표하면서 이런 계획을 밝혔다.

이런 기준 변경이 대기업집단에 대한 감시 약화로 이어질 수 있다는 지적은 충분히 나올 수 있다. 그러나 공정위 인력이 제한된 상황에서 감시 대상을 무조건 확대하는 것이 능사는 아니라는 점에서 불가피한 선택으로 보인다. 다만 이런 목소리가 설득력을 얻기 위해서는 공정위가 '감시 영역'에 들어온 기업에 대해서는 철저하게 위법 행위를 감시한다는 신뢰가 있어야 한다.

총수는 있는데 '지정기준'은 없었다?

앞서 수차례 대기업집단 '총수'를 언급했지만 총수의 명확한 정의와 지정기준이 마련된 것은 비교적 최근이다. 총수의 개념은 대기업집단 제도가 도입된 1986년부터 사용됐지만 40년 가까이 정작 관련한 규정이 없었던 것이다. 공정거래법 집행에 있어 총수의 개념은 중요하다. 총수가 누구냐에 따라 공정거래법상 대기업집단 규제를 적용받는 기업의 범위가 달라진다. 일감 몰아주기 규제는 '자연인 총수'에게만 적용되며, 대기업집단 지정자료 제출은 총수에게 직접 지워진 의무다. 이런 점 등을 고려하면 그동안 지정기준이 아예 없었다는 것은 사실 다소 황당하기까지 하다. 그동안에는 명확한 지정기준을 마련할 '특별한 사유'가 없었을 수 있다. 또 공정위 입장에선 지정기준이 두루뭉술한 상태인 것이(해석에 있어 공정위 운신의 폭이 넓어지기 때문에) 유리했을 수도 있다.

아무튼 공정위는 그동안 명확한 지정기준 없이 공정거래법 조항을 통해 총수의 정의를 '추정'만 해왔다. 공정거래법 2조는 "기업집단이란 동일인이 다음 각 목의 구분에 따라 대통령령으로 정하는 기준에 따라 사실상 그 사업 내용을 지배하는 회사의 집단을 말한다."고 명시하고 있다. 이를 통해 총수를 대기업집단의 '실질적 지배자'라고 두루뭉술하게 정의해 왔다. 공정위는 실질적 지배자 여부를 총수의 그룹에 대한 지분율 등을 통해 판단하는 동시에 해당 그룹의 의사, 즉 "우리 그룹은 이 사람을 총수로 지정하는 것이 맞다고 본다."는 스스로의 의견을 종합 고려해 최종 결정을 내려왔다.

그러나 명확한 총수 지정기준이 없다 보니 종종 문제가 발생했다. 대표적인 사례가 한진이다. 지난 2019년 공정위는 대기업집단 지정 시기를 이례적으로 연기했다. 한진의 총수였던 고(故) 조양호 선대회장이 2019년 4월 별세했는데 조 회장의 3남매 간 총수 자리를 두고 의견이 엇갈려 공정위에 지정자료 제출이 늦어졌기 때문이다.

공정위는 원래 대기업집단 및 각 그룹 총수를 매년 5월 1일 자로 지정하고 있는데 2019년에는 5월 15일 자로 지정하며 한진의 총수를 조양호 회장에서 조원태 회장으로 변경했다. 공정거래법 시행령상 대기업집단 지정은 최대 5월 15일까지만 연장할 수 있다.

공정위가 당사자인 한진의 의견을 존중하기 위해 대기업집단 지정을 미뤘다는 것은 이해가 가는 측면이 있다. 그러나 개별기업의 사정과 별개로 공정위 자체 규정에 근거해 제때 대기업집단과 총수를 지정하지 않았다는 점에서 문제가 지적된다. 만약 어떤 이유에

서든 대기업집단과 각 총수가 지정되지 않은 상황에서(즉 규제 공백 상황에서) 총수에게 책임을 물어야 하는 공정거래법 위반이 발생할 경우 누구를 처벌 대상으로 할지에 대한 문제가 발생할 수 있다.

근본적인 문제의 원인은 총수 지정기준의 부재였다. 결국 문제가 또다시 터졌다. 이번에는 '외국인 총수' 관련 문제였다. 공정위는 2021년 쿠팡을 처음 대기업집단으로 지정했다. 당시 공정위는 쿠팡의 실질적 지배자가 김범석 창업자라는 사실을 인정하면서도 그가 미국 국적자라는 사실을 고려해 쿠팡을 '총수 없는 대기업집단'으로 지정했다. 공정위는 그동안 외국인을 대기업집단 총수로 지정한 사례가 없고 현행 제도상 총수 지정기준이 없는 점 등을 고려했다고 이유를 밝혔다.

이런 결정을 내리는 과정에서 공정위 내부에서 의견이 상당히 크게 엇갈렸다. 김범석 창업자가 미국인이라는 이유만으로 총수 지정에서 제외해 규제 대상에서 제외하는 것이 과연 맞느냐는 주장이 적지 않았다. 그러나 명확한 기준이 없는 상황에서 미국인을 총수로 지정할 경우 통상 마찰이 발생할 수 있다는 주장이 나오는 등 각종 우려가 제기되면서 공정위가 부담을 느낀 것으로 보인다.

대신 공정위는 "이번 지정을 계기로 총수 정의·요건, 총수 관련자의 범위 등 지정제도 전반에 걸친 제도 개선방안을 마련할 계획"이라고 했다. 또 "현재는 총수의 정의·요건 등에 관한 명확한 규정이 없어 제도의 투명성이나 예측 가능성이 떨어지는 측면이 있다."며 "정책 환경이 변화해 외국인도 총수로 판단될 수 있는 사례가 발생했지만 현행 규제가 국내를 전제로 설계돼 있어 당장에

외국인을 총수로 판단해 규제하기에는 집행 가능성 및 실효성 등에서 일부 문제 되는 측면이 있다."[64]고 밝혔다. 그제서야 총수 지정기준 미비에 따른 문제를 인정한 것이다.

그러나 실제로는 외국인을 총수로 지정해 왔다는 사실을 공정위조차 뒤늦게 깨닫는 일이 생겼다. 공정위는 지난 2018년 OCI를 대기업집단으로 지정하면서 이우현 당시 부회장(2024년 현재 회장)을 총수로 지정했다. 당시부터 이 부회장은 이미 미국 국적자였지만 공정위도 이런 사실을 2023년에 처음 인지했다. 결국 2018년부터 2023년까지 6년 동안 실제로는 외국인 총수 지정이 이뤄졌는데도 공정위는 그동안 "외국인을 총수로 지정한 사례가 없다."고 잘못된 판단을 해온 셈이다.

총수 지정기준은 진작에 마련됐어야 했다. 또한 외국인이라는 이유만으로 총수로서 책임과 의무를 면제하는 것도 합리적이지 않다. 현재 적지 않은 국내 대기업집단 총수 2·3세의 국적이 한국이 아니라는 점에서 반드시 해결해야 할 문제였다. 공정위에 따르면 2023년 현재 총수가 외국인인 대기업집단은 OCI 하나지만 총수의 배우자가 외국 국적인 집단은 7개, 총수 2세가 외국 국적 또는 이중 국적인 집단은 16개(31명)에 달한다.

공정위는 2024년 1월 '동일인(총수) 판단 기준 및 확인 절차에 관한 지침'을 시행했고, 같은 해 5월에는 총수 판단 기준 마련을 위한 공정거래법 시행령을 통과시켰다.

---

64) 공정거래위원회, 〈2021년도 공시대상 기업집단 71개 지정〉, 2021.4.29.

공정위는 그동안 지정기준이 없었던 것과 관련해 "현재까지 총수에 대한 명문화된 규정이 없는 상태에서 공정거래법상 기업집단의 정의로부터 추론되는 총수의 정의에 따라 제도를 운용해 왔다."며 "제도 초기에는 변수가 적었지만 2·3세로의 경영권 승계, 외국 국적을 보유한 총수 및 친족의 등장, 다양한 지배 구조의 기업집단 출현 등 총수 판단과 관련한 다양한 쟁점이 발생했다."고 밝혔다. 또 "학계 등에서도 총수 판단에 필요한 기준 및 총수 확인 절차가 없어 선정 과정이 명확하지 않으며, 특히 외국인 총수 판단 문제에 대한 예측 가능성이 높지 않다는 의견이 제기됐다."[65]고 밝혔다.

공정위는 관련 지침 시행 및 시행령 개정을 통해 국적 차별 없이 적용되는 총수 판단 기준을 마련했다. 세부 내용을 살펴보면 우선 총수는 '대기업집단을 사실상 지배하는 자연인'으로 보는 것을 원칙으로 했다. '사실상 지배' 여부를 판단하는 기준은 △대기업집단 최상단회사의 최다출자자 △대기업집단의 최고직위자 △대기업집단의 경영에 대해 지배적 영향력을 행사하고 있는 자 △내·외부적으로 대기업집단을 대표해 활동하는 자 △총수 승계 방침에 따라 대기업집단의 총수로 결정된 자 여부를 종합 고려하기로 했다. 이런 요건을 충족하는 자연인이 없는 경우 회사 또는 비영리법인·단체를 총수로 보도록 했다(총수가 없는 대기업집단이라는 의미).

. . . .

65) 공정거래위원회 보도자료, 〈동일인 판단 기준에 관한 공정거래법 시행령 개정안 입법예고〉, 2023.12.27.

공정위는 동시에 총수 지정제도의 기본 취지, 국적 차별 없이 적용되는 규범의 필요성 등을 고려해 법인을 총수로 판단할 수 있는 '예외 사유'를 설정했다. 예외를 적용받을 수 있는 첫 번째 조건은 '총수를 자연인으로 보든 법인으로 보든 대기업집단 범위가 동일할 것'이다. 공정위는 "총수 지정제도는 대기업집단을 사실상 지배하는 자를 규명해 집단의 범위를 확정하는 것이 기본 취지"라며 "법인을 총수로 판단하더라도 대기업집단 범위에 변화가 없다면 상호·순환출자 및 채무보증 금지, 공시 등 기업집단 관련 대부분의 규제 적용에 누락이 발생하지 않는다는 점을 고려했다."고 밝혔다.[66] 공정위는 이런 조건과 함께 다음의 요건도 동시에 충족해야 '총수 없는 대기업집단'으로 지정될 수 있도록 했다. 구체적으로 △기업집단을 지배하는 자연인이 최상단회사를 제외한 국내 계열사에 출자하지 않고 △해당 자연인의 친족이 계열사에 출자하지 않으며 △해당 자연인의 친족이 임원으로 재직하는 등 경영에 참여하지 않고 △해당 자연인 및 친족과 국내 계열사 간 채무보증이나 자금대차가 없어 사익편취 등의 우려가 없다고 인정돼야 한다. 공정위는 또 국내 회사나 비영리법인 또는 단체를 총수로 지정한 기업집단이 이런 요건을 충족하지 못하게 된 경우에는 다시 자연인을 총수로 변경해 지정할 수 있는 근거도 마련했다.

. . . .

66) 공정거래위원회 보도자료, 〈동일인 판단 기준에 관한 공정거래법 시행령 개정안 입법예고〉, 2023.12.27.

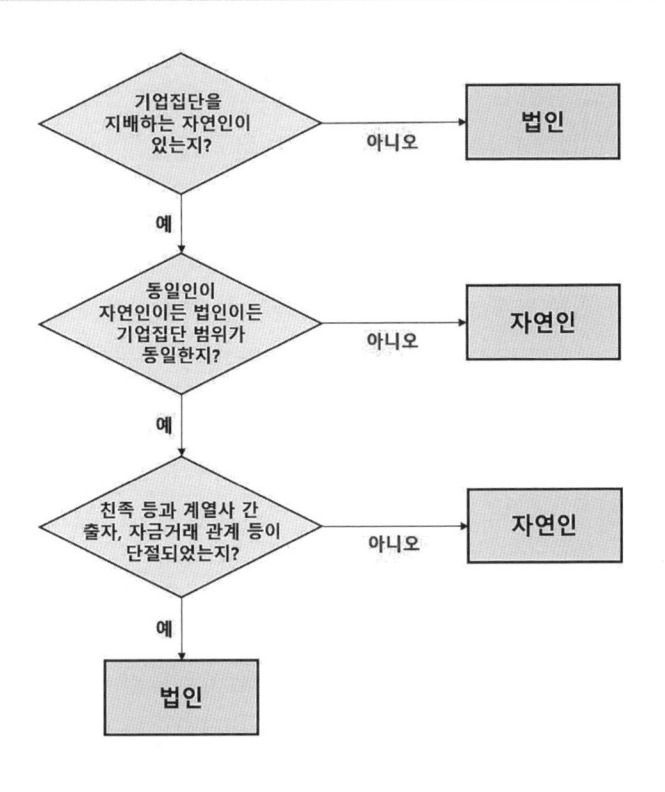

〈공정거래법 시행령 개정에 따른 총수 판단 구조〉
(자료: 공정거래위원회)

재계에선 총수 지정제도를 전면 개편해야 한다는 의견도 나온다. 한국경제인협회(옛 전국경제인연합회)는 2024년 2월 '2024년 공정거래 분야 20대 정책과제'를 제안하며 "공정거래 관련 기업들이 가장 크게 애로를 호소하고 있는 규제는 '동일인 지정제도'"라며 "경

제계는 '동일인 지정'이 한국에만 있는 제도로 도입 시기인 1986년과 비교해 국가 경제 규모가 커지고 글로벌 경쟁이 격화되고 있는 현 기업 경영환경을 고려할 때 '동일인 지정제도'는 이미 도입 취지를 상실했다고 보고 있다."고 밝혔다. 또 "동일인에게 과도한 책임을 지우는 것도 문제다. 예를 들어 공정거래법상 기업집단은 매년 계열사를 신고해야 하는데 단순 자료 누락, 오기만으로도 동일인(자연인 한정)이 형사처벌을 받을 수 있다."며 "자연인을 동일인으로 지정하는 제도는 폐지하고 기업집단의 핵심기업(예를 들어 지주회사)을 동일인으로 지정해 줄 것을 건의했다."[67]고 밝혔다.

다만 현실적으로 한국경제인협회 의견처럼 '자연인 총수 지정 폐지'는 쉽지 않아 보인다. 여전히 우리 사회는 대기업집단, 그리고 대기업집단 총수와 총수 일가에 대한 신뢰보단 불신이 크기 때문이다. 기업의 실질적인 주인이 '주주'가 아닌 '총수 일가'라는 인식도 여전하다. 다만 재계가 꾸준히 총수 지정제도 개선을 주장하는 이유는 생각해 볼 필요가 있다. 총수가 정부 규제 리스크에 과도하게 노출돼 있지는 않은지, 이 때문에 경영 효율이 지나치게 저하되고 있지 않은지 많은 연구가 필요하다.

67) 한국경제인협회, 〈2024년 공정거래 분야 정책과제 건의〉, 2024.2.6.

조사와 심의는
분리하는 게 맞다

공정위를 흔히 '경제검찰'이라고 부른다. 경제 분야 위법 혐의 기업을 조사해 심사보고서(검찰의 공소장에 해당)를 발송하고 재판(공정위 심의)에 넘기는 등 검사와 비슷한 역할을 하기 때문에 붙은 별명이다.

그런데 공정위는 검사와 판사 역할을 동시에 하고 있다는 점에서 독특한 조직이다. 검사 역할을 하는 공정위 직원(심사관)은 위법 혐의 기업을 조사해 심사보고서를 심의에 상정한다. 심의에선 피심인 기업의 위법성을 입증하기 위해 싸운다. 그런데 심의에서 피심인 기업의 위법성을 판단하는 판사도 공정위 직원이다. 정확히는 9명의 공정위원이다. 공정위원은 공정위원장, 공정위 부위원장, 공정위 상임위원(3명), 비상임위원(4명)이다. 이 가운데 4명의 비상임위원만 외부 전문가(교수 · 변호사 등)이고 나머지 5명은 공정위 내부 직원이다. 특히 공정위원장을 제외한 공정위 부위원장과 3명의 상

임위원은 대부분 공정위 내에서 승진한 인사들이다. 가끔 내부 출신 공정위원장이 나오기도 한다. 결국 9명의 판사(공정위원) 중 4~5명은 공정위 내부 출신이라는 의미다. 팔은 안으로 굽는 법이다. 아무리 공정위가 "조사와 심의가 엄격히 분리돼 있다."고 주장해도 기업 입장에서는 이를 그대로 믿을 수는 없다. 위법 혐의로 심의를 받는 기업 입장에선 검사(공정위 심사관)와 판사(공정위원)가 '한 식구'이기 때문에 공정한 재판이 이뤄지지 않는다고 의심할 수밖에 없다.

공정위도 이런 논란을 의식해 개선 노력을 기울이고 있다. 피심인 방어권 보장을 위한 제도 개선도 꾸준히 진행 중이다. 그러나 현행 구조에서는 "한 지붕 아래 검사와 판사가 있다."는 지적을 피할 수 없다.

조사와 심의 기능을 완전히 분리해야 한다는 주장이 많이 나오는데도 공정위가 현행 체계 유지를 고수하는 것은 '조직 축소를 막기 위해서'라는 이유 밖에는 사실 설명이 되지 않는다. 예컨대 심의 기능이 별도 기관으로 분리될 경우 공정위 조직 자체가 쪼그라든다. 공정위에는 조사·정책 기능만 남고 심의와 심결 보좌(공정위 심판관리관실 등) 기능은 별도 조직으로 분리될 가능성이 있다. 공정위 조직이 축소되면 '승진 자리'가 줄어들 가능성이 크기 때문에 공정위 내에선 이런 개편을 반길 리 없다. 공정위에는 1급 자리가 3명의 상임위원과 2명의 처장(사무처장, 조사관리관) 등 총 5개인데 심의 기능을 별도 기관으로 떼어낼 경우 3개의 1급 자리가 없어지는 셈이다(물론 분리된 심의 전문 기관으로 공정위 직원이 배치될 가능성도 있지만 이를 확신할 수 없다. 이런 조직 분리가 추진될 경우 '조사와 심의의 엄격한 분리'가 목적일 것

이기 때문에 심의 전문 기관에는 공정위 직원이 최소한으로 배치될 가능성을 배제하기 어렵다). 중앙 부처 중에서도 인사 적체가 심각한 수준으로 평가받는 공정위 입장에선 심의 기능 분리를 반대할 수밖에 없다. 그러나 공정위 심의에 대한 신뢰 문제를 근본적으로 해결하기 위해서는 조사와 심의 기능을 완벽히 분리할 필요가 있다.

공정위원의 구성과 역할에 대해서도 개선을 검토할 필요가 있다. 우선 4명 비상임위원의 역할상 한계를 판단해 대책을 세울 필요가 있다. '비상임'이란 명칭에서 알 수 있듯 이들은 자신의 '본업'과 비상임위원을 겸직한다. 그러다 보니 사건 심의에 상대적으로 소홀해질 수밖에 없다(물론 본업과 별개로 비상임위원 역할을 성실히 이행하는 경우도 있다). 비상임위원이 심의에서 '주심'을 맡지 않는 것도 이런 이유 때문으로 풀이된다. 또한 상대적으로 비상임위원의 보수가 작고 전원회의가 주로 세종시에 위치한 공정위 본부에서 열리기 때문에 심의 때마다 먼 거리를 이동해야 한다는 불편도 있다. 작은 보수와 이동의 불편함 등을 감수하면서도 교수·변호사 등이 공정위 비상임위원을 맡는 것은 '사명감' 혹은 '경력 쌓기'를 위해서일 것이다. 전자인 비상임위원이 많다면 다행이지만 후자인 사람이 더 많다면 안타까운 일이 아닐 수 없다. 각 비상임위원이 심의에서 제대로 '9분의 1명 몫'을 할 수 있도록 관련 제도 전반의 개선을 검토할 필요가 있다.

공정거래법, 강화냐 완화냐

2023년 현재 한국은 명실공히 선진국으로 분류된다. 지난 2021년 유엔무역개발회의(UNCTAD)는 공식적으로 한국을 선진국으로 분류했다. 일제 강점기와 한국전쟁을 거치면서 1960년대 초만 해도 최빈국이었던 한국은 불과 약 60년 만에 선진국까지 올라섰다.

이런 과정에서 대기업집단의 역할이 중요했음은 새삼 언급할 필요조차 없는 사실이다. 우리나라 성장의 주역이었던 기업들은 현재도 재계 상위권을 차지하고 있다. 2023년 기준 재계 1~5위 기업인 삼성, SK, 현대자동차, LG, 포스코만 보더라도 이런 사실을 알 수 있다.

정부의 역할이 이처럼 한국을 '먹여 살리는' 기업을 키우는 것이라는 관점에서만 본다면 이들을 옥죄는 공정거래법은 대폭 완화되거나 사라져야 마땅하다. 한국 경기가 부진할 때 "공정거래법을 완

화해 기업에 활력을 불어넣어야 한다."는 주장이 나오는 것도 같은 관점의 이야기다.

그러나 공정거래법은 한국의 모든 기업, 나아가 국민 전체를 바라봐야 하는 법률이다. 대기업을 키우면 경기가 부양돼 결과적으로 중소기업과 취약계층까지 혜택이 돌아간다는 낙수효과(trickle down)에 대해선 과거는 물론이고 지금도 유효한지를 두고 논란이 분분하다. 무엇보다 대기업집단 중심의 경제 성장 추구는 공정·분배·정의를 중시하는 시대정신과 맞지 않는다.

그렇다고 공정거래법을 강화하는 추세로 가는 것이 맞느냐는 질문에는 자신 있게 "그렇다."고 답하기도 어렵다. 선진국이 된 대가로 저성장 고착화 우려가 커진 한국 경제에서 대기업집단의 기를 죽이는 정책을 강화 일변도로 추진하는 것은 결코 옳은 방향은 아닐 것이다. 지금도 수많은 한국의 대기업집단이 해외 기업과 치열한 경쟁에서 살아남기 위해 노력하고 있고 이는 우리 경세를 성장시키는 원동력이다.

문제는 공정거래법의 이상적인 방향을 '강화' 혹은 '완화'의 이분법적 논리로 본다는 점에 있다. 공정거래법은 때에 따라 강화할 수도 완화할 수도 있지만 방향 자체는 '합리화'에 초점을 맞춰야 한다. 현실과 맞지 않는 조항, 시대 변화를 따라가지 못하는 조항의 적절한 수정이 필요하다는 의미다. 물론 이는 '자유롭고 공정한 경쟁 촉진'이라는 대전제에서 벗어나서는 안 된다.

이런 관점에서 봤을 때 공정거래법의 합리화에 있어 가장 큰 걸림돌은 정치다. 이를 두 가지로 나눠서 보면 우선 진보 성향의 정

당(보통 공정거래법 집행 강화를 주장)과 보수 성향의 정당(보통 공정거래법 집행 완화를 주장)이 각각 갖고 있는 경쟁정책에 대한 편협한 시각이 합리적인 방향으로의 공정거래법 개정을 저해하고 있다. 비슷한 이유로 5년마다 대통령 선거를 통해 정권이 바뀌는 것도 공정거래법 합리화에 있어 걸림돌이다. (다른 정책에 있어서도 사실상 마찬가지지만) 보수 정부와 진보 정부가 추진하는 경쟁정책이 180도 다르다는 점이 문제다. 정책의 옳고 그름의 문제는 둘째치고 정권의 성격에 따라 너무나도 다른 방향의 정책이 추진되는 것이 문제다. 공정위가 처음엔 "필요하다."고 외쳤던 특정 정책에 대해서 5년 후 정권이 바뀌면 "추진하면 안 된다."고 말을 뒤집어야 하는 서글픈 일이 적지 않게 생긴다. 권력자의 방침에 따라 경쟁정책을 펼칠 수밖에 없는 공정위 직원들을 두고 무조건 '영혼 없는 공무원'이라고 탓하는 것은 불합리하다.

하나의 예로 '재벌개혁'을 들 수 있다. 앞서 언급했듯 박근혜 정부는 경제 민주화를 전면에 내건 정부였다. 보수 정권이 경제 민주화를 강조했다는 점에서부터 파격이었고 그만큼 호응도 좋았다. 박근혜 정부 시절 사익편취 규제 도입을 위한 공정거래법 개정안이 국회를 통과하는 등 초기엔 성과가 있었다. 그러나 어느 순간 공정위 업무보고에서 경제 민주화라는 단어가 사라졌고 대기업집단에 대한 조사도 약화됐다.

2017년 출범한 문재인 정부는 정반대였다. '재벌저격수'로 불리는 김상조 공정위원장을 앞세워 대대적으로 대기업집단 조사에 착수했다. (공정위 조사 후 실제 제재까지는 수년이 걸리기 때문에) 문재인 정부

집권 중·후반부 들어 공정위는 연이어 주요 대기업집단을 제재했다는 보도자료를 발표했다. 김상조 공정위원장 시절 공정위는 '기업집단국'이라는 대기업집단 조사 전담 조직을 출범시켰고 그 어렵다는 인력·조직 확대에도 성공했다. 윤석열 정부는 문재인 정부와는 또 다른 경쟁정책을 추진한다. 대기업집단에 대한 대대적인 조사는 눈에 띄지 않고 김상조 위원장의 상징이었던 기업집단국은 1개 과가 축소되는 등 역할이 사실상 약화됐다.

특정 정권이 선택한 정책 방향의 옳고 그름을 따지자는 것이 아니다. 각 정권이 가진 정치 철학을 존중할 필요도 있다. 그러나 경쟁정책이 지향해야 할 '일관성'이 지나치게 부족하다는 점은 분명히 안타까운 일이다. 경쟁정책을 긍정적으로 발전시키기 위해선 최소한의 정책 일관성을 지켜갈 수 있는 제도적 장치가 필요하다. 기업 경영에 있어 가장 큰 적은 '불확실성'이다. 경쟁정책의 불확실성을 최소화하는 것은 우리 기업의 성장에 큰 도움이 될 것이다.

공정위 직원은 '외부인'과 만나길 꺼린다?

공정위는 국민으로부터 신뢰받는 조직인가. 자신 있게 "그렇다."라고 답하긴 어렵다. 공정위에 대한 국민 신뢰를 무너트린 사건들이 적지 않았기 때문이다. 그러나 한편으론 '공정한 거래'를 다루는 조직이라는 특성 때문에 공정위에 지나치게 엄격한 잣대를 들이대고 있는 것은 아닌지, 이 때문에 업무상 비효율을 초래하지 않는지 한 번쯤 생각해 볼 필요가 있다. 대표적인 것이 '외부인 접촉 관리 규정'이다.

공정위는 2018년부터 공정위 현직 직원이 공정위 퇴직자 등 일정 요건에 해당하는 외부인과 접촉할 때 관련 내용을 사후 보고하도록 하는 '공정거래위원회 공무원의 외부인 접촉 관리 규정(훈령)'을 제정·시행했다. 현직 공정위 직원들이 공정위 퇴직자, 대기업·로펌 관계자와 부적절한 접촉으로 정책 수립과 사건 처리에

공정성을 잃고 있다는 일각의 우려를 고려한 조치였다. 규정을 구체적으로 살펴보면 공정위 직원은 사무실 내·외부에서 일정 요건에 해당하는 외부인을 직접 만날 때는 물론이고 전화·이메일·문자메시지 등 간접적 접촉이 있을 때도 5일 이내에 이 사실을 공정위 감사담당관에게 보고해야 한다. 여기서 외부인은 △대기업집단 소속 근무자 중 공정위 업무를 취급하는 경우 △공정위 사건을 수임하거나 담당 경력이 있는 변호사·회계사(일정 규모 이상 로펌에 근무하는 경우) △대기업집단 또는 일정 규모 이상 로펌에 재취업한 공정위 퇴직자 등이다.

공정위는 제도 시행 1년 후인 2019년 2월 보도자료를 내고 "직원 및 외부인이 서로 불필요한 접촉 자체를 줄이는 노력을 하는 등 직원과 외부인 간의 접촉에 대한 경각심이 높아졌다."고 발표했다. 또 "이에 따라 직원과 외부인 간의 불필요한 접촉이 감소해 사건 처리 등에 있어 외부의 부당한 영향력 행사 시도가 효과적으로 차단된 것으로 판단된다."[68]고 평가했다.

공정위 평가대로 외부인 접촉 관리 규정이 외부인과의 부적절한 접촉을 차단하는 등 긍정적 효과가 분명히 있었을 것이다. 그러나 공정위 직원 상당수는 이런 규제가 과도하며 역효과가 적지 않다고 하소연한다. 우선 시장과 원활한 소통이 불가능하다는 주장이 나온다. 공정위는 시장과 호흡하며 정책을 만들고 조사 방향을 설정하

---

68) 공정거래위원회, 〈외부인 접촉 제도 정착으로 투명한 사건 처리에 기여〉, 2019.
2.19.

는 조직이다. 그런데 외부인 접촉을 꺼릴 수밖에 없는, 구조적으로 '탁상행정'을 권장하는 분위기가 형성되며 업무 효율이 떨어졌다는 지적이 적지 않다. 공정위는 "외부인을 만나지 말라는 것이 아니다. 만난다면 보고하라는 것"이라고 설명한다. 그러나 많은 공정위 직원이 문제의 소지를 만들지 않기 위해 아예 외부인 접촉을 꺼리는 상황이다. 일부 직원은 "외부 사람들 만나기 귀찮았는데 오히려 잘 됐다."고 반응한다. 그러나 많은 직원이 "안 그래도 서울에서 세종시로 본부를 이전하면서 '갈라파고스 부처'에 대한 우려가 컸는데 외부인 접촉 관리 규정이 생기면서 이런 분위기가 더 심해졌다."고 하소연한다. 공정위 내에선 외부인 접촉 관리 규정의 '폐지'까진 몰라도 '완화'는 필요하다는 목소리가 높다. 그러나 외부 비판이 두려워 공개적으로 그런 목소리를 내지 못한다. 모든 규제가 그렇듯 한번 만들어놓으면 아무리 불합리한 것일지라도 완화나 폐지는 상당히 어려운 법이다. 공정위원장이 바뀔 때마다 공정위 직원들은 외부인 접촉 관리 규정의 불합리함을 직·간접적으로 호소하지만 실제 개선으로 이어지진 않고 있다. 아무리 길어도 3년(임기)만 공정위에 머물 수 있는 '정무직' 공정위원장이 "국민 신뢰 제고 약속을 깼다."는 오해를 받으면서까지 외부인 접촉 관리 규정을 완화할 이유는 없어 보인다. 이런 상황 속에서 공정위의 정책이 현실과 점차 멀어지고 조사 역량은 계속 퇴보하고 있는 것은 아닌지 되돌아볼 필요가 있다.

非정치적인
공정위?

공정위 직원들이 종종 자조적으로 하는 얘기가 있다. "공정위 출신 국회의원이 하나도 없다."는 것이다. 우리나라 총 300명 국회의원 중 '관료 출신'의 비중은 상당하다. 행정고시를 통과해 국장급 이상 고위직을 거친 후 국회에 입성하는 사례를 심심찮게 본다. 기획재정부, 행정안전부, 산업통상자원부, 국토교통부 등 출신 부처도 다양하다. 그런데 유독 공정위 출신 국회의원은 없다.

중앙 부처 공무원 입장에선 자기 부처 출신 국회의원이 있는 것이 업무 추진에 있어 훨씬 유리하다. 정책 입안·추진 과정에서 행정부와 입법부가 긴밀하게 협업하고 있기 때문이다. 물론 어떤 국회의원은 자신이 거쳐온 부처를 워낙 잘 알아서 더 집요하게 괴롭히는 (?) 경우도 종종 있지만 대부분은 자신의 출신 부처 후배들을 잘 챙긴다. 특히 어떤 부처가 역점적으로 추진하는 정책이 국회 협조를

필요로 할 때(법률 제 · 개정이 필요할 때) 이런 관계는 힘을 발휘한다.

물론 이런 관행을 긍정적으로 평가할 수만은 없다. 그러나 공정위 입장에선 그저 부러울 따름이다. "공정위 출신 국회의원이 1명만 있었더라도 주요 정책 추진이 훨씬 수월했을 텐데."란 아쉬움의 목소리가 작지 않게 나온다.

공정위 직원들은 공정위 출신 국회의원이 없는 이유를 공정위만의 '독특한 문화'에서 찾곤 한다. 공정위에는 정책 기능도 있지만 기본적으로 '조사'가 핵심 업무다. 그리고 각 사건 조사는 개별 심사관이 맡고 이에 대해선 상관이 지나치게 개입하지 않는 문화가 있다. 물론 심사보고서를 상정하고 심의하는 과정에선 해당 국 · 과장이 많은 역할을 하지만 심사보고서가 나오기 전까진 이 사건을 직접 맡은 실무자(서기관을 포함한 사무관 · 주무관)의 권한이 상당히 크다. 외압에 흔들리지 않고 공정하게 조사할 수 있도록 하기 위함이다. 이런 업무 환경은 공정위 조직 전체에 퍼져 있는데 심지어는 '식사 문화'에서도 특징이 드러난다. 개인마다 차이는 있지만 공정위는 점심 · 저녁 식사 때 상관을 안 챙기기(?)로 유명하다. 점심 식사 시간이 가까워지면 옆에 국 · 과장이 있든 없든 각 직원은 알아서 사무실을 빠져나간다. 상관의 눈치를 보며 "점심 약속 없으세요? 같이 가실까요?"라고 말하는 문화가 아니다. 그래서 공정위에 파견을 온 타 부처 직원들은 처음에 이런 문화에 놀랍다는 반응을 보이기도 한다.

이처럼 개인 · 독립성을 중시하는 공정위 문화가 소위 말하는 '끈끈함'을 약화시켰다. 그러다 보니 선배의 '끌어줌'과 후배의 '밀

어줌'이 있어야 가능한 국회 진출이 쉽지 않았다는 분석이 많다. 공정위 출신 국회의원이 없고, 직원들이 국회로 진출하려는 분위기도 없다 보니 공정위와 국회 간 연결 고리도 상대적으로 약하다. 물론 '공정함'을 최우선 가치로 여겨야 하는 조직으로선 비(非)정치적인 조직 문화를 긍정적으로 평가할 수 있다. 그러나 그동안 겪은 주요 입법 과제의 실패, 입법부 권한이 점차 강해지는 추세 등을 고려할 때 공정위가 언제까지나 비정치적인 조직으로 살아남기는 쉽지 않아 보인다. 공정성·독립성은 유지하되 국회와 원활하게 소통할 수 있는 역량을 갖추는 것은 향후 해결해야 할 중요한 숙제 중 하나다.

참고문헌

– 전윤철, 《경쟁이 꽃피는 시장경제》, 도서출판 장락.

– 김형배, 《공정거래법의 이론과 실제》, 도서출판 삼일.

– 지철호, 《독점규제의 역사》, 홀리데이북스.

– 지철호, 《전속고발 수난시대》, 홀리데이북스.

– 공정거래위원회, 《기업결합신고 가이드북》, 공정거래위원회.

– 공정거래위원회, 《공정거래위원회 심결사례 20選》, 공정거래위원회.

– 산업연구원, 《알고리즘 담합과 경쟁정책》, KIET.

– 공정거래위원회, 《2022 공정거래백서》, 공정거래위원회.

– 이재구, 《공정거래법 이론, 해설과 사례(전면개정판 5판)》, 지식과감성.

– 공정거래위원회 홈페이지, https://www.ftc.go.kr/www/contents.do?key=326

– 문재호, 〈경쟁법의 국제규범화를 위한 논의의 역사〉, 한국경쟁법학회.

– 〈공정거래위원회 40년사〉, 공정거래위원회.

– 〈공정거래위원회 30년사〉, 공정거래위원회.

– 〈공정거래위원회 전원회의 의결 제2018-110호〉(의결서), 공정거래위원회.

– 〈온라인 플랫폼 중개거래의 공정화에 관한 법률안〉(의안번호 7743).

– 한국민족문화대백과사전, https://encykorea.aks.ac.kr/Article/E0073433

– 국가기록원, https://www.archives.go.kr/next/search/listSubject
Description.do?id=005089&sitePage=

– 하이트진로 홈페이지, https://www.hitejinro.com/company/history.asp

– 《머니투데이》, 〈삼성, LG가 합세해 1조 받아냈다〉(2020.01.05.), https://
news.mt.co.kr/mtview.php?no=2020010511133932245

– 《한겨레》, 〈미국이 빅테크를 규제하는 이유〉(2021.9.1.), https://www.hani.
co.kr/arti/society/society_general/1009976.html

– 《경향신문》, 〈1964년 '삼분폭리 사건' 정치문제로 비화〉, https://m.khan.
co.kr/people/people-general/article/201001271719085#c2b

아래는 저술에 참고한 주요 공정거래위원회 보도자료 목록

– 〈2022년 공시대상기업집단 공시이행 점검결과 공개〉(2022.12.25)
– 〈현대의 기아자동차 인수에 대한 위원회 결정사항〉(1999.4.14.)
– 〈공정위, SK텔레콤–CJ헬로비전 인수·합병 금지〉(2016.7.18.)
– 〈LG유플러스 및 KT의 시장지배적지위 남용행위 관련 파기환송심 판결〉
　(2023.1.17.)
– 〈공정위, MS의 행정소송 소(訴) 취하에 동의 결정〉(2007.10.17.)
– 〈특허괴물 및 표준필수특허 남용행위 등에 대한 규율기반 마련〉(2014.12.23.)
– 〈퀄컴사의 이동통신 표준필수특허 남용행위 엄중 제재〉(2016.12.28.)
– 〈기업집단 '하이트진로'의 부당 내부 거래 엄중 제재〉(2018.1.15.)
– 〈공정거래법 전면 개편 특별위원회 출범 및 1차 회의 개최〉(2018.3.19.)
– 〈중대한 담합 행위에 대한 공정위 전속고발제 폐지〉(2018.8.21.)
– 〈2021년도 공시대상 기업집단 71개 지정〉(2021.4.29.)
– 〈동일인 판단 기준에 관한 공정거래법 시행령 개정안 입법예고〉(2023.12.27.)
– 〈공정거래법 시행령 개정안 국무회의 통과〉(2024.5.7.)

챗GPT인
기업이
세상을 바꿀까

초판 1쇄 발행 2024. 8. 8.

지은이 유시민
펴낸이 김선호
펴낸곳 주식회사 바른북스

편집진행 홍은광
디자인 양헌경

등록 2019년 4월 3일 제2019-000040호
주소 서울시 성동구 연무장5길 9-16, 301호 (성수동2가, 블루스톤타워)
대표전화 070-7857-9719 | 경영지원 02-3409-9719 | 팩스 070-7610-9820

•바른북스는 여러분의 다양한 아이디어와 원고 투고를 기다리고 있습니다.

이메일 barunbooks21@naver.com | 원고투고 barunbooks21@naver.com
홈페이지 www.barunbooks.com | 블로그 blog.naver.com/barunbooks7
인스타그램 @barunbooks7 | 페이스북 facebook.com/barunbooks7
포스트 post.naver.com/barunbooks7

ⓒ 유시민, 2024
ISBN 979-11-7263-084-3 03360